Kelly Sundberg

In guten und in bösen Tagen

Kelly Sundberg

In guten und in bösen Tagen

Meine Ehe zwischen Liebe und Gewalt

Aus dem amerikanischen Englisch
von Wibke Kuhn

PIPER

Mehr über unsere Autoren und Bücher:
www.piper.de

Zitate S. 23 und 197: Lutherbibel revidiert 2017. Standardausgabe, Stuttgart 2017.
Zitat S. 136: Edward Abbey: Die Monkey Wrench Gang, Reinbek bei Hamburg 2012.

Die Erlebnisse und Ereignisse, die ich beschreibe, sind alle geschehen. Ich habe sie wahrheitsgetreu wiedergegeben, so, wie ich mich an sie erinnere. An manchen Stellen habe ich Namen, Identität und andere besondere Kennzeichen der Personen, die eine Rolle in meinem Leben gespielt haben, zum Schutz ihrer Privatsphäre abgeändert. Die Unterhaltungen, die ich wiedergebe, stammen aus meiner klaren Erinnerung, obwohl sie natürlich nicht als wörtliche Transkriptionen aufzufassen sind. In allen Fällen habe ich sie auf eine Art wiedererzählt, die das Gefühl und die Bedeutung des Gesagten hervorrufen sollen, wobei ich mich immer an den wahren Kern der Gespräche gehalten habe.

FSC
www.fsc.org
MIX
Papier aus verantwortungsvollen Quellen
FSC® C083411

ISBN 978-3-492-06150-6

Titel der amerikanischen Originalausgabe:
»Goodbye, Sweet Girl«, HarperCollins, New York 2018

Satz: Fotosatz Amann, Memmingen
Gesetzt aus der Adobe Garamond Pro
Litho: Lorenz & Zeller, Inning am Ammersee
Druck und Bindung: CPI books GmbH, Leck
Printed in the EU

Für Megan, Kelly M. und Rebecca:
Die Frauen, die mir das Fenster geöffnet haben.

First thing we should do
If we ever meet again
Is make a cage of our bodies where we can place
Whatever still shines

aus Nick Flynn, *Forgetting something*

Inhalt

Prolog

In einer Stadt auf einem Hügel, in einem Staat voll abgesägter Berge, in dem sich matschige Straßen an verdreckten Flüssen entlangschlängelten, metallische Ablagerungen im Wasser glänzten wie stählerne Regenbogen und das gedämpfte Sonnenlicht durch schattige Bäume fiel, lebte einmal ein Archivar. Sein Job war das Erinnern.

Mein Job war das Vergessen.

Auf seinem Handy hatte mein Mann Caleb, der Archivar, eine Sammlung von Selbstporträts. Jedes sah gleich aus, nur seine Kleidung, seine Gesichtsbehaarung oder der Hintergrund wechselten. Auf einem Bild stand er im karierten Hemd vor unserem Bücherregal, seine unnachgiebigen Augen blickten fest in die Kamera, und sein langer, aber säuberlich gestutzter Bart verdeckte seine finstere Miene. Auf einem anderen Bild saß er auf dem Sofa vor dem Wohnzimmerfenster. Er trug ein blaues Kapuzenshirt, und sein Gesicht war glatt rasiert, aber der Blick war der gleiche. Unnachgiebig. Undurchdringlich.

Abends kuschelten wir uns auf dem Sofa aneinander, ich legte ihm den Kopf auf die Schulter, und wir zogen uns eine Decke über die Beine. Er scrollte Dutzende von diesen Fotos durch. »Wozu machst du die alle?«, fragte ich ihn.

»Ich stelle mir vor, das wird mein Autorenfoto«, sagte er. »Da möchte ich ernst aussehen.«

Ich fand sein Verhalten seltsam, aber er hatte oft solche

unerklärlichen Anwandlungen. Ich lachte, griff mir das Telefon und scrollte die Bilder alle durch. »Sehen eher aus wie Verbrecherfotos«, meinte ich und warf ihm das Handy wieder auf den Schoß.

Später erzählte er mir die Wahrheit. Er machte die Fotos als Dokumentation. Er machte sie, um sein Elend zu dokumentieren. Und seine Schande.

In Morgantown, der College-Stadt in West Virginia, in der wir lebten, gab es ein zwölfstöckiges Studentenwohnheim namens »Summit Hall«: ein steriler Kasten aus Metall und Fenstern. In diesem Kasten lebten achtzehn- bis zweiundzwanzigjährige Kids. In aufeinandergestapelten Zimmern nahmen sie Drogen, verloren ihre Jungfräulichkeit, lernten für ihre Prüfungen, weinten aus Heimweh nach ihren Müttern, schliefen an den langen Tagen und feierten die kurzen Nächte durch. Es war ein beherrschtes Chaos aus Hochstimmung, Experimentierfreudigkeit, Freude und Verlust.

Unter all diesen Zimmern, im ersten Stock, lag ein Apartment – ein schöner Käfig – mit polierten Parkettböden, Chromhängelampen und Ledermöbeln. Das Apartment war für eine Familie gedacht, die »auf dem Gelände wohnenden Fakultätsbetreuer«, oder, wie ich uns gerne nannte, »Studi-Mom und Dad«. In diesem Apartment wohnte ich seit vier Monaten mit Caleb, der seit acht Jahren mein Mann war, und unserem siebenjährigen Sohn, Reed. In diesem Apartment schliefen mein Mann und ich miteinander, ganz leise, damit uns die Mädchen im Stockwerk über uns nicht hörten. Hier brachte ich unseren kleinen Sohn ins Bett, deckte ihn gut zu und sagte: »Ich liebe dich, mein kleiner Räuber.« Er murmelte »Ich lieb dich auch« und schloss die Augen vor der dunklen Nacht.

Ich machte seine Zimmertür zu und ging ins Nebenzimmer zu Caleb. Dann lehnte ich mich an seinen Brustkorb und sagte: »Ich liebe dich auch.« Er schaute auf mich herunter, lächelte und küsste mich.

Unser Sohn war sehr stolz darauf, in einem Studentenwohnheim zu leben. Keiner von seinen Freunden durfte in ein Gebäude voller College-Studenten marschieren, die allesamt einen Narren an ihm gefressen hatten. Jeder, der unseren Sohn kennenlernte – ein goldiger, intelligenter und lustiger Junge mit Superhelden-Fixierung –, verliebte sich in ihn, und die College-Studenten waren keine Ausnahme. Auf seiner Geburtstagsfeier wurde er mit Geschenken überschüttet: Pokémon-Karten von den achtzehnjährigen Jungs, die selbst noch auf Pokémon standen, und Brettspiele von den Mädchen, die alle zu uns kommen und mit ihm spielen wollten.

Wenn er in der Schule ein Bild von seinem Zuhause malen sollte, malte er ein Bild vom Studentenwohnheim, obwohl wir den Großteil seiner Kindheit in einem kleinen Haus am anderen Ende der Stadt verbracht hatten. Er malte ein großes Rechteck, das er mit lauter quadratischen Fenstern ausfüllte. Vor dem Gebäude standen Reed, Caleb, unsere zwei Hunde und ich. Ganz unten auf das Blatt schrieb er: »Willkommen in Summit Hall!« Auf dem Bild lächeln wir alle, sogar die Hunde.

Am Tag von Reeds Geburtstagsparty heftete ich ein blaues Band an sein Kostüm, auf dem »GEBURTSTAGSKIND!« stand. Ich dekorierte die Wohnung mit Luftschlangen, Konfetti und einer zirkusartigen Popcorn-Maschine. Ich stellte rot-weiß-gestreifte Popcorn-Behälter daneben, die genauso aussahen wie die, die man im Kino bekommt, backte ein Dutzend Cupcakes, füllte Schalen mit allen möglichen Süßigkeiten und verteilte Hinweise im Studentenwohnheim für eine riesige Schnitzeljagd durchs ganze Gebäude.

Am Morgen kam ich irgendwie nicht richtig in Schwung, obwohl ich diese ganzen Erledigungen noch auf der Liste hatte. Irgendwie ahnte ich, dass es ein schlechter Tag werden würde. Ich zog mich langsam an und hätte am liebsten gar nicht die Sicherheit meines Schlafzimmers verlassen, aber ich konnte ja nicht dort bleiben. Am Vorabend hatten wir die Wohnung geputzt, nur das große Bad musste ich noch machen. Ich goss mir eine Tasse Kaffee ein, dann ging ich ins Bad und begann rasch die Ablagen abzuschrubben. Caleb stellte sich in die Tür. Schaute mich an. Ich schaute ihn nicht an. Schrubbte einfach weiter.

»Kannst du mir wohl die Toilettenbürste aus dem anderen Bad holen?«, fragte ich, ohne aufzublicken.

Er ging, kam mit der Toilettenbürste zurück, kniete sich neben die Toilette und fing an zu schrubben, wobei er die Bürste in wütenden Bewegungen vor und zurück bewegte.

»Du brauchst das nicht zu machen«, sagte ich. »Lass sie einfach da, ich mach das dann schon.«

Er nahm die Bürste und knallte sie an die Wand, das Wasser aus der Toilette spritzte über den ganzen Boden. Ich zuckte zusammen. Die Hunde, die uns normalerweise von Zimmer zu Zimmer folgten, schlichen hinaus und ins Kinderzimmer. Caleb wandte sich zu mir und schrie: »Ich wusste, dass du das machen würdest! Diese Wohnung ist doch sauber genug. Für dich ist es einfach nie genug!«

Ich legte den Schwamm aus der Hand und rannte hinaus. Ich wusste, was jetzt kam. Meine Therapeutin hatte mir geraten, »die Situation zu verlassen«, wenn er sich so verhielt. Ich nahm meine Schlüssel und mein Handy, aber er kam mir nachgerannt, riss mir das Telefon aus der Hand und schmetterte es an die Wand, sodass es zerbrach. Es war eines von vielen Handys, die er zerbrochen hat. Die Schlüssel hatte ich immer noch in der Hand. Ich schaute zur Tür. Er sah es. Wenn ich es zur Tür hinaus schaffte, konnte ich rennen. Das Wohnheim war über die Ferien geschlossen, aber drei von den Aushilfskräften, die auch im Haus wohnten, waren bis Mittag am Empfang. Vor ihnen würde er mich niemals schlagen.

Wieder schaute ich zur Tür und versuchte, um ihn herumzugehen. Caleb kam mir zuvor, vertrat mir den Weg und breitete die Arme aus. Dann tat ich es. Ich duckte mich unter seinem Arm durch, riss die Tür auf und rannte so schnell ich konnte, hinaus in die Sicherheit.

Allerdings folgte er mir. Er folgte mir, obwohl die Assistenten da waren. Sie standen am Empfang und lächelten, als sie mich sahen, aber dann erstarrten ihre Gesichter. Ich rannte vorbei, und Caleb jagte mich. »Komm zurück!«, schrie er. »Komm zurück, du blöde Schlampe!«

Ich rief den Aushilfen zu: »Ruft die Polizei!«, und dann dachte ich, »Oh Gott, hab ich das gerade wirklich gesagt? Hab ich das wirklich gesagt?«

Sie starrten mich an. »Im Ernst?«, fragte ein junger Mann und streckte zögernd die Hand nach dem Telefon aus. Er konnte nicht recht einschätzen, ob das Ganze ein schlechter Witz war, aber ich hatte keine Zeit mehr, ihm zu antworten, denn ich rannte bereits auf die Eingangshalle zu. Caleb verfolgte mich auf Strümpfen. Wir schafften es bis zur Straße, aber dort blieben wir stehen. Uns wurde beiden bewusst, dass wir jetzt ein Publikum hatten.

Ich sah, dass Caleb mir nun nichts mehr tun würde. Er ließ die Schultern hängen und schaute sich um.

»Jetzt ist es aus und vorbei«, sagte er.

Ich geriet in Panik. »Ich bring das wieder in Ordnung«, sagte ich. »Ich bring das wieder in Ordnung.«

Wir gingen zurück ins Haus, diesmal in den Keller, durch eine andere Tür. Ich weinte: »Ich bring das in Ordnung« und lief die Treppe hoch.

Ich ging zitternd zu den Aushilfen hoch, um mit ihnen zu reden, und begann zu schluchzen.

»Es tut mir leid«, sagte ich. »Er nimmt Medikamente gegen seine Stimmungsschwankungen, und er verträgt sie nicht so gut. Nebenwirkungen.« Das stimmte sogar. »Bitte sagt es niemandem. Ich weiß, ich hab nicht das Recht, euch um so etwas zu bitten, aber bitte erzählt es niemandem.«

Eine von den jungen Frauen nahm mich zärtlich in den Arm. »Natürlich nicht«, sagte sie.

Der junge Mann schaute zu unserem Apartment. »Ist Reed da drin?«, fragte er.

»Ja«, sagte ich.

»Soll ich hochgehen und mich zu ihm setzen?«, fragte er.

»Ja, bitte«, sagte ich.

Ich schloss ihm die Wohnung auf und ging dann wieder hinunter, um Caleb zu suchen. Er stand bei den Getränkeautomaten. Er sah so winzig aus, so verletzlich. Ich konnte nicht glauben, was ich ihm angetan hatte. Ich hatte sein Leben ruiniert. Jetzt würde er garantiert seinen Job verlieren.

»Ich hab es in Ordnung gebracht«, sagte ich. Dann nahm ich ihn in den Arm. Er begann zu weinen und legte mir den Kopf auf die Schulter. Der Stoff meines T-Shirts war innerhalb von Sekunden durchnässt. Er hatte sich mir gegenüber noch nie so verletzlich gezeigt. Ich hielt ihn fest im Arm.

»Es ist okay«, sagte ich. »Ich hab es wieder in Ordnung gebracht. Komm, wir gehen wieder hoch.«

Ich brachte ihn nach oben, dann ging ich zu Reed ins Zimmer. Der Assistent saß bei ihm auf dem Bett, sie spielten Lego. Reed schien nichts gemerkt zu haben.

»Alles gut«, sagte ich. »Danke.«

Der Assistent stand neben mir – noch kein Mann, aber auch kein Junge mehr. Er schaute zu Caleb hinüber, der im Nebenzimmer stand.

»Brauchen Sie irgendwas?«, fragte er.

Ja, hätte ich am liebsten gesagt. *Bitte mach, dass er aufhört. Bitte sag ihm, dass er aufhören soll, mir wehzutun. Bitte beschütz mich. Ich hab solche Angst. Ich hab so schreckliche Angst.*

Aber das sagte ich nicht.

»Mir geht's gut«, sagte ich.

Im Hinausgehen warf er Caleb noch einen Blick zu, doch der schaute ihn nicht an.

Als der Assistent weg war, brach ich weinend zusammen. Ich spürte, dass Caleb immer noch stinksauer war. Wir erwarteten Gäste, und ich wusste, dass ich mich fertig machen musste, ein paar Eiswürfel auf meine roten, geschwollenen Augen legen und meine Augenringe mit Concealer abdecken. Mein feuchtes T-Shirt wechseln, Lächeln üben. Mein sieben Jahre altes Geburtstagskind war schon ganz aufgeregt.

Reed spielte ruhig auf seinem Bett. Das tat er immer bei diesen Wutausbrüchen. Er blieb so lange in seinem Zimmer, wie es nötig war. Ich ging auf den Flur, und Reed folgte mir. Er stellte sich vor mich, und ich schaute zu ihm herab. Zögernd streckte er die Arme aus, legte mir die Hände auf den Bauch und schaute mir auf eine so forschende Art in die Augen, wie er es noch nie zuvor getan hatte. Er wurde groß, und sein Blick verriet mir, dass er Bescheid wusste. Er wusste, was hier vor sich ging.

»Mom?« Er hielt mich immer noch sanft fest und nahm die Augen nicht von mir.

»Alles gut, mein Schätzchen«, sagte ich und beugte mich zu ihm herab, um ihm das dicke Haar auf der Stirn glatt zu streichen. »Mir geht's gut.«

»Ich mag es nicht, wenn die Hunde zu mir ins Bett kommen, weil sie so dolle Angst haben«, sagte er.

Er hatte eine so starke Ähnlichkeit mit mir als Kind: dasselbe rotblonde Haar und die großen blauen Augen. Ich erinnerte mich an mich selbst als kleines Mädchen in Idaho, ein sensibles kleines Mädchen, das die Traurigkeit der Erwachsenen in seiner Umgebung wahrnahm, sich aber nie vorgestellt hätte, dass seine eigene Zukunft so herzzerreißend aussehen würde. In diesem Moment wusste ich es.

Ich wusste, dass wir gehen mussten.

1 Blues

Als ich klein war, hatte mein Bruder Glen nächtliche Albträume und schlafwandelte, außerdem litt er an chronischer Migräne. Meine Mutter konzentrierte sich nächtelang nur auf sein Mondgesicht. Um die Augen hatte sie Fältchen vor lauter Sorge, sie tupfte ihm den Kopf mit kalten Tüchern ab, führte ihn zurück ins Bett, hielt ihm die zitternden Schultern.

Ich hatte auch Albträume, aber sie verliefen still. Ich wachte mitten in der Nacht auf, und die Geister, meine Angst vor allem, was ich nicht unter Kontrolle hatte, legten sich bleischwer auf meine Brust. Ich atmete schwer und zitterte, aber ich konnte nicht schreien. Ich konnte sie direkt über mir spüren. Ich konnte sie in den Ecken schweben sehen. Sie gingen niemals weg, nicht mal, wenn ich aufwachte.

Einmal schoss Glen schreiend den Flur hinunter, und ich schaute von meiner Tür aus zu, wie meine Mutter seine Hand nahm und ihn zurück in sein Zimmer führte. Sie konnte ihn nicht aufwecken, wenn er in diesem Zustand war. Er schaute mich an – seine Augen waren weit aufgerissen, das Weiß war rot geädert –, aber er war wie im Tiefschlaf und konnte mich nicht sehen. Ich war unsichtbar für beide.

Eines kalten Wintermorgens wachte ich früh auf und schaute aus dem Fenster über meinem Bett hinaus in die Dunkelheit. Das Eis auf dem Fenster bekam Risse und splitterte, als ich meine Hände auf die gefrorene Schicht legte.

Meine Fingerspitzen hinterließen dampfende Abdrücke in winzigen Punkten. Ich beugte mich vor und machte einen schattenhaften Geist auf meine Fensterscheibe, indem ich die Wangen gegen das Glas drückte und die Luft durch meine Lippen blies. Der Geist starrte mich an, als ich mir die Decke fest um die Schultern zog. Ich wollte nicht aufstehen, bevor das Haus warm war, also kuschelte ich mich unter die Bettdecke und wartete, bis mein Vater in unserem Holzofen eingeschürt hatte.

Jeden Morgen lauschte ich nach dem Geräusch des Radios und des prasselnden Feuers. Die Schule blieb nur geschlossen, wenn die Temperatur unter minus 20 Grad fiel, und das passierte manchmal mehrere Tage hintereinander. Wenn der DJ »Leo der Löwe«, ein Mormone mittleren Alters mit einer dröhnenden Stimme, wieder mal kältefrei verkündete, lächelte ich in mich hinein, bevor ich aus dem Bett hüpfte, um draußen zu spielen. Das Wetter konnte mich nie zurückhalten. Ich hatte vor nichts Angst, nur vor Geistern.

Mein Nachbar Danny mochte die Kälte nicht, und heute war ein kalter Tag. Seine Tante, bei der er wohnte, arbeitete in der Schulkantine, und seine Familie hatte keinen Holzofen. Sie konnten ihr Haus nie so richtig heizen. Meine Familie war nicht reich, so gerade eben Mittelschicht, aber meine Mutter war geprüfte Krankenschwester, und mein Vater arbeitete für den US Forest Service, also hatten wir im Vergleich zu Dannys Familie doch ziemlich viel.

Eine Weile konnte Danny nicht mehr rüberkommen, weil er versucht hatte, meinen »Intimbereich« zu berühren, wie meine Eltern es nannten. Ein paar Monate zuvor waren Danny und ich auf der Seite des Gartens gewesen, wo meine Eltern ihren Gemüsegarten hatten. Wir versteckten uns hinter einer Reihe Tomatenpflanzen, als er mich bat, ihm meinen »Intimbereich« zu zeigen. Ich wollte nicht, aber er sagte, dass Erwachsene das die ganze Zeit machten. Die älteren Nachbarsjungen kicherten in Dannys Garten und deuteten zu uns hinüber. Ich hatte das Gefühl, dass ich reingelegt wurde, aber ich war zu jung, um das Ganze zu durchschauen, und da ich sonst auch vor keiner Herausforderung kniff, hob ich langsam meinen Rock hoch, und er ließ seine Hose herunter.

In seinem eigenen »Intimbereich« hing etwas – rosa und weich. Ich konnte den Blick nicht abwenden. Da schob er die Hüften vor und meinte, wir sollten sie aneinander reiben. Ich trat rasch einen Schritt zurück, denn das wollte ich nun *wirklich* nicht machen. Genau in dem Moment kam meine Mutter um die Ecke geschossen und gestikulierte aufgeregt, als wären ihre Hände Schmetterlinge. Sie riss meinen Rocksaum wieder herunter und sagte zu Danny: »Geh nach Hause und komm nie wieder hierher!« Dann zerrte sie mich schleunigst ins Haus und hielt mir eine Predigt, dass ich den Jungen niemals meinen Intimbereich zeigen dürfte – unter gar keinen Umständen. Ich nickte nur und schaute ins Leere.

Es war nicht das erste Mal, dass ich Ärger bekam. Ich war ein schwieriges Kind. Mein Bruder, der sechs Jahre älter war, war der Goldige, der Aufrichtige. Ich habe meine Mutter Glen nie so anschreien hören, wie sie mich anschrie. In mir loderte so eine Wut, ich wollte ständig Dinge, die ich nicht haben konnte – später ins Bett gehen, mehr Freunde haben, eine andere Familie. Einmal jagte ich meinen Bruder mit einem hoch erhobenen Schlittschuh. Er schloss sich ins Badezimmer ein, und ich rammte die Kufe in die Holztür und zog sie nach unten, was einen tiefen Kratzer im Holz hinterließ. Später schämte ich mich dafür, aber das verheimlichte ich. Ich wollte nicht, dass jemand meinte, es täte mir leid.

»Das ist eben das Temperament der Rothaarigen«, sagten alle über mich. Das hörte meine Mutter gar nicht gern, denn sie hatte auch rote Haare. »Die Leute machen die Rothaarigen so«, sagte sie, »weil sie sie von vornherein so behandeln.« Vielleicht hatte sie recht, denn sie war genau wie ich. Sie kniff nie vor einer Auseinandersetzung.

An dem Tag, bevor er meinen Intimbereich sehen wollte, jagte Danny mich mit einem Messer ums Haus. Er hatte meine Puppe in den Matsch geworfen, also hatte ich ihn geschubst. Mädchen hin oder her, ich war bereit zum Kampf, aber er zog ein Messer aus der Tasche und erklärte, damit würde er mich schneiden. Ich sah in seinem Blick, dass er es ernst meinte. Ich rannte, so schnell ich konnte, und umrundete dreimal das Haus, während ich nach Glen schrie. Mein Bruder saß mit seinen Freunden auf der Veranda, und sie ignorierten mich, wie immer. Ich war ziemlich schnell, normalerweise schneller als die Jungen, aber ich wurde langsam müde, und Danny holte auf. Ich wusste, dass er mit dem Messer nach mir stechen würde. Dass er keinen Spaß machte. In seinen Augen lag Grausamkeit, und die war nicht wie die Wut, die in meiner Brust brannte, aber normalerweise damit endete, dass ich heulend ins Kinderzimmer geschickt wurde. Dannys Raserei war größer.

Schließlich schritt Glen doch ein, packte Danny beim T-Shirt und befahl ihm, mich in Ruhe zu lassen. Dann stieß mein Bruder mich kräftig gegen die Schulter und nannte mich eine Memme. »Der hätte dir doch sowieso nichts getan«, sagte er.

Ich stand da mit schmerzender Schulter, während der kleine Knoten in meinem Magen sich brennend seinen Weg bis in meine Kehle bahnte. Das Brennen war irgendwas zwischen Wut und Traurigkeit. Glen verstand das nicht. Er würde immer größer sein als ich. Er würde immer stärker sein. Ich mochte das zäheste kleine Mädchen der Welt sein, aber ich war trotzdem bloß ein Mädchen.

Ich wusste, dass meine Mutter mir nicht glauben würde,

deswegen erzählte ich ihr nicht, dass Danny versucht hatte, mich mit einem Messer zu stechen und dass Glen eine ganze Weile zugeschaut hatte, bevor er eingriff und mir half. Ich hatte Angst vor Danny und seinem Messer, aber nicht genug, um das Risiko einzugehen, der Lüge bezichtigt zu werden. Im Davonlaufen war ich damals schon ganz gut, aber um Hilfe zu bitten, fiel mir schwer.

Trotzdem wusste ich, dass ich nett sein musste zu Danny, weil sein Vater im Sterben lag. Seine Mutter hatte die Familie verlassen. Danny lebte mit seinem Vater im Haus nebenan, aber als sein Vater zu krank wurde, zog Danny zu seiner Tante, die in der gleichen Straße wohnte. Dort lebte er dann mit seinem Bruder Wade, seiner Schwester Bambi, seiner Tante und seinem Großvater, der Alzheimer hatte. Sein Bruder und er taten praktisch nichts anderes, als bei uns im Hof Basketball zu spielen und das Elchfleisch-Jerky meines Vaters aufzuessen.

Einmal im Winter kamen wir von der Kirche nach Hause und entdeckten, dass Danny eine Pizza aus unserer Gefriertruhe in der Garage gestohlen hatte und sie über einem Feuer im Hof aufzubacken versuchte. Doch sein Feuer wollte nicht so richtig brennen, und alles, was er zustande brachte, war eine Pfütze aus geschmolzenem Schnee. Die Pizza war halb gefroren, halb durchgeweicht, und ich dachte mir, dass das so ziemlich das Dämlichste war, was ich jemals gesehen hatte. Außerdem dachte ich, meine Eltern würden stocksauer werden, aber sie wurden nicht böse. Sie nahmen Danny mit ins Haus und machten ihm ein Schinkenbrot. Meine Eltern machten sich Sorgen um ihn, was ich nie so richtig verstand. Sie sahen in ihm nur das verletzliche Kind. Das Kind mit dem Messer sahen sie nicht.

Meine Mutter rief Dannys Tante an, die seinen Bruder Wade rüberschickte, damit er ihn abholte. Wade war groß und hatte strähniges rotes Haar, jede Menge Sommersprossen und starke Arme, und er jagte mir Angst ein. Sein Hund Mimi folgte ihm überallhin, wie ein kleiner weißer Mopp, der ihm ständig um die Füße wuselte. Durch Mimi wirkte Wade weniger furchteinflößend, weil er sie so lieb hatte.

An jenem Tag zog ich meinen hellblauen Schneeanzug an und bettelte meine Mutter an, mich zum Schlittenfahren gehen zu lassen. Sie sagte Ja, aber bis zum Mittagessen sollte ich zurück sein. Draußen war es so kalt, dass meine Nase innen kratzte und kitzelte. Glen schlief noch. Der konnte den ganzen Tag verschlafen.

Ich holte meinen Schlitten aus der Garage und zog ihn vors Haus. Der Schnee sah so glatt und weich und weiß aus, ich konnte einfach nicht widerstehen. Ich streckte Arme und Beine aus, schaute in den klaren blauen Himmel und drehte die Handflächen nach oben. Dann ließ ich mich rückwärts plumpsen, erst langsam, dann schneller. Als ich landete, war der Schnee erstaunlich hart. Es war zu kalt, er war zu gefrorenen Eisscherben kristallisiert. Trotzdem warf ich meine Arme und Beine hin und her und malte damit einen Schneeengel ins Eis.

Ich wollte ein Engel sein, aber ich hielt mich nicht für eine Heilige. In der Sonntagsschule hatte ich von Besessenheit gehört. Besessenheit kam dadurch zustande, dass man seinen Körper nicht ganz dem Heiligen Geist überließ. Es gab eine Bibelstelle, die lautete: »Wenn der unreine Geist von einem Menschen ausgefahren ist, so durchstreift er dürre Stätten, sucht Ruhe und findet sie nicht. Dann spricht er: Ich will wieder zurückkehren in mein Haus, aus dem ich fortgegangen bin.«

Mein Körper war kein sicheres Haus. Ich hatte immerzu so hässliche Gedanken. Ich war eifersüchtig auf meinen Bruder, und ich wusste, dass Eifersucht eine Sünde ist. Manchmal stellte ich mir vor, man hätte mich versehentlich zur Adoption freigegeben, und meine Ursprungsfamilie würde mich fieberhaft suchen. Und wenn sie mich dann fanden, wären sie so dankbar und voller Liebe, dass ich für sie der besonderste Mensch der Welt sein würde, und sie würden nie etwas von meiner Boshaftigkeit und meinen Lügen erfahren – wie ich meine Mutter anschrie oder meinem Bruder die Schuld für irgendwelche Dinge in die Schuhe schob. Ich wusste, dass es Sünde war, Mutter und Vater nicht zu ehren, und das hielt ich tatsächlich für meine schlimmste Sünde.

Nachts machte ich mir Sorgen, ich könnte dem Teufel eine Tür zu meinem Körper offen gelassen haben. Bevor ich einschlief, betete ich zu Gott, er möge mich beschützen, vor den Geistern, vor meinen Albträumen, vor der Besessenheit. Wenn ich mit dem vertrauten Bleigewicht auf der Brust aufwachte, betete ich wieder: *Gott, beschütze mich. Mach, dass das weggeht.*

Es stimmt, ich war kein Engel. Als ich da lag und in den kalten Himmel blickte, sah ich eine schlanke Wolke, die sich in Streifen darüber hinzog. Diese Wolke war nicht puffig genug, als dass sie das Himmelreich hätte sein können, dachte ich. Durch so eine Wolke würde Gott ja glatt hindurchplumpsen.

Ein Schatten erschien in meinem Blickfeld. Danny. Er streckte die Hand aus und half mir hoch, aber als ich mich nach meinem Schlitten bückte, fing er an, mit seinen Turnschuhen wie wild auf meinen Engel einzustampfen, bis er nur noch ein Durcheinander aus Schuhabdrücken war. »Hey!«, schrie ich und wollte ihn schon in den Schnee schubsen, doch ich hielt inne, als ich sein tränenüberströmtes Gesicht sah.

»Du musst mir helfen«, sagte er und schnappte nach Luft. »Ich hab Mimi rausgelassen, und sie ist nicht zurückgekommen. Jetzt ist Wade richtig sauer auf mich. Ich hab überall gesucht, aber ich kann sie nicht finden, und Wade hat gesagt, er macht mich fertig. Du musst mir helfen, sie zu finden.«

Ich schaute auf und wischte mir mit dem Ärmel über die Nase, die langsam anfing zu laufen. »Ich wollte eigentlich Schlittenfahren gehen.«

Seine Augen füllten sich wieder mit Tränen.

»Na gut«, sagte ich.

Ich klopfte mir den Schnee von den Beinen. Danny zog an meinem Arm, und wir liefen die Straße entlang.

»Lass uns bei meinem Vater nachschauen«, sagte er. »Vielleicht ist Mimi da hingelaufen.«

Wir kamen an den Garten seines Vaters und bahnten uns einen Weg durch die zugeschneiten Flockenblumen. Als Danny den Türknauf drehte, zögerte ich. Ich hatte noch nie einen sterbenden Menschen gesehen.

Danny machte die Tür auf, und das Licht von draußen fiel in ein staubiges Wohnzimmer.

»Hier musst du ganz leise sein«, sagte er.

Wir traten ein. Der Boden war mit Linoleum ausgelegt, auch im Wohnzimmer, in dem außer einem grünen Kunstledersofa keine Möbel standen. An den Fenstern gab es keine Vorhänge, aber es war trotzdem dunkel im Zimmer, weil die Fenster so schmutzig waren. Vom Flur kam ein tiefes, seltsames Geräusch – ein mechanisches Atmen, ein pulsierendes Ein und Aus – und Danny schlich auf dieses Geräusch zu. Ich folgte ihm mit angehaltenem Atem, und er stieß eine Tür auf.

Im Zimmer stand ein Stuhl, der aussah wie ein Friseursessel, und darin lag Dannys Vater ausgestreckt. Neben seinem Kopf schwebte ein blasenähnliches Plastikding. Die Blase war an eine Maschine angeschlossen, die die Atemgeräusche erzeugte, und die Blase pulsierte in ihrem Rhythmus mit. Das Plastik dehnte sich und wogte, als würde es gleich platzen, dann zog es sich mit einem saugenden Geräusch wieder zusammen.

Dannys Vater lag so, dass er zum Fenster schaute, aber er konnte uns nicht sehen. Wir schoben uns langsam an ihn heran, und ich stieß auf einen Schlag den Atem aus.

Er rauchte eine Zigarette, aber durch ein Tracheostoma. Als er mich schnaufen hörte, schaute er zu uns und zog die Zigarette aus seinem Hals. Er ignorierte mich und drückte den Finger auf das Loch. Seine Stimme klang, als hätte er Helium aus einem Ballon eingeatmet.

»Was machst du hier?«, fragte er Danny.

»Mimi ist weggelaufen, wir können sie nirgends finden. Da dachte ich, dass sie vielleicht hier ist«, erklärte Danny. Er trippelte wieder von einem Fuß auf den anderen, als müsste er dringend auf die Toilette. Ich trat ein paar Schritte zurück und tat, als wäre ich unsichtbar.

Dannys Vater sah nicht wütend aus, nur müde. »Sie ist nicht hier«, sagte er. »Ich hab sie nicht gesehen. Ist sie denn nicht bei Wade, drüben bei eurer Tante?«

Danny schaute verschämt auf seine Füße. »Ich hab sie rausgelassen«, sagte er, »und hab vergessen, sie wieder reinzulassen. Wade sucht sie gerade im Wald.«

Das Gesicht seines Vaters wurde noch blasser, und er legte schnell wieder seinen Finger auf das Loch auf seinem Hals. »Du weißt doch, wie sehr Wade diesen Hund liebt«, sagte er.

Danny wurde erst weiß, dann rosa, dann wieder weiß. Er trippelte auf der Stelle, nahm die Hände aus den Hosentaschen, schob sie aber schnell wieder rein, sodass man das Kunstfaserfutter seines dünnen Anoraks rascheln hörte. Er schaute seinen Vater an.

Der wandte das Gesicht ab. »Geh nach Hause und hilf deiner Tante mit Großvater«, sagte er. »Wade wird Mimi schon finden.«

»Okay«, sagte Danny und wandte sich zum Gehen. Er

umarmte seinen Vater nicht und sagte auch nicht »Ich hab dich lieb.« Ich wusste, dass Danny ihn nicht oft sah, und wenig später starb sein Vater auch.

Im Frühjahr fand mein Vater Mimi. Sie war im Schnee auf einem Feld gleich hinter unserem Haus erfroren und unter dem Schnee begraben gewesen, bis es taute. Mein Vater nahm ihren kleinen weißen Körper und trug sie ins Haus. Als Wade kam, legte mein Vater ihm Mimi in den Arm wie ein Baby. In dem Moment sah Wade gar nicht mehr so hartgesotten aus.

Danny stand hinter ihm und weinte. Er war immer noch der Junge mit dem Messer, aber er war auch ein Junge, der litt, und ich merkte, wie mein Herz weich wurde bei seinem Anblick. Ich wollte ihm seine Wut und seine Trauer nehmen und Liebe an ihre Stelle setzen. Ich wollte ihm die Umarmungen schenken, die er nie bekommen hatte. Ich wollte wie meine Eltern sein, die nur seine Unschuld sahen. Und vielleicht wollte ich vor allem seine Vergebung dafür, dass ich ihn nicht retten konnte.

An dem Abend, als ich Caleb kennenlernte, war ich sechsundzwanzig und kein kleines Mädchen mehr – aber die Erinnerung an Danny saß mir immer noch in den Knochen: die Scham, als er sich vor mir entblößte, das grauenvolle Wissen, dass er mir mit dieser Messerklinge so gefährlich nah gekommen war. Trotzdem wollte ich seine Gewalttätigkeit vergessen und ihn durch meine Furcht hindurch lieben. Ich wollte, dass mein Mitleid ausreichte, um ihm weiteren Schmerz zu ersparen. Ich war eine Frau voller Wünsche, die jemanden auf eine Art lieben wollte, die uns beide heilen würde.

An diesem Abend saß ich allein an einem Tisch im Neurolux in Boise, wo ich aufs College ging. Ich versank in diesem glänzenden roten Plastik, in dem man sich leicht verlieren konnte. Meine Freundin Kelly M. tanzte mit einem Mann. Eine Neonkrone blinkte auf der Bühne über ihnen, ich sah das gelbe Glühen verschwommen durch den Nebel. Die Dunkelheit, die schwitzenden Körper, das glatte Kunstleder unter meinen Schenkeln – ich wollte, dass etwas geschah.

Gierig starrte ich den Mann an. Er war nicht hübsch, aber er hatte etwas. Er trug ein Baseball-Cap und ein Holzfällerhemd, ganz anders als die anderen Männer in dieser hippen Bar. Er sah eher aus wie die Männer aus meiner Heimatstadt, Männer, die Bäume fällen und festmeterweise Feuerholz hacken konnten, und danach hingen die Sägespäne in dicken Schichten in der Luft, zusammen mit dem süßen Geruch von frischem Holz.

Kelly M. tanzte ihn hüftschwingend an. Sie war schon immer viel selbstbewusster gewesen als ich. Sie streckte die Hände aus und hakte die Finger in seine Gürtelschlaufen. Dann zog sie ihm auf einmal schwungvoll die Hose herunter und tanzte davon. Er ließ sich gar nicht beeindrucken und tanzte alleine weiter in seinen Boxershorts, die Hose um die Knöchel.

Ich musste lachen, und Kelly M. kam zu mir herübergetanzt und glitt neben mich auf die Bank.

»Wer ist das?«, fragte ich.

»Das ist Caleb«, sagte sie. »Der könnte dir gefallen. Er schreibt Romane und wohnt in einer kleinen Hütte im Wald, die er selbst gebaut hat. Genau dein Typ.«

Sie winkte Caleb herüber und stellte ihn mir vor.

Wir blieben, bis die Bar zumachte, und dann begleitete er mich nach Hause. Ich bat ihn noch mit zu mir herein. Auf dem Sofa saß ich ganz nah bei ihm. Er nahm den Hut ab. Er war erst vierundzwanzig, aber schon ganz kahl. Verlegen fuhr er sich mit der Hand über die glatte Kopfhaut. Es war ihm sichtlich peinlich. Ich streckte die Hand aus und ließ sie sanft über seinen Kopf gleiten und lächelte ihn an, um ihm zu zeigen, dass mir das nichts ausmachte. Er beugte sich vor und küsste mich schnell, als könnte ich es mir sonst noch einmal anders überlegen.

Ich überlegte es mir nicht anders.

Später, als Caleb und ich in seiner Hütte in Idaho City schliefen, einer ehemaligen Goldsuchersiedlung in der Nähe von Boise, hatten wir so wenig Platz zum Schlafen, dass wir nur hintereinander in Löffelchenposition liegen konnten. Sein Bett war eine schmale Holzpritsche über dem Holzofen, und von der Hitze des Ofens wurden unsere Körper so heiß, dass wir uns nicht mehr berühren konnten. Wir wünschten uns jedoch nichts mehr, als uns zu berühren, also schliefen wir stattdessen auf dem Sofa. Er strich meine dicken Haare glatt, bevor er seinen Kopf auf meine Wange legte. Dann schlang er mir die Arme um die Schultern. So tief und fest hatte ich noch nie geschlafen.

»Du passt perfekt«, sagte er. »Es ist, als wäre dein Körper für mich gemacht.«

Wir gingen erst seit zwei Monaten miteinander aus, und unsere Beziehung war noch im Bereich des Ungewissen. Manchmal verschwand Caleb tagelang, ohne mich anzurufen. Ich wusste, dass er keinen Telefonanschluss in seiner Hütte hatte, aber ich wusste auch, dass er dreimal die Woche nach Boise kam, wo er Creative Writing studierte.

Wenn er in Boise war, sah ich sein Auto auf der Straße parken, immer unter demselben Baum. Aber ich sagte ihm nicht, dass ich wusste, dass er in der Stadt war. Ich wollte nicht zu übereifrig rüberkommen. Manchmal rief er mich spätnachts an, wenn er von einer Kneipentour mit seinen Freunden nach Hause kam. Dann wollte er, dass ich zu ihm kam, oder er wollte zu mir kommen. Manchmal fuhr ich zu ihm. Manchmal lud ich ihn zu mir ein. Manchmal ließ ich das Telefon auch einfach klingeln.

Aber wenn wir dann zusammen waren, war er einfach so lieb. Er hielt mich fest im Arm. Er machte mir die Autotür auf. Er nannte mich Schatz. Und sein schleppender West-Virginia-Akzent gab ihm so etwas Gentlemanhaftes. Wenn seine Mutter anrief, sagte er vorm Auflegen immer, dass er sie lieb hatte. So etwas kannte ich überhaupt nicht aus meiner Familie. Liebe war etwas, das wir ganz tief in unserem Innersten komprimierten. Jetzt wollte ich Caleb in diese Dunkelheit in meinem Inneren lassen.

Ich lag in seiner gemütlichen Hütte auf dem Sofa. Vor dem Fenster hingen Eiszapfen, die im Mondlicht fast fluoreszierend aussahen. Caleb spielte Gitarre und sang dazu »Pale Blue Eyes« von Velvet Underground für mich. Meine Augen waren hellblau, seine auch. Mir fielen die Augen zu, und ich glitt in diese blaue Wärme. Ich schlief immer noch nicht besonders gut, weil ich weiterhin die nächtlichen Angstträume meiner Kindheit hatte – ich wachte oft auf und wurde von realen oder eingebildeten Geistern gequält, die über der Grenzlinie zwischen meinem Schlaf und dem Wachzustand schwebten. Doch in Calebs Hütte schlief ich tief und fest.

In der Nacht wachte ich auf, weil ich pinkeln musste, aber Caleb hatte keine Toilette im Haus, also schob ich seine Hand von meiner Schulter, schlüpfte in meine Stiefel und ging hinaus. Da ich keine Lust hatte, den Hügel zum Toilettenhäuschen hochzugehen, hockte ich mich einfach in den Schnee. Der Mond verwandelte den Schnee rundherum in ein Glitzermeer, während im Haus mein zärtlicher Liebhaber schlummerte. Ich spürte einen Stich in der Brust vor lauter Glück. Diese Wärme. Ich hob mein Gesicht zum Mond und schloss die Augen. Das blaue Mondlicht drang sogar durch meine Augenlider. Diesen Moment darf ich niemals vergessen, dachte ich. Wenn es dunkel wird, werde ich hierher zurückkehren. Ich werde in dieses Licht zurückkehren.

Ich ging wieder in die Hütte und kuschelte mich in die Lücke, die Calebs Körper für mich freiließ. Ich weiß nicht mehr, wovon ich in jener Nacht geträumt habe. Nicht von Danny. Nicht von meinen Eltern. Nichts Trauriges. Vielleicht träumte ich überhaupt nichts.

2 Die Königin der Schwerter

Kurz bevor ich Caleb kennenlernte, ließ ich mir von einer schönen Brünetten namens Shannon die Tarotkarten legen. Shannon gab auch Reiki-Massagen, und als ich mit fünfundzwanzig über eine schmerzhafte Trennung hinwegkommen wollte, hatte sie mir eine solche Massage gegeben. Damals hatte ich aufgehört, an den Gott meiner Kindheit zu glauben, aber ich suchte immer noch nach Antworten außerhalb meiner selbst. In vielerlei Hinsicht war ich eine Skeptikerin, aber Reiki und Tarot sprachen das kleine Mädchen in mir an, das immer noch an Gott, Geister, Engel und den Teufel glaubte. Bei der Massage hielt Shannon ihre Hände über meinen Bauch, und ihre Finger zitterten. Sie ließ mich eine Visualisierungsübung machen und bat mich, mir vorzustellen, dass ich in einem Turm saß, und an alles zu denken, was mir Schmerzen machte. Sie bat mich, die schmerzlichen Erinnerungen als Steine zu visualisieren, die ich aus dem Turm warf, sodass sie auf dem Boden landen und von der Erde geschluckt würden, wo später Blumen aufblühen würden. In meiner Vorstellung warf ich eine Menge Steine da runter. Da war viel Schmerz – aber auch Platz für viele Blumen.

Shannon sagte, ich solle mir vorstellen, wie ich mich umdrehte und ins Zentrum des Turms schaute, wo ein kleines Mädchen saß. Sie sagte: »Dieses kleine Mädchen bist du als Kind. Geh zu ihr. Nimm sie in den Arm. Behandle diese

Kinderversion deiner selbst mit der Freundlichkeit, die du jedem Kind entgegenbringen würdest. Nimm sie in den Arm, wie eine liebende Mutter sie in den Arm nehmen würde, und dann stell dir vor, wie die Mauern des Turms einstürzen.«

Es schien zu funktionieren. Als ich mir vorstellte, wie ich mein kindliches Ich umarmte, dachte ich an meine Mutter. Meine Schultern zuckten vor Schmerz. Meine Mutter war eine Waise gewesen, ihr Vater starb, als sie sieben war, ihre Mutter, als sie elf war. Einen Teil von sich hat meine Mutter mir immer vorenthalten. Als wäre das Kind einer Waise selbst eine Waise.

Ein Jahr nach meiner Reiki-Massage legte mir Shannon also die Tarotkarten. Ich war damals immer noch Single, war aber mit mehreren Männern zusammen gewesen, mit denen es nicht geklappt hatte. Shannon und ich saßen im Schneidersitz auf dem Teppich in meiner Wohnung, während sie ihre Karten zu einer Landkarte meiner Vergangenheit, Gegenwart und Zukunft auslegte. Und jedes Mal, wenn ich selbst eine Karte für mich ziehen sollte, zog ich die Königin der Schwerter.

Die Königin der Schwerter streckt die Hand nach jemandem aus, hält aber ein Schwert vor sich. Zum Schutz oder als Waffe? Ihr Gesicht ist reuevoll und unglücklich.

Shannon riet mir, vorsichtig zu sein. »Jeder Mensch, mit dem du schläfst, hinterlässt einen kleinen Abdruck auf dir«, warnte sie. »Ein kleines Stückchen seiner Seele. Pass auf, dass du dir keine schwarze Seele holst dabei. Pass auf, dass es nicht zu dunkel in dir wird.«

Sie bat mich, mir Seile vorzustellen, die mich an die Leute banden, die mir wehgetan hatten, und diese Seile dann durchzuschneiden. Ich sollte es richtig mimisch darstellen. Also formte ich meine Finger zu einer Schere. Und schnipp. Es war ganz einfach.

Als ich abends im Bett lag, begann ich, Seile durchzuschneiden. Meine Finger arbeiteten wie wild, aber die verletzenden Liebhaber nahmen kein Ende.

Da war zum Beispiel der Biologiestudent, dessen Forschungsschwerpunkt Wölfe waren. Er hatte weißblondes Haar und einen skandinavischen Nachnamen. Sein Haus war warm, weil sein Holzofen im kalten Winter in Idaho unablässig brannte. Er hatte einen weichen Bart, den er in meinen Nacken schmiegte, und dazu machte er *Grrrr*. Das kitzelte, und ich musste kichern. Ich dachte, ich könnte ihn lieben, aber er hatte eine andere Freundin – die, die wirklich wichtig war – in Moscow, Idaho.

Dann war da Greg, der Soziologe, der erste Mann, der mir sagte, dass er mich liebte. Als ich ihm von einem Mann erzählte, der mich einmal gegen meinen Willen festgehalten hatte, als ich neunzehn war, fragte Greg, ob ich Nippelklemmen oder andere S/M-Gadgets benutzen wollte. Als würde ich mir so gerne wehtun lassen.

Da war der Grundschullehrer, der vor dem Sex gerne Gras rauchte. Wir lagen ganze Nachmittage im Bett, hörten Prince und streichelten einander. Die Beziehung löste sich auf ganz organische Weise auf. Es ging nur um Sex, und ich wollte mehr, aber nicht mit ihm.

Dann der Fischereibiologe, der einzige Mann, mit dem ich ausging, der eine feste Anstellung hatte, sogar eine staatliche, und er war sehr nett. Nachts schmiegte ich mich an seinen Rücken und nutzte seine Stabilität wie eine Decke.

Die Sicherheit, die er mir bot, grub sich in mein Herz und kristallisierte zu Liebe, oder zumindest zu etwas Ähnlichem. Wir hatten wenig gemeinsam, aber ich hätte mein Leben mit ihm verbracht. Ich wäre nicht glücklich gewesen, aber in Sicherheit.

Als er mich verließ, rollte ich mich auf dem Bett zusammen und grub mir die Nägel in die Arme. *Nicht gut genug*, sagte eine Stimme in meinem Kopf. *Ich war nie gut genug.*

Schnippschnapp, schnippschnapp. Es waren zu viele Seile, die ich da durchzuschneiden hatte. Ich war so müde. Ich konnte nicht mehr mithalten und schlief ein, als ich mich völlig in die Seile verstrickt hatte.

Am Ende der Tarotsitzung ließ mich Shannon noch eine Visualisierungsübung machen. Sie sagte, ich solle an die vier Elemente denken – Erde, Feuer, Wasser und Luft – und herausfinden, welches Element den Männern gemeinsam war, die ich geliebt hatte.

Ich schloss die Augen, aber alles, was ich sah, war das Eis des dahinrauschenden Salmon River im Winter. Ich war das Wasser, das unter den Eisschollen gefangen war.

Als ich Caleb traf, war keine Spur von Eis in der Art, wie er mich im Arm hielt oder wie er seinen Kopf in meinen Haaren vergrub. Er war nur Wärme.

Ich hatte zu früh Sex mit Caleb. Ich wusste nicht, wie ich Nein sagen sollte, und wenn ich ehrlich war, wollte ich ja auch mit ihm zusammen sein, aber ich fühlte auch immer so viel Scham.

Ich weiß noch, wie ich als Dreizehnjährige auf dem Rücksitz unseres Autos saß, auf dem Weg zum Adventsgottesdienst. Es war ein kalter Winter, der Abendhimmel war schon am späten Nachmittag schwarz. Die Scheinwerfer gruben hohle Tunnel ins Schneetreiben. Salt-N-Pepa sangen im Radio von Sex. Dass man über Sex reden sollte. Ich wippte auf dem Rücksitz mit, während meine Mutter mit meinem Vater über die Arbeit redete, aber als ich anfing, mitzusingen, drehte sie sich um und schaute mich an. Ihre Augen glühten im dunklen Auto.

»Das ist ein furchtbares Lied«, sagte sie. »Einfach schrecklich. Ich kann überhaupt nicht glauben, dass so was im Radio gespielt wird.«

Ich protestierte: »Die sagen doch nur, dass wir über Sex reden sollen – auch über die schlechten Dinge. Sie sagen nicht, dass wir welchen haben sollen.«

»Das ist egal, es gibt keinen Grund, so daherzureden. Das gehört sich nicht. Das ist Sünde«, sagte sie und drehte das Radio ab, als gerade meine Lieblingsstrophe begann, ein Vers, in dem eine Frau – irgendeine Frau – ihren heißen Körper dazu benutzt, Aufmerksamkeit oder Macht oder Liebe zu bekommen, oder irgendetwas anderes, das sie gerne hätte.

Ich besaß keinen heißen Körper, ich war weiß Gott eher durchschnittlich, aber der Gedanke gefiel mir. Schon als Dreizehnjährige verstand ich, dass diese Strophe in Wirklichkeit eine kaum verhohlene Kritik an dieser Sorte Frau war, aber es war mir egal. Ich wollte trotzdem sein wie sie.

Meiner Mutter erzählte ich selbstverständlich nichts davon. Wir redeten nie über Sex – meine Mutter und ich – nicht an jenem Abend und auch an keinem anderen.

Sieben Jahre später legte mir ein Mann – ein Bekannter – eine Hand auf den Mund und die andere zwischen die Beine. Ich knirschte mit den Zähnen und versuchte ihn zu beißen, aber ich erwischte ihn nicht, ich biss mich nur selbst.

Dieser Mann brachte nicht zu Ende, was er begonnen hatte. Ein Nachbar hörte meine Schreie und hämmerte an die Tür, aber ich gab meinem Bekannten keine Schuld. Ich gab mir selbst die Schuld. Ich gab mir die Schuld, weil ich zu viel getrunken hatte. Ich gab mir die Schuld, weil ich mir ein Taxi mit ihm geteilt hatte. Ich gab mir die Schuld, weil ich ihn in meine Wohnung gelassen hatte. Und weil ich mir selbst die Schuld gab, erzählte ich niemandem davon.

Scham war mir nichts Neues, ebenso wenig wie Geheimnisse. Ich hatte schon seit einer Weile Geheimnisse. Als ich sechzehn war, wäre ich beinahe entführt worden, aber ich erzählte meiner Mutter nie etwas davon. Ich hätte es nicht ertragen, wenn ich ihr etwas so Entsetzliches erzählt hätte und sie mir nicht geglaubt hätte, also erzählte ich es lieber gar nicht. Ich begann, diese Geschichten unter den Rippen mit mir herumzutragen, und das manifestierte sich körperlich wie eine Art Trauer – ein konstantes Flattern, wie das Herz eines Kolibris.

Um die Zeit, als ich beinahe entführt wurde, konnte einem Salmon mit seiner einzelnen Verkehrsampel und den staubigen Straßen wie die ruhigste Stadt der Welt vorkommen. Es war Mai, und wir hatten gerade erfahren, dass eine Subway-Filiale bei uns eröffnen würde – die erste Filiale einer Restaurantkette überhaupt. Während mein Vater den Untergang Salmons beklagte, freute ich mich über die Aussicht auf neues Leben.

Salmon lag am Ufer eines Flusses, in einem breiten, tiefen Tal, umgeben von Bergen, und die einzigen Straßen, die durch den Ort liefen, waren zwei kleine zweispurige Schnellstraßen, die sich in der Hochlandwüste über steile Pässe wanden und ab und zu an Geisterstädten mit Namen wie Leadore (von Caleb charmant als »L'adore« interpretiert) oder Gilmore vorbeiführten – immer irgendwas auf »-ore«, ein Überbleibsel des Goldrausches.

In unserem isolierten Städtchen Salmon lebten wir im Schatten eines Kernkraftwerks, es war einer der wenigen Orte im Lande, der seinen eigenen Atommüll produzierte.

Als ich in der vierten Klasse war, fand man in der Frischwasserquelle der Stadt Giardien. Das war, bevor es Usus wurde, in Flaschen abgefülltes Wasser zu kaufen, deswegen spendete der örtliche Getränkemarkt Wasser in Bierflaschen für die Schulen. Man erklärte uns, dass wir unser Wasser zu Hause zwanzig Minuten lang abkochen müssten, aber wenn ich in der Schule Durst bekam, machte ich einfach eine Budweiser-Flasche auf und trank das kalte Wasser aus der braunen Flasche. Das war das beste Wasser, das ich jemals gekostet hatte.

Damals machten meine Eltern Witze über ein Leck im Atomkraftwerk, durch das radioaktives Kühlwasser in unser Frischwasserreservoir rieseln würde. Sie meinten, dann würden wir wohl im Dunkeln leuchten.

Ich verstand den Unterschied zwischen Atommüll und Giardien nicht. Wenn ich nachts im Bett lag, wedelte ich mir mit den Händen vorm Gesicht herum und hielt Ausschau nach irgendeinem kleinen Lichtschein in meinen Fingerspitzen, aber da war nichts, und ich fiel in einen tiefen Schlaf, in dem für eine Weile sämtliche Geister, die durch meine Träume spukten, radioaktiv waren. Ich erzählte meiner Mutter nichts von den Geistern, und ich erzählte ihr nie etwas von dem Pick-up.

Wenn ich ihr die ganze Geschichte hätte erzählen können, hätte ich Folgendes gesagt:

Ich hatte Durst, weil ich eine Stunde lang in warmem Schweigen mit dem Rad herumgefahren war. Ich fuhr über eine breite asphaltierte Straße, die von Fliederbüschen und grünen, mit Streifenmuster gemähten Vorgartenrasen gesäumt wurde. Es war in der Abenddämmerung, und mein Fahrrad beschrieb träge Bögen auf dem Gehweg, weil ich mich abwechselnd nach links und rechts lehnte. Ich hatte Freunde, die in dieser Straße wohnten, und ich wollte bei ihnen haltmachen und ein Glas Wasser trinken. Ich sah das Auto meines Bruders vor dem Haus eines Freundes parken. Die Jungen, die beide schon aufs College gingen, waren gerade auf Urlaub zu Hause. Ich schaute von der Straße aus ins Fenster, um nachzuschauen, ob mein Bruder und sein Freund drinnen waren, aber das Haus war dunkel.

Als ich auf das Haus einer Freundin von mir zufuhr, hörte ich hinter mir einen Pick-up näher kommen. Er hatte so einen laut knatternden Motor, wie ihn viele von diesen Autos in

Idaho haben. Ich fuhr an den Straßenrand, um ihn vorbeizulassen, aber ich hörte, wie der Motor hochdrehte. Statt zu verlangsamen und weiterzufahren, gab der Fahrer Gas und lenkte den Wagen in meine Richtung. Ich trat in die Pedale und fuhr so schnell ich konnte den grasbewachsenen Hügel hoch, in den Garten, der zum Haus unseres Bürgermeisters gehörte. Mein Fahrrad rutschte auf dem Gras weg, und ich stürzte. Der Pick-up schwenkte wieder auf die Straße und fuhr davon.

Als ich aufstand, sah ich, dass der Pick-up tiefe Reifenspuren im Gras hinterlassen hatte.

Ich war völlig verstört, dachte mir aber, dass der Fahrer wahrscheinlich ein dummer Redneck war, der mir nur Angst einjagen wollte. Wir waren im kleinstädtischen Idaho, und die Kultur hier konzentrierte sich immer noch auf große Pick-ups, Kautabak und schöne Frauen.

Ich war kein schönes Mädchen. Dachte ich zumindest. Deswegen mochten mich die Rednecks auch nicht. Deswegen wurde ich in der Schule so viel gehänselt. Deswegen trug ich immer die weiten Holzfällerhemden meines Vaters. Je weiter das Hemd, umso besser verbarg es meinen weichen Bauch und die großen Brüste.

Ich war das Mädchen, das mit elf schon Brüste bekam und sich endlose Triezereien mit schnalzenden BH-Trägern gefallen lassen musste. Ich war das Mädchen, das als Zwölfjährige bei der Konfirmation von erwachsenen Männern heimlich angegafft wurde. Ich war das Mädchen, von dem alle Männer sagten, es sehe schon so *fraulich* aus.

Ich stieg auf mein Fahrrad und fuhr zurück auf die Straße. Der Pick-up war weg, also fuhr ich wieder auf das Haus meiner Freundin zu. Mittlerweile war es dunkel, und eine trockene Brise zerzauste mir das Haar. Ich schaute mich um und merkte, dass in keinem der Häuser rundum Licht brannte.

Als ich die Sackgasse erreichte, in der Jackie wohnte, fuhr ich unter eine Straßenlampe. In dem Moment sah ich ihn.

Er saß in seinem Pick-up und schaute mir direkt ins Gesicht. Die Scheinwerfer hatte er ausgeschaltet, aber die Bremslichter leuchteten gedämpft. Als ich ihn sah, entdeckte er mich auch, und er schoss auf mich zu. Ich hörte den Motor aufheulen, als er direkt auf mich zuhielt. Gott sei Dank war ich genau vor dem Haus einer anderen Klassenkameradin. Ich warf mein Fahrrad auf die Wiese vorm Haus und rannte zur Tür. Als ich an die Tür hämmerte, schoss der Pick-up an mir vorbei. Ich wusste nicht, was ich tun sollte. Ich wollte nicht wieder aufs Rad steigen, aber hier war auch niemand zu Hause. Zum Haus meiner Freundin Jackie zu rennen, war keine Option. Ich sah ja, dass dort auch kein Licht brannte, und außerdem lag eine freie Fläche von der Größe eines Football-Felds zwischen den beiden Häusern. Also kroch ich unter die Terrasse meiner Klassenkameradin.

Seit meiner Zeit im Assembly-of-God-Kindergarten habe ich Angst vor kleinen, dunklen Räumen. In der Ecke der Turnhalle gab es eine große Bühne. Wir durften überall in der Turnhalle spielen, aber nicht auf der Bühne. Eines Tages forderte mich Megan dazu heraus, über die Bühne zu rennen. Eine Frau mit krausem, trockenem Haar, die nach Lakritze und Zigarettenrauch roch, riss mich zurück. Sie schaute mir in die Augen und sagte: »Spiel da nicht. Unter dieser Bühne liegt der Teufel.« Ich stellte mir vor, wie der Teufel sich kauernd in der staubigen Finsternis unter der Bühne versteckte und nur darauf wartete, mich in die Finger zu kriegen. Wenn ich danach auf dem großen Messingbett meiner Eltern spielte, sprang ich mit gestreckten Beinen hinunter und betete dabei die ganze Zeit, dass nicht gleich die dürren Arme des Teufels unter dem Bett hervorschießen würden, um meine Beine zu packen.

Mein Zuhause war kein Ort, an dem ich mich immer

sicher fühlte. Ich hatte Angst vor dem Teufel und vor Geistern, aber am meisten Angst hatte ich vor meiner Mutter.

Meine Mutter war eine gute Mutter. Sie kochte jeden Abend für die ganze Familie – Schmorbraten oder Rösti oder Chili. Ich deckte den Tisch, und dann gaben wir die Speisen im Uhrzeigersinn herum – ein konstanter Austausch von Energie und Liebe.

Sie war eine der wenigen Mütter in der Stadt, die keine Mormonin war, und sie stand unter großem Druck, genauso zu sein wie die anderen – schlank, gut situiert und ganz aufs Wohl ihrer Kinder konzentriert. Die Mormonenmütter nähten ihren Kindern Kleider, und als ich auch so ein selbst genähtes regenbogenfarbiges Oberteil mit U-Boot-Ausschnitt haben wollte, wie sie die Mormonentöchter hatten, nahm meine Mutter extra Nähunterricht, damit sie mir auch eines machen konnte. Es fiel allerdings auseinander, kaum dass ich es ein paarmal getragen hatte.

Die Mormonenmädchen gingen jeden Sonntag in die Kirche, so wie wir auch, aber wir gingen in die lutherische Kirche.

Die Mormonenmädchen hatten straff geflochtene französische Zöpfe, aber als ich meine Mutter bat, mir die Haare zu flechten, konnte sie es nicht. Sie zog die Haare entweder zu fest an oder ließ sie zu locker. Sie war nicht sanft. Sie tat mir weh. Niemand bringt einer Waise bei, wie man Zöpfe flicht.

Im Gegensatz zu den mormonischen Müttern war meine Mutter berufstätig. Sie hatte lange, anstrengende Zwölf-Stunden-Nachtschichten im Krankenhaus, und an ihren Arbeitstagen veränderte sich ihre Stimmung. Am Tag nach der ersten ihrer drei aufeinanderfolgenden Nachtschichten war sie zu müde, um noch irgendetwas zu machen, wenn sie nach Hause kam. Dann kaufte mein Vater Burger oder

Hähnchen zum Abendessen, oder er machte einen Hackbraten, was eins der wenigen Gerichte war, die er kochen konnte. Meine Mutter schnauzte mich an, meine Sachen aus dem Wohnzimmer zu räumen.

Am zweiten Tag hatte sie schon mehr Energie – dann bereitete sie eine Mahlzeit vor, putzte das Haus und schrie uns an, sie sei »die Einzige, die hier irgendwas macht«.

Am dritten Tag kam sie nach Hause und tobte. »Dieses Haus ist ja total verdreckt«, rief sie dann. »Was habt ihr eigentlich alle gemacht, während ich bei der Arbeit war?«

Die Wahrheit war, dass wir wahrscheinlich nichts gemacht hatten. Mein Vater war entspannt, fast schon geistesabwesend. Und er sagte Glen und mir auch nicht, dass wir irgendetwas im Haus machen sollten.

Manchmal schrie meine Mutter ihn an: *Ich schaff das alles nicht alleine.*

Aber meistens schrie sie mich an.

Am vierten Tag, wenn ihre Schichten zu Ende waren, wurde ich vom Lärm des Staubsaugers geweckt. Ich hörte die Wut, die hinter diesem Lärm steckte. Ich wusste schon, was dann kam. Sie würde mich anschreien, und ich würde Widerworte geben – wie meistens, weil ich ein wütendes Kind war – sie würde mir eine knallen, mich schubsen, oder mich bei den Armen packen und schütteln.

Ich lag im Bett, während die Sonne unerträglich heiß wurde, lauschte dem Geräusch des Staubsaugers und wollte mein Zimmer nicht verlassen. Der Staubsauger rumste gegen meine Tür.

Bamm.

Bamm.

Zeit zum Aufstehen.

Aber an dem Abend mit dem Pick-up hatte ich keine Angst vor meiner Mutter oder Geistern oder dem Teufel.

Ich hatte Angst vor einer anderen Art von Teufel, als ich unter diese Veranda krabbelte, Neoprenanzüge und Kajaks beiseiteschob und den Geruch von Schmutz und Schweiß einatmete. Die Erde unter meinen nackten Knien war feucht, und ich konnte meinen Herzschlag in diesem dunklen Verschlag hören. Ich musste mich zwingen, nicht an Spinnen zu denken. Hohes Gras kratzte mir übers Gesicht, und ich schob es zitternd beiseite, um auf die Straße spähen zu können. Der Pick-up fuhr wieder vorbei, machte dann einen U-Turn und fuhr noch einmal in die andere Richtung.

Ich konnte ihn ganz deutlich sehen. Es war ein alter grüner Pick-up. Die Motorhaube hatte eine andere Farbe, eine Mischung aus Grau und Rost. Durch ein staubiges Fenster konnte ich den Umriss eines Mannes erkennen, neben dem ein Hund saß. Die Details seines Gesichts konnte ich nicht ausmachen, aber ich sah, dass er eine Zigarette rauchte. Ich kannte ihn nicht, aber auf einmal wusste ich, wer das war. Als ich so im Dreck kauerte und den Mann beobachtete, wie er auf und ab fuhr, wusste ich, dass er auf mich wartete. Mein Fahrrad lag immer noch auf dem Rasen, und er wusste, dass ich irgendwo in der Nähe sein musste. In der Stadt war in letzter Zeit eine Warnung herumgegangen. Vor ein paar Wochen waren ein paar Jugendliche aus meiner High School völlig geschockt zum Unterricht erschienen. Sie erzählten mir eine Geschichte, die zu absurd klang, um wahr zu sein. Sie hatten im Wald gefeiert, hatten alle Acid genommen und amüsierten sich bestens, als eine Frau in ihr Zeltlager gestolpert kam, die sich ein blutverschmiertes T-Shirt an die Brust drückte. Sie erzählte, sie sei von einem Mann mit Pick-up und einem Hund gekidnappt worden. Er verband ihr die Augen und warf sie in die Fahrerkabine, sodass sie sein Gesicht nicht sehen konnte, aber den Pick-up sah sie, und sie fühlte den Hund, der ihr seine heiße Schnauze an den Hals drückte.

Der Mann fuhr mit ihr in den Wald und vergewaltigte sie, bevor er ihr einen Nippel abbiss und sie dort liegen ließ. In den folgenden zwei Wochen entführte er noch drei weitere Frauen. Er entführte sie alle abends. Zwei Frauen in einer Gasse hinter einer Bar im Ort. Eine andere Frau in einer Gasse hinter einer Bank. In einer so kleinen Stadt waren die Straßen nachts dunkel, aber es war die Seltenheit, dass man sich nicht sicher fühlte. Aber in diesem Monat hatten alle Angst.

Die Frauen berichteten alle dasselbe. Er verband ihnen die Augen, fuhr mit ihnen in den Wald, vergewaltigte sie und ließ sie liegen. Der Mann fuhr einen Pick-up und hatte einen Hund. Mehr wussten sie nicht zu sagen.

Ich duckte mich unter der Veranda und beobachtete, wie der Mann noch zwei, vielleicht drei Mal vorbeifuhr. Ich atmete schnell und heftig, und der Geruch von verwundetem Tier überwältigte mich fast. Ich rutschte noch ein Stück weiter nach hinten. Ich wusste, dass er mein Fahrrad auf dem Rasen sehen konnte, und mit ziemlicher Sicherheit sah er auch, dass das Haus dunkel war. Er wusste, dass ich mich irgendwo versteckte. Er fuhr wieder davon, und ich wartete – die Zeit zog sich quälend in die Länge, und meine Angst wuchs stetig. Ich glaubte nicht, dass er schon ganz weg war, aber ich fühlte mich auch nicht sicher unter der Veranda. Wenn er aus seinem Auto stieg, konnte er mich dort rausziehen und niemand würde es jemals erfahren. Ich wartete eine Minute oder etwas länger, dann rannte ich zu meinem Fahrrad. Ich sprang auf und fuhr so schnell ich konnte, ohne zu wissen, wohin ich eigentlich wollte.

Am Ende landete ich beim Freund meines Bruders, vor dessen Haus immer noch Glens Auto parkte. Ich versteckte mein Rad hinter dem Hortensienstrauch und rannte zur Tür. Als ich gerade klopfen wollte, bog der Pick-up um die Ecke. Ich beobachtete, wie er langsam vorbeifuhr und wusste, dass der Mann mich nicht gesehen hatte. Mein Fahrrad war versteckt, aber nicht perfekt. Wenn er noch einmal vorbeifuhr, konnte er das Rad zwischen den Blättern der Hortensie sehen. Ich betete, dass mein Bruder mich retten würde, als ich an die Tür klopfte, aber niemand machte auf. Meine Schultern sackten herab, und ich schniefte ein bisschen. Dann kauerte ich mich hinter den Strauch und wartete. Es gab kein anderes Versteck.

In dem Moment fuhr wieder ein Auto vor, und ich schreckte zusammen. Es hielt am Straßenrand, aber als ich hinschaute, sah ich, dass es Megan und ihr Freund waren, dessen Eltern nebenan wohnten. Ich sah, wie sie miteinander redeten, und ich rannte hinüber und hämmerte ans Fenster. Megan schnappte nach Luft, als mein weißes Gesicht am Fenster erschien. Sie ließ das Fenster herunter, und ich erzählte ihr, was passiert war, wobei ich mich vor lauter Eile ständig verhaspelte. Ich stieg zu Megan ins Auto und erzählte ihr die ganze Geschichte. Wir fuhren die Straße runter und ich zeigte ihr die Reifenspuren auf dem Rasen des Bürgermeisters. Sie war sichtlich entsetzt. Wir drehten um und fuhren zurück, wobei wir uns vergewisserten, dass die Fenster alle oben und fest verschlossen waren. Ihr Scheinwerferlicht glitt suchend durch die Dunkelheit. Nachdem wir an meinem Fahrrad vorbeigefahren und ein, zwei Straßen weiter waren, sahen wir ihn. Sein Pick-up stand mit laufendem Motor in einer Nebenstraße. Er hatte nur Standlicht an, aber wir konnten die Abgase sehen, die aus seinem Auspuff kamen.

»Der ist hier rumgefahren und hat dich gesucht …« Megan blieb die Stimme weg.

Wir verlangsamten, um das Kennzeichen zu lesen, aber er merkte, dass wir ihn anschauten, und fuhr aus der Gasse heraus. Megan war fest entschlossen, sich sein Kennzeichen zu notieren. Sie fuhr ihm nach, und als er Gas gab, gab sie auch Gas – sie verfolgte ihn gnadenlos. Als wir näherkamen, sahen wir, dass sein Nummernschild dreckverschmiert war. In dem Moment war dem Mann endgültig klar, was wir vorhatten, und er fuhr so schnell davon, dass wir nicht mehr mithalten konnten. Er fuhr fast 120 in einer 40er-Zone.

Schließlich drehten wir um und fuhren zurück, aber ich wollte nicht nach Hause. Megan nahm mich mit zu sich, wir erzählten ihrer Mutter gemeinsam, was passiert war, und die überzeugte mich, den Sheriff anzurufen. Ich erzählte der Dame am Telefon alle Details. Sie war sehr freundlich und sagte, ich hätte wirklich Glück gehabt. Sie meinte, das könnte der Mann gewesen sein, den sie suchten. Ich saß gefühlte Stunden auf Megans Sofa und redete mit ihrer Mutter, die aufmerksam zuhörte und nickte.

Megans Mutter war anders als meine Mutter. Ich erzählte Mary alles, was ich meiner Mutter lieber nicht erzählen wollte. Trotzdem sagte sie am Ende: »Du solltest nach Hause gehen und das deiner Mutter erzählen.«

Ich sträubte mich und blieb so lange, wie ich konnte, bis sie darauf bestand, dass ich nach Hause fuhr.

Eines Morgens in der High School sah ich ein Interview in *The Today Show*. Die Interviewte sagte, dass alle mutterlosen Mütter irgendwann wütend auf ihre eigenen Töchter werden, wenn die das Alter erreichen, in dem ihre eigene Mutter gestorben ist.

Als meine Mutter einmal sagte: »Als du elf wurdest, hatte ich das Gefühl, dass du in deinem Zimmer verschwunden und nie wieder rausgekommen bist«, fiel mir wieder ein, dass sie elf gewesen war, als ihre Mutter starb.

Ich fuhr nach Hause und erzählte nichts. Ich wusste nicht, wie ich anfangen sollte, und ich wollte mich nicht der Skepsis meiner Mutter aussetzen. Wahrscheinlich hat Mary es ihr irgendwann erzählt, aber selbst dann sprach meine Mutter mich nicht auf dieses entsetzliche Erlebnis mit dem Pick-up an. Schweigen und Schreien war das Einzige, was wir in unserer Familie gut konnten.

Tatsächlich habe ich meiner Mutter nie die ganze Wahrheit über irgendetwas erzählt. Ich erzählte ihr immer nur Bruchstücke. Doch diese Bruchstücke reichten, damit sie mir vertraute. Ich sah in ihren Augen, dass sie an mich glaubte, und das fühlte sich gut an – abgesehen von der Atompilzwolke des Ungesagten, die immer noch über meinem Kopf hing.

Ich erzählte ihr nichts von dem Mann im Pick-up oder von dem Mann, der mich ein paar Jahre später gegen meinen Willen festhielt, und ich erzählte ihr nichts von meinen Liebhabern oder dem Verlust meines Glaubens. Ich erzählte ihr nie von meinem Gefühl, dass ich nicht die Tochter sein konnte, die sie sich wünschte, oder dass sie nicht die Mutter sein konnte, die ich mir wünschte.

An jenem Abend war mein Vater auf Dienstreise, also ging ich ins Schlafzimmer zu meiner Mutter und fragte sie, ob ich bei ihr schlafen dürfe. Es war das erste Mal, dass ich darum bat, seit ich ein kleines Kind war, aber sie rutschte einfach wortlos beiseite und hob die Decke hoch. Sie machte mir Platz in dieser Wärme, und ich schlief neben ihr ein, während sie tief und ruhig atmete. Ich dachte, sie könnte mir Sicherheit bieten.

Später, als Caleb der Mann war, der mir Angst machte, erzählte ich ihr auch nichts. Nicht beim ersten Mal, nicht beim zweiten und vielleicht nicht mal beim dritten. Zu dem Zeitpunkt wusste ich schon, dass sie mir keine Sicherheit bieten konnte.

3 Die perfekte Familie

An dem Tag, als ich die zwei blauen Streifen auf dem Schwangerschaftstest sah, zog ich meine Jeans und mein The Flicks-T-Shirt an – das mit Alfred Hitchcock hinten drauf – und fuhr zur Arbeit. The Flicks war eine Filmfirma, die Indie-Filme machte, und ich arbeitete dort mit Künstlertypen, die sich Gedichtzeilen auf die Unterarme tätowiert hatten, die Haare färbten und Chucks trugen. Wir wollten Kunst machen. Kinder gehörten nicht zu unserem kollektiven Plan.

An diesem Morgen ging ich durch die Küche – vorbei am Assistenten des Geschäftsführers, der sich gerade eine Süßkartoffelsuppe mit Curry auf dem großen Gasherd machte –, stellte mich vor die Espressomaschine, schaltete sie an, um mir einen Latte rauszulassen, und hielt inne.

Ich wusste nicht, ob ich Kaffee trinken durfte. Kaffee könnte jetzt giftig sein. Ich lauschte dem Mahlgeräusch, mit dem die Maschine die Bohnen in kleinste Teilchen zermahlte, und warf einen Blick auf mein Spiegelbild im gebürsteten Stahl. Ich bin noch nicht bereit, sagte ich tonlos.

Ein paar Wochen zuvor, als wir auf meinem Sofa saßen und uns unterhielten, wurde Caleb auf einmal ganz rot im Gesicht. Er schaute auf den Boden und fuhr sich mit der Hand über den Kopf. Ich wusste, das bedeutete, dass er sich nervös oder unsicher fühlte. Er schaute rasch auf und platzte heraus:

»Kelly, ich will dich heiraten.«

Ich saß da, als hätte mich der Blitz getroffen. Es war nicht so sehr ein Antrag als vielmehr eine Absichtserklärung gewesen. Wir waren erst fünf Monate zusammen, und da Caleb im Wald lebte, sahen wir uns nur ein paarmal pro Woche.

Zweimal war er in Panik geraten und für eine Woche oder länger verschwunden. Beim ersten Mal schob ich sein Verschwinden auf Nervosität. Beim zweiten Mal rief ich ihn an und sprach ihm auf seine Mailbox: »Wenn du eine Beziehung mit mir willst, dann rufst du mich heute an. Und ab jetzt wirst du mich regelmäßig anrufen. Wenn du das nicht kannst, dann ist die Geschichte hiermit vorbei.« Er rief fast sofort an und tauchte noch am gleichen Abend mit zerknirschter Miene bei mir auf. Er wolle mich nicht verlieren, sagte er. Das wisse er jetzt.

Unsere Beziehung war nicht idyllisch oder selig gewesen, aber in dem Moment, als er mir erklärte, dass er mich heiraten wolle, konnte ich mich auf einmal nur noch an die seligen Momente erinnern. Ich schaute in seine großen blauen Augen und erinnerte mich, wie ich auf diesem beigen Sofa gelegen war, während er Gitarre spielte und »Pale Blue Eyes« sang.

Ich wusste, dass das Ganze unverantwortlich war. Wir kannten uns kaum. Er wollte vier Kinder. Er wollte zurück nach Hause ziehen, nach West Virginia. Das war nicht, was ich wollte. Aber ich wollte ihn.

»Okay«, platzte ich heraus. »Aber vier Kinder will ich nicht. Ich weiß nicht mal, ob ich überhaupt Kinder will.«

Er lehnte sich zurück. »Wie wär's mit zwei Kindern?«

Damit kam ich klar. War ja auch alles bloß theoretisch. »Okay«, sagte ich. »Zwei Kinder.«

Gerade mal zwei Wochen nach dem Antrag hatte ich zwei blaue Streifen auf meinem Teststäbchen. Ich ging morgens zur Arbeit, ging aber nach einer Stunde weinend wieder nach Hause. Ich rollte mich auf dem Bett zusammen und weinte den ganzen Tag. Caleb war mit einem Freund beim Angeln, aber er kam nach Hause, sobald er meine SMS bekommen hatte. Er schlüpfte zu mir ins Bett. Seine Augen sahen besorgt und verletzlich aus.

»Ich möchte, dass wir abtreiben«, flüsterte ich und zog die Knie an die Brust.

»Ich möchte, dass wir heiraten«, sagte er und fuhr sich mit der Hand über den Kopf.

»Ich bin noch nicht bereit«, sagte ich. »Weder fürs eine noch fürs andere.«

Er schaute mich lange an, und dann sagte er: »Kelly, ich glaube, wenn du abtreibst, dann wird unsere Beziehung das nicht überleben. Dann müssen wir Schluss machen. Ich will das nicht – du?«

Ich wollte nicht Schluss machen. Ich fühlte mich ihm so nah verbunden.

»Nein«, sagte ich. »Dann behalten wir das Baby.«

»Können wir dann auch heiraten? Ich möchte nicht, dass das Kind mit unverheirateten Eltern groß wird.«

Ich nickte, aber ich spürte keine Freude. Nur Angst.

Ich wollte nicht Mutter werden, aber ich hatte mehr Erfahrung mit Kindern als die meisten. Ich war *die* Babysitterin in meiner Heimatstadt gewesen, aber diese Erfahrung hatte mich mehr über das Leben der Erwachsenen gelehrt als über das der Kinder.

Ich war erst elf, als ich zum ersten Mal für Michaels Eltern die Babysitterin machte. Ich war selbst noch ein Kind, ich hatte erst vor Kurzem meine Barbies weggepackt – ich war jetzt zu alt für solchen Unsinn – nur manchmal, wenn mich eine Freundin besuchte, holten wir sie doch wieder raus und spielten heimlich damit. Mein Bruder war in der High

School und musste auf mich aufpassen, wenn meine Eltern aus dem Haus gingen, aber ich fand, ich sei alt genug, um selbst babysitten zu gehen. Ich bettelte meine Mutter an, bis sie nachgab. Sie wusste ja, dass ich sie anrufen würde, wenn ich etwas brauchte.

Michaels Haar war leuchtend weiß, und wenn er mir die Arme um den Hals legte, atmete ich seinen Babygeruch ein. Ich hatte ihn sechs Stunden am Stück gesittet – das war mein Rekord. Als er sein Mittagsschläfchen machte, versuchte ich, den Fernseher anzumachen, aber sie hatten keinen Empfang. Das Haus war klein, recht altmodisch, und obwohl es sauber war, roch es wie ein Haus, das seit einer Weile nicht mehr geputzt worden ist. Es war spärlich möbliert, und es gab weder Bücher noch Zeitschriften, die mich hätten unterhalten können. Ich griff zum Telefon, um eine Freundin anzurufen, aber es kam kein Freizeichen. Nicht mal ein funktionierendes Telefon hatten diese Leute.

Ich ließ mich auf den grünen Flickenteppich vor der Stereoanlage plumpsen und schaute ihre Kassettensammlung durch. Ich kannte keine von den Bands, aber dann fiel mir etwas ganz Besonderes in die Hände: Jon Bon Jovis *Blaze of Glory*. Ich legte das Band ein und drückte auf den Vorspulknopf. Ich legte mich auf den Teppich, die Sonne fiel in staubigen Strahlen durchs Fenster, und ich spielte den Titelsong, spulte zurück und spielte ihn erneut. Im Video zu dem Song stand Jon Bon Jovi am Rand einer Klippe in der Wüste, während die Kamera zu ihm herunterfuhr. Man sah roten Felsen vor blauem Himmel. Er hatte langes, welliges Haar, aufregend.

Plötzlich hatte ich die Idee, hinauszugehen und das Video nachzuspielen. Ich ging in den Hof und ließ die Tür offen. Es hatte achtunddreißig Grad, die Hitze traf mich wie eine Druckwelle. Hinterm Haus wuchs kein Gras, nur ein kümmerlicher Baum. Ich streckte die Arme seitlich aus und hob mein Gesicht bittend zum Himmel. *Going down! In a blaze of glory!* Die Welt drehte sich um mich, es war köstlich, wie meine Fantasie mich entführte.

Doch auf einmal hörte ich Michael weinen. Schreien. Kreischen. Es war das lauteste, verstörteste Schreien, das ich je gehört hatte, aber als ich Michaels Tür aufriss, hörte er sofort auf. Er schaute mich lächelnd an und reckte mir die molligen Ärmchen entgegen. Ich hob ihn hoch und fühlte mich geliebt, ich fühlte mich wie eine Mutter.

Ich gab ihm einen Becher Apfelsaft, dann nahm ich ihn mit hinaus zum Spielen. Er stocherte im Dreck, aber meistens dackelte er mir hinterher. Ich versuchte, Sachen zum Spielen zu finden, und entdeckte einen Stock auf der anderen Seite des Baumes. Ich ging ihn holen und verschwand dabei hinter dem Baum. Michael kreischte wieder erschrocken los. Als er mich wieder sehen konnte, hörte er sofort auf zu weinen und lächelte mich selig an. Ich hob ihn hoch, und er vergrub sein Gesicht an meiner Schulter. Es war das schönste Gefühl, das ich je empfunden hatte.

Ich setzte ihn wieder ab, dann ging ich zurück, um den Stock zu holen. Er schrie wieder auf, als ich verschwand, aber diesmal ließ ich mir Zeit und genoss das Gefühl, vermisst zu werden. Als ich zurückkam, knuddelte ich ihn wieder. Ich spielte das ganze Ritual noch einmal durch, verschwand hinter dem Baum, hörte ihn weinen, dann kam ich heraus, sodass er jubelte und lächelte, nahm ihn auf den Arm und knuddelte ihn durch. Ich wünschte mir seine Umarmungen so sehr, schämte mich aber schrecklich für meine Gemeinheit.

Als Michaels Eltern zurückkamen, waren sie sonnenverbrannt und rochen nach Bier, aber sie freuten sich, einen freien Tag gehabt zu haben. Und sie bezahlten mich gut. Normalerweise bezahlten mich die Leute umso besser, je ärmer sie waren. Ich steckte das Geld ein und gab Michael einen Abschiedskuss.

Dann ging ich nach Hause und schlurfte durch den Staub, während mir die Sonne auf den Kopf brannte. Ich wusste, dass ich eine schreckliche Mutter werden würde.

Grace war das Kind, das mir am meisten Angst machte, mit ihrem runden Gesicht und den dunklen, verkletteten Haaren. Sie war pummelig, aber ihre Mutter war ganz dünn. Als ihre Mutter mich abholte, wischte sie mehrere leere Kaffee-Pappbecher von der Tankstelle vom Beifahrersitz. Die Haut an ihrem Arm war so schlaff, dass ich sah, wo die beiden Knochen an ihrem Handgelenk zusammenstießen. Ihre zitternden Finger sahen aus wie Klaviertasten.

»Macht's dir was aus, wenn ich rauche?«, fragte sie.

Ich schüttelte den Kopf. Sie rauchte sowieso schon. Ich schaute zurück zu unserem Haus, wo meine Mutter noch den Kopf aus der Fliegengittertür streckte. Sie winkte, als wir davonfuhren.

Graces Haus war eine ziemliche Baracke. Im Garten standen Milchkrüge, aus denen kleine streunende Kätzchen gierig schlabberten. In der Ecke des Gartens lag ein Haufen verrostete landwirtschaftliche Geräte neben einem Haufen Schotter. Ein großes Sperrholzschild mit der Aufschrift »Zu verkaufen« lehnte an der Hütte.

»Was ist denn da zu verkaufen?«, wollte ich wissen.

Sie zuckte mit den Schultern. »Alles«, sagte sie.

Die Mutter und der Vater gingen zum ersten Mal seit langer Zeit aus. Die Finger der Frau zitterten die ganze Zeit, und ihre Schultern ragten knochig aus einer schwarzen Lederweste.

Der Vater starrte auf meine Brüste.

Ich war dreizehn. Im Sommer davor war meine Mutter mit mir in ein Kaufhaus in Spokane gegangen, wo sie mir einen BH kaufte. Zum ersten Mal kauften wir meine Schulkleidung in der Teenagerabteilung, aber ich spähte die ganze Zeit sehnsüchtig zur Kinderabteilung hinüber. Ich suchte mir zehn verschiedene Rollkragenpullis aus. Und ich lernte, meine Schultern hängen zu lassen, um meine Brüste zu verstecken.

Graces Mutter schrie: »James, komm her, die Babysitterin ist da!«

Ein großer Junge kam aus dem Hinterzimmer. Er war fast so alt wie ich, und wir musterten uns verlegen.

Die Mutter zuckte mit den Achseln. »Er wird wahrscheinlich sowieso bloß in seinem Zimmer rumhängen«, sagte sie. »Er braucht auch nicht wirklich einen Sitter, aber er will nicht auf seine Schwester aufpassen, weil er so eine miese kleine Ratte ist!« Die letzten Worte schrie sie heraus und verdrehte entnervt die Augen, während er schmollend in sein Zimmer davontrottete.

Grace versteckte sich in der Küche. Irgendwann zog ihre Mutter sie aus ihrem Versteck und stellte sie mit Nachdruck vor mich hin.

Grace war groß, hatte ein Mondgesicht und Riesenaugen. Sie schien irgendwie übermäßig groß für ihr Alter.

Ich kniete mich vor sie und versuchte, Augenkontakt zu bekommen. »Hallo, Grace«, sagte ich.

Sie wickelte eine Haarsträhne um einen Finger und mied meinen Blick. Als sie sprach, war es eine Kleinkindstimme. Eine Kleinkindstimme aus einem siebenjährigen Körper.

»Hallo«, quiekte sie und starrte auf den Boden. Ich schaute ebenfalls auf den Boden. Sie malte mit dem Fuß einen Kreis aufs Linoleum, wo es geborsten und aufgeworfen war.

Später knieten wir in ihrem Zimmer auf dem Boden und spielten mit ihren Barbies neben einem rosa Plastikpuppenhaus.

»Du bist die Mama und ich der Papa«, befahl sie.

»Okay«, sagte ich. »Bin ich nicht hübsch?« Ich ließ die Barbie über den Boden tänzeln.

Sie nahm mir die Barbie aus der Hand. »Nicht so«, befahl sie. »So. Schau her. Hier, du legst dich aufs Bett.« Sie warf die Barbie aufs Bett. »Und jetzt bin ich Daddy.« Sie imitierte eine barsche Männerstimme. »Ich bin Daddy, und ich schlag dich jetzt zusammen.«

Sie drückte Ken auf Barbie und bewegte seine Arme vor und zurück, als würde er ihr Boxhiebe versetzen.

Ich setzte mich auf die Fersen und war ganz still. Meine Brust war wie zusammengeschnürt.

»Macht das dein Daddy?«, fragte ich.

Sie blickte verunsichert auf.

»Grace!« Ich hörte eine scharfe Stimme von der Schwelle. Ihr Bruder James lehnte am Türrahmen. »Sie spielt nur«, sagte er zu mir. »Das macht sie immer.«

Ich schaute wieder zu Grace, die jetzt vor sich hin summte und ihrer Barbie die Haare bürstete. Als ich wieder zur Tür schaute, stand James immer noch mit verschränkten Armen da und starrte mich an. Im dunklen Flur waren seine Augen düstere Flecken.

Graces Eltern konnten mich nicht nach Hause fahren, weil sie zu viel getrunken hatten. Ich war erleichtert, dass sie es zugaben. Sie wollten mir ein privates Taxi rufen. In meiner Heimatstadt mit ihren 3000 Einwohnern hatten wir keinen richtigen Taxiservice, nur ein geschäftstüchtiges Paar, das die Leute manchmal gegen Bargeld irgendwohin fuhr. Graces Mutter rief sie an, aber sie wollten nicht aufstehen, also rief ich meinen Vater an.

Er ging ans Telefon, verwirrt und verschlafen. Dann begann der qualvolle Teil. Ich musste auf dem Sofa warten, bis mein Vater kam. Graces Vater ging ins Schlafzimmer, ließ sich aufs Bett fallen und rief nach seiner Frau, aber sie setzte sich neben mich und machte Small Talk. Ich gab mir Mühe, nicht nach blauen Flecken Ausschau zu halten.

Als mein Vater kam, rannte ich nach draußen. Sein Auto war so warm, seine Gegenwart so tröstlich. Er schaute mich freundlich an. Als er meine Erleichterung bemerkte, sagte er: »Vielleicht sollten wir noch mal über deine Babysitterjobs nachdenken.«

Mein Vater war ein sanfter Mann. Ein ruhiger Mann. Vielleicht zu ruhig. Irgendwie war da auch immer eine gewisse Distanz in ihm, die ich nicht überwinden konnte. Angst hatte ich jedoch nie vor ihm.

Als Caleb und ich anfingen, miteinander auszugehen, dachte ich, er hätte dieselbe Sanftheit wie mein Vater, aber ich musste keine Distanz zu ihm überbrücken. Ich fühlte mich, als hätte mich noch nie jemand näher an sich herangelassen. Niemals gab es zwischen uns längere Schweigepausen. Und wir lachten so viel miteinander.

Obwohl wir verlobt waren, hatten wir die Eltern des anderen noch nicht kennengelernt. Ich hatte meiner Mutter am Telefon von der Schwangerschaft erzählt. Ich gestand ihr, dass ich über eine Abtreibung nachgedacht hatte. »Aber Schätzchen«, sagte sie. »Du bist sechsundzwanzig. Du bist kein Kind mehr. Du kannst doch ein Kind aufziehen.«

Ich weiß nicht, was sie von der Verlobung hielt. Sie kannte mich gut genug, um zu wissen, dass sie mich nicht davon abbringen konnte. Vielleicht war sie auch erleichtert, dass wir heirateten. Sie hätte nicht gewollt, dass ich alleinerziehende Mutter werde. So war ich nicht erzogen worden. Sie äußerte weder Kritik noch sonstiges Feedback. Sie unterstützte mich in meiner Entscheidung, und wie bei allen anderen größeren Fragen in meinem Leben sprach ich überhaupt nicht mit meinem Vater darüber.

Caleb und ich fuhren für ein verlängertes Wochenende

nach Salmon, damit er meine Eltern kennenlernen konnte. Mir war ziemlich übel gewesen, aber ich hatte auch Schwangerschaftsgelüste. Zunächst waren es Tortilla-Chips, aber dann hatte sich die Lust auf Kuchen verlagert. In den Wochen zuvor waren wir zu einem Stand in Horseshoe Bend gefahren, einer Stadt, die ungefähr eine Stunde entfernt war und großartige Kuchen machte. Ich kaufte mir einen Himbeerkuchen zum Mitnehmen, und auf der Heimfahrt behielt ich ihn auf dem Schoß, während die Berge den Wüstenhügeln wichen, die schließlich ins breite grüne Tal von Boise mündeten.

In drei Wochen aß ich meinen Weg durch drei Countys.

Auf unserer Fahrt nach Salmon waren wir auf einer gewundenen Bergstraße, und weit und breit war keine Stadt zu sehen. Wir machten halt in Stanley, Idaho, wo keine hundert Leute wohnen. Caleb lief in die Tankstelle und kam mit einer Tüte wieder heraus.

»Ich hab dir was gekauft«, sagte er.

Tortilla-Chips.

»Das schmeckt jetzt aber nicht nach Kuchen«, sagte ich, als ich einen Chip knabberte. Er lachte, beugte sich übers Auto und drückte mir einen Kuss auf den Mund.

»Du und dein Kuchen«, sagte er. Er schaute mich lange lächelnd an, bevor er das Auto anließ und losfuhr.

Als wir bei meinen Eltern ankamen, tat ich so, als wäre alles ganz normal. Ich stellte Caleb vor, und meine Eltern waren warmherzig und höflich. Ich zeigte ihnen meinen Verlobungsring. Den hatte ich mir selbst in einem Antiquitätenladen ausgesucht. Er hatte 350 $ gekostet. Ich war stolz auf meine Sparsamkeit. Meine Eltern hatten mich zur Genügsamkeit erzogen.

Meine Mutter lächelte. »Hübsch«, meinte sie.

Aber als ich mich zu meinem Vater wandte, sah ich etwas anderes. Sein Gesicht war wie erstarrt.

Mein Vater war ein freundlicher Mann. Er hatte in den 80er-Jahren als Förster für den US Forest Service gearbeitet, zu einer Zeit, als es viel Ärger ums Holzfällen gab in unserem kleinen Ort. Während unsere Nachbarn Schilder in den Fenstern hatten, auf denen stand »In diesem Haus leben wir von Holzdollars«, bestand der Job meines Vaters darin, diesen Holzdollars ein Ende zu machen. Umweltschutzgruppen und neue Bundesgesetze setzten dem Holzfällen ein Ende, das hier jahrelang gang und gäbe gewesen war. Diese Art von Kahlschlag war nicht dauerhaft tragbar, und mein Vater sah sich als Beschützer des Waldes, den er so sehr liebte.

Der Holzboom musste ein Ende nehmen, aber die Leute hinterließen uns böse Nachrichten auf unserem Anrufbeantworter. Mein Vater bekam Drohungen. In der Schule nannte man mich »das Gör vom Försterzirkus«, aber er meinte, das solle ich einfach ignorieren. Ich hielt ihn für den tapfersten Menschen, den ich kannte. Ein stiller Aktivist.

Ich habe nie Angst an ihm bemerkt, bis zu dem Moment, als ich meine Hand ausstreckte und ihm den gebrauchten Verlobungsring an meinem Finger zeigte. Er war der ruhigste, stoischste Mensch, den ich kannte, und er neigte nicht dazu, seine Gefühle zur Schau zu stellen, sei es Freude, Trauer oder Zorn. Ich hatte ihn immer nur als mutig empfunden, doch in diesem Moment sah ich nur Angst in seinen Augen.

Aber meine Eltern waren freundliche Menschen, und Caleb war charmant, bescheiden und ein angenehmer Gesprächspartner. Er hatte viel mit meinem Vater gemeinsam. Sie waren beide bei den Future Farmers of America gewesen, einer großen Jugendorganisation mit landwirtschaftlicher Ausrichtung. Sie hielten sich beide gerne in der freien Natur auf. Beide waren auf dem Land aufgewachsen. Und Caleb war, ebenso wie ich, in einer tief religiösen Familie aufgewachsen.

Als das Wochenende vorüber war, war der erschrockene Ausdruck in den Augen meines Vaters Erleichterung gewichen.

Bevor wir ins Auto stiegen und nach Hause fuhren, umarmten wir uns alle. Das war ein unangenehmer Moment, denn Caleb kam aus einer herzlichen Familie, in der man sich viel in den Arm nahm, aber in meiner war körperliche Nähe sehr ungewohnt. Am Ende klopften wir uns alle nur gegenseitig auf die Schultern und sagten Auf Wiedersehen. Als Caleb und ich aus der Auffahrt fuhren, war ich zuversichtlich, dass alles gut gehen würde.

Auf der Heimfahrt, kurz vor Boise, kamen wir an eine Unfallstelle. Überall standen Warnkegel, und ein Polizist leitete den Verkehr um.

Dann sah ich etwas. Unwillkürlich zuckten meine Hände zu meinem Bauch. »Ist das …«, fragte ich Caleb.

Er streckte die Hand zu mir und hielt mir die Augen zu, während er mit der anderen das Lenkrad umklammerte. »Schau nicht hin«, sagte er. Es war weniger ein Ausruf als ein Stöhnen. »Bitte, Schatz, schau nicht hin.«

Es war zu spät. Ich hatte schon hingeschaut. Da lagen Leichen. Eine erwachsene Frau und ein Baby.

Als wir nach Hause kamen, erfuhr ich, dass die beiden Opfer eines Unfalls gewesen waren, nachdem andere Verkehrsteilnehmer die Nerven und die Kontrolle verloren hatten. Ein Footballspieler der Boise State University und ein Mann, der zu viel getrunken hatte, hatten sich ein Rennen geliefert. Die Familie war gerade auf die Kreuzung gefahren, und eins der beiden Fahrzeuge war in ihr Auto gekracht und hatte Mutter, Vater und Baby getötet. Sie hießen Perfect mit Nachnamen.

Als wir das letzte Stück fuhren, ging die Sonne hinter den Gebirgsausläufern um Boise unter. Ich hatte die Hände auf den Bauch gelegt und dachte an die Hand, die mir Caleb auf die Augen gelegt hatte. Sein erster Impuls war es gewesen, mich zu schützen. Ich sagte dem Baby in mir, dass sein Vater es immer beschützen würde. Ich sagte dem Baby in mir, dass ich es immer beschützen würde.

Caleb und ich schwiegen. Eine neue Dunkelheit umfing uns.

4 Davonlaufen

Caleb hatte sich seine Hütte auf dem Grundstück seines Freundes Cory gebaut, genauso wie ein anderer Freund, Dan. Die Männer nannten die verbundenen Grundstücke scherzhaft »das Alliiertengelände«, und obwohl ich weder Cory noch Dan so richtig mochte, verbrachten wir viel Zeit dort. Eines Abends, in der Bar, in der wir uns kennengelernt hatten, kamen Cory und Caleb zu Kelly M. und mir und luden uns zu sich ein. Zusammen rasten wir den Highway zum Alliiertengelände hinunter. Unsere Körper waren in Calebs Auto aneinandergepresst, und die Fenster beschlugen, weil drinnen vier Leute atmeten und draußen die Februarkälte regierte. Als wir ankamen, schlief Corys Frau oben schon mit dem Baby. Cory nahm Kelly M.'s Hand und führte mit ihr einen spaßhaft-übertriebenen Tanz auf. Als Cory zur Außentoilette ging, beugte ich mich kurz vor und erinnerte Kelly M. daran, dass Cory verheiratet war.

Am nächsten Morgen waren alle zu Hause, inklusive Dan, seine Freundin und Corys Frau Carrie. Caleb und Dan machten Frühstück für alle, und da Caleb noch wusste, dass ich Milchprodukte nicht gut vertrug, bat er Dan, mir keine Soße zu geben.

»Oh, das muss wahre Liebe sein«, neckte ihn Dan, aber Caleb lachte nur und beugte sich zu mir, um mir einen Kuss zu geben, bevor er wieder mit Dan in der Küche verschwand.

Carrie lächelte mich an, aber sie sah müde aus. »Caleb und

Cory sind nicht gut füreinander«, sagte sie. »Wenn Caleb nicht so nett wäre, käme ich glaube ich nicht damit klar, dass er auch hier wohnt.«

Mir fiel ein, wie Cory am Vorabend mit Kelly M. getanzt hatte, und mir tat Carrie leid, weil ihr offenbar nicht klar war, wer hier der schlechte Einfluss war.

Als Caleb und ich beschlossen zu heiraten, sagte ich zu ihm, dass wir in die Stadt ziehen müssten. Wir machten uns auf die Suche nach einer Wohnung, die wir uns mit Baby leisten konnten. Es würde nicht die Art Haus sein, die ich mir vorgestellt hatte, wenn ich einmal Familie haben würde. Es würde keine Schaukel auf der Veranda haben, keine Frühstücksecke und kein Arbeitszimmer im Dachgeschoss. Da ich mich vom College hatte beurlauben lassen und auch mein Hauptfach mehrfach gewechselt hatte, hatte ich immer noch keinen Abschluss, mir fehlte noch ungefähr ein Jahr. Gearbeitet hatte ich immer, aber ich verdiente nicht viel, und Calebs Assistenzdozentengehalt brachte auch nicht viel mehr. Trotzdem wollten wir etwas Zentrumsnahes, aber mit Garten, jedoch auch nicht allzu weit weg von Coffeeshops und Galerien. Diese Wünsche ließen sich bei unserem Budget allerdings kaum umsetzen.

Als Erstes schauten wir uns eine schmutzige, heruntergekommene Wohnung an, in der noch der positive Schwangerschaftstest von jemand anders auf der Toilette lag. Als Nächstes kam eine große, saubere Wohnung, aber sie hatte Fußbodenheizung, große weiße Wände, Glasschiebetüren und eine sterile Atmosphäre, die ich nicht abkonnte.

Dann schauten wir uns ein Haus knapp außerhalb unseres Suchradius' an. Die Wände waren nikotinvergilbt und vom Deckenventilator hingen Spinnwegen. Als Caleb und ich einen Blick tauschten, lag die Traurigkeit quasi greifbar in der Luft.

Aber wenig später fand ich sie: eine Wohnung in einem zweigeschossigen Backsteinhaus, an dem der Efeu emporrankte. Es hatte große Fenster und eingebaute Bücherregale. An einem der Bücherregale fehlte eine Glasscheibe, und der Teppich war alt und fleckig, aber die Miete war günstig für Boise, und die Lage hätte besser nicht sein können. Der Vermieter meinte sogar, er würde noch ein Sofa spendieren, das der Vormieter stehen gelassen hatte. Der Mieter hatte das Sofa mit einem bunt gestreiften Baumwollstoff neu beziehen lassen, und ich war ganz wild auf die großen Vintage-Kissen und diese ganze Fake-Nostalgie. Ich redete mir ein, dass diese Wohnung im ersten Stock absolut perfekt war, aber insgeheim hatte ich Angst. Sie war alt und abgewohnt. Es war die Sorte Wohnung, die Studenten wegen ihres »Charakters« schätzten, aber nicht die Art von Wohnung, in der ich gerne andere Eltern empfangen würde, wenn sie mit ihren Kindern zum Spielen kämen, nicht die Art Wohnung, in der ich selbst gerne Mutter sein wollte.

Cory hatte versprochen, uns beim Umzug zu helfen, aber er tauchte nicht auf, also machten wir es allein. Ein anderer Freund kam noch, und Caleb und er trugen das bisschen Möbel, die ich besaß – ein Bett, eine Kommode, einen Schreibtisch und mein altes Sofa –, von meinem Studioapartment in unser neues Zuhause.

Dieser Freund machte uns dann Pasta Puttanesca, und wir saßen im Garten auf dem alten Sofa. Ich hatte das Studioapartment allein geputzt, während Caleb und sein Freund die Möbel hinaustrugen, und jetzt sanken meine Muskeln in die Couch, als wären sie ein Teil von ihr. Ich hatte solchen Hunger, dass ich sogar die salzigen Kapern noch gierig aufaß. Ich genoss die Spätfrühlingstemperaturen, und Caleb und sein Freund brachten mich zum Lachen. Langsam aber sicher hatte ich doch das Gefühl, dass alles gut werden würde.

Als es richtig dunkel wurde, kam Cory. Er war betrunken.

Er nahm sich eine Portion Pasta. Er nahm sich ein Bier. Und als er es ausgetrunken hatte, zerdrückte er die Dose und warf sie zu meinen Füßen.

»Kommt das dahin?«, fragte ich.

Er schaute mir direkt ins Gesicht und sagte: »Ist das nicht dein Job?« Dann leckte er seine Gabel ab und warf sie mir ebenfalls vor die Füße.

Ich schaute Caleb an, der nicht bemerkt zu haben schien, was Cory gerade gemacht hatte.

In dem Moment stand Cory auf und sagte zu Caleb und dem anderen Freund: »Kommt, wir gehen ins Neurolux.«

Caleb schaute mich an, und ich zuckte mit den Achseln, aber innerlich war ich empört. Caleb ging mit seinen Freunden, und dann saß ich allein da, den Bauch voller Pasta, Baby und Sorgen.

Mir fiel ein, wie ein anderer von Calebs Freunden einmal zu mir gesagt hatte: »Wie hat Caleb das denn geschafft, dass *du* mit *ihm* ausgehst?« Ich dachte an die Male, als Caleb tagelang verschwunden war. Ich dachte daran, wie hässlich er mich behandelt hatte, bevor ihm klar wurde, dass er in mich verliebt war.

Am nächsten Tag stritten wir. Caleb behauptete, er hätte Cory in der Bar zusammengestaucht, aber ich fragte mich, warum er überhaupt mit ihm weggegangen war. Ich fing an zu weinen, und meine Tränen machten ihn wütend. »Hör auf zu weinen!«, schrie er, dann warf er einen Schuhkarton nach mir.

Ich rannte zur Hintertür hinaus, doch als ich bei meinem Auto war, blieb ich stehen. Wo wollte ich denn hin? Ich hatte so angestrengt versucht, meine Freunde davon zu überzeugen, dass ich die richtige Entscheidung getroffen hatte – jetzt wollte ich ihnen natürlich keinen Grund geben zu glauben, dass ich mich getäuscht hatte. Ich starrte die Autotür eine ganze Weile an und überlegte, was ich tun sollte. Wir wollten in wenigen Wochen heiraten, und obwohl ich meinen Freunden erklärte, ich wüsste, dass ich das Richtige tat, sagte mir eine innere Stimme genau das Gegenteil.

Bevor wir in die neue Wohnung zogen, hatte Kelly M. uns besucht. Sie saß neben mir auf dem Sofa, faltete ihre Hände angespannt auf dem Schoß und sagte: »Ich hab mit Calebs Professor gesprochen, und er meint, du solltest ihn nicht heiraten. Er meint, dass Caleb nicht der ist, der er vorgibt zu sein.«

Sie schaute mir in die Augen. Die spätabendliche Sonne fiel durch die Jalousien und zeichnete Streifen auf ihr Gesicht. Ich wollte das nicht hören.

»Ich glaube, du solltest ihn nicht heiraten«, sagte sie. »Du kannst das Baby allein großziehen. Ich weiß, dass du das kannst.«

Ich wusste, dass sie aus Liebe zu mir handelte, aber zu dem Zeitpunkt hatte ich mir selbst schon mühsam eingeredet, dass ich die richtige Entscheidung traf, es wäre ganz unmöglich gewesen, auch nur über einen Richtungswechsel nachzudenken.

Caleb war so lieb, so zärtlich. Niemand hatte mich jemals so im Arm gehalten wie er. Niemand hatte jemals die Dinge gesagt, die er zu mir sagte.

Du bist die schönste Frau, die ich kenne. Du bist so klug. Du bist so lieb. Du bedeutest mir so viel mehr als alle anderen Frauen, mit denen ich jemals zusammen war. Ich wünschte, ich wäre nie mit jemand anderes zusammen gewesen, damit du die einzige Frau sein könntest, die ich jemals berührt habe. Wenn ich gewusst hätte, dass es dich gibt, hätte ich mich für dich aufgespart.

Hätte mir eine Freundin von solchen Liebesworten erzählt, ich hätte lachen müssen, aber wenn ich neben Caleb stand und er seinen Kopf auf meinen schob und sagte: »Dein Kopf passt haargenau unter meinen. Als ob unsere Körper füreinander gemacht wären«, dann glaubte ich ihm.

Für eine Frau, die so oft verletzt worden ist, war so eine Art von Liebe absolut außergewöhnlich. Seine Worte waren wie Balsam, sie gaben mir ein Gefühl von Sicherheit. Niemand hatte mich jemals so geliebt. Niemand anderes würde mich jemals so lieben.

Er sagte auch: »Alle anderen Frauen, mit denen ich ausgegangen bin, waren Zicken«, und das glaubte ich ihm auch. Ich verstand es so, dass ich etwas Besonderes war.

Ich schaute Kelly M. an. »Ich brauche deine Unterstützung«, sagte ich. »Du musst hinter mir stehen in dieser Entscheidung.«

»Okay«, sagte sie und umarmte mich. »Wenn es das ist, was du brauchst, dann werd ich das tun. Du weißt, wie sehr ich dich mag. Ich werde dich immer unterstützen, ganz egal, was passiert.«

Ich drehte mich um und ging wieder in die Wohnung, wo Caleb mich in den Arm nahm und drückte.

»Ich war im Unrecht«, sagte er. »Das wird nicht wieder vorkommen.«

Ich glaubte ihm. Ich hatte keine andere Wahl.

Ein paar Tage später, nachdem in unserer Wohnung das Telefon freigeschaltet worden war, funktionierte es immer noch nicht, es kam einfach kein Freizeichen. Als der Mechaniker der Telefongesellschaft den Kasten aufmachte, entdeckte er die Ursache. Die Drähte waren durchtrennt worden und hingen lose herab wie zerfetzte Venen.

Am gleichen Tag, als ich gerade am Waschbecken im schlecht beleuchteten Badezimmer stand, zog ich an der

Kette, die über dem Spiegel hing. Im selben Moment durchfuhr mich ein elektrischer Schlag, nicht schmerzhaft, aber sehr unangenehm. Das Licht schwirrte und flackerte. Die Fingerkuppen meines Daumens und Zeigefingers waren mit winzigen Reihen von schwarzen Brandblasen übersät, und es roch so penetrant nach verbrannter Haut, dass mir ganz übel wurde. Ich legte die Hände auf den Bauch und ging aus dem Bad. Ich hoffte, dass dem Baby nichts passiert war. Nachdem ich kurz überlegt hatte, zum Arzt zu gehen, beruhigte mich meine Mutter und meinte, es sei bestimmt alles in Ordnung.

Als der Vermieter kam, um die Leitungen zu reparieren, schüttelte er den Kopf und erzählte mir, es habe einen »Vorfall« mit dem letzten Mieter gegeben, einem holländischen Einwanderer, der »ein bisschen den Verstand verloren hatte«. Ich wollte gar nicht nachfragen, ob das ein Codewort für Suizid war. Bald bemerkte ich überall Indizien der Krankheit dieses Mannes. Im Badezimmer hatte er bei seinen Anwandlungen die Tapete abgerissen und anschließend wahllos Geschenkpapier darübergetackert.

Ich konnte nicht fassen, wie mir so viele Zeichen der Umnachtung unseres Vormieters entgangen sein konnten. Das Geschenkpapier mit den aufgedruckten Babypuppen schien mich anzustarren. Die Figuren hatten riesige Schlafaugen, perfekt geformte Locken, und ihre Gliedmaßen waren mit Kleber an ihren Plastikkörpern befestigt.

Nach dem Umzug lag ich auf der bunt gestreiften Couch, die mir so gefallen hatte, als ich die Wohnung besichtigte. Ich war mein Lebtag allen Verbindlichkeiten aus dem Weg gegangen, aber jetzt blühte mein kugelrunder Bauch, Zeichen der äußersten und unumkehrbarsten aller Verbindlichkeiten. Ich fühlte mich elend. Ich kam nicht gut zurecht mit meiner Schwangerschaft. Mir war die meiste Zeit übel, ich musste jeden Nachmittag lang schlafen, und obwohl ich immer sehr aktiv gewesen war, hatte ich jetzt überhaupt keine Lust mehr, mich zu bewegen. Viele von meinen Freunden hatten aufgehört, mich zu besuchen. Keiner von ihnen hatte Kinder, und sie interessierten sich nicht für Kinder oder für Leute, die Kinder erwarteten.

Einer erklärte mir, Caleb und ich seien unter die »Züchter« gegangen.

Die Einsamkeit machte sich breit. Ich sah den Efeu an der Backsteinfassade des Hauses emporklettern und fühlte mich erstickt, während ich meinen Bauch streichelte. Wir hatten unseren ersten Ultraschall, und das Herz des Babys schlug so schnell, dass ich die Ärztin erschrocken anschaute. Sie lachte. »Das ist absolut normal«, sagte sie, aber dieses *Bu-bumm, Bu-bumm* machte mir endgültig klar, dass mein Körper jetzt ein Zuhause für jemand anderes war. Ich wusste, dass ich nicht vor dem davonrennen konnte, was sich in mir abspielte. Und auch nicht vor dem, was sich außerhalb von mir abspielte.

Ich hatte bereits viel Zeit mit Davonlaufen verbracht. Als ich vier Jahre alt war, lief ich einer Babysitterin davon, als meine Eltern ausgingen. Ich kauerte mich hinter unserem Haus auf ein unbebautes Grundstück, auf dem der wilde Salbei wucherte, und beobachtete, wie die Sitterin langsam vorbeifuhr und aus dem Autofenster meinen Namen rief.

Beim zweiten Mal war ich acht. Ich füllte meinen roten Nylonrucksack mit Spielsachen und ging davon. Wie sich herausstellte, war Ausreißen ganz einfach: Ich spazierte einfach aus dem Garten davon. Und obwohl ich mich die ganze Zeit umschaute, kam mir nie jemand nachgerannt, also ging ich einfach weiter. Der Schweiß lief mir unter dem Rucksack über den Rücken, also nahm ich ihn ab und hielt ihn im Arm, bis ich irgendwann dazu überging, ihn an einem Schultergurt hinter mir herzuziehen. Ich war gerade um eine Ecke gebogen, da kam mir Dannys großer Bruder Wade auf dem Fahrrad nachgefahren. Er bremste schliddernd, und der Kies spritzte mir auf die Schuhe.

»Dein Dad hat gesagt, ich soll dir sagen, dass du heimkommen sollst«, sagte er.

»Okay«, sagte ich und reichte ihm meinen Rucksack. »Kannst du den nehmen?«

Als ich wieder beim Haus war, wartete mein roter Rucksack auf der Treppe auf mich. Mein Vater kniete im Garten und zog Karotten aus der Erde. Er blickte kaum auf. »Wo bist du denn gewesen?«, fragte er.

In der sechsten Klasse riss ich ernsthaft aus. Meine Mutter und ich hatten uns schrecklich gestritten.

»Ich hasse dich!«, schrie ich.

»Du bist undankbar!«, schrie sie zurück. »Als ich so alt war wie du, hatte ich nicht mal eine Mutter.«

Daraufhin hielt ich den Mund, ich sagte ihr nicht, was ich in dem Moment dachte: *Ich* wünschte*, ich hätte keine Mutter*.

Dieser Streit hatte sich am dritten Tag ihrer Nachtschichten zugetragen. Als sie nach Hause kam, hatte sie mich mehrmals gebeten, meine Wäsche aus dem Trockner zu nehmen, aber ich war so in ein Buch vertieft, dass ich sie ignorierte. Schließlich platzte sie in mein Zimmer und schrie, dass ich ihr nie zuhörte, packte mein Buch, warf es beiseite und zog mich dann an den Haaren zum Trockner. Ich hatte Angst vor ihr in solchen Momenten, aber das sagte ich ihr nie. Stattdessen sagte ich ihr, dass ich sie hasste.

Am Abend, nachdem ich meine Freundin Jamie gebeten hatte, mir eine Tüte mit Lebensmitteln auf ihre Veranda hinterm Haus zu stellen, kletterte ich nachts aus dem Fenster. Ich holte mir das Essen und marschierte in die Berge oberhalb von unserem Haus. Ich konnte nicht abschätzen, wie weit ich in der Dunkelheit schon gegangen war. Ich hatte keine Taschenlampe dabei, aber ich hörte den Bach neben mir plätschern, also hatte ich eine ungefähre Idee, in welche Richtung ich unterwegs war.

Ich hatte keinen Plan, aber die Berge von Idaho waren voll verlassener Hütten, also hoffte ich, eine zu finden, in der ich bleiben konnte. Bald wurde ich müde und beschloss, mich schlafen zu legen. Ich breitete meinen Schlafsack auf der Erde aus, krabbelte hinein und nahm meinen Rucksack als Kissen. Der dunkle Himmel hing über mir, die Sterne glitzerten durch die Wolken.

Mittlerweile hatte ich Angst vor der Dunkelheit, doch ich hatte noch mehr Angst davor zurückzugehen. Ich wusste, dass ich Ärger bekommen würde. Da hörte ich in der Ferne Zweige knacksen und sah Lichter, die in der Finsternis kreisten. Stimmen riefen nach mir, und eine erkannte ich: Es war BJ, die beste Freundin meiner Eltern in unserer Kirchengemeinde und meine Englischlehrerin. Ihre panische Stimme rief: »Kelly«. Sie hatte eine Gesangsausbildung, ihre Stimme war besonders volltönend. Ein Chor von Stimmen erhob sich. *Kelly. Kelly. Kelly*. Die Stimmen kamen näher, aber ich rührte mich nicht und machte nicht den geringsten Mucks, bis die Taschenlampen verschwanden.

Am nächsten Tag wachte ich auf vom Sonnenlicht und einem knurrenden Magen. In der Tüte von Jamie fand ich Maischips, drei Dosen Suppe und keinen Dosenöffner. Da wusste ich, dass ich wieder nach Hause gehen musste.

Als ich auf der Treppe stand, machte meine Mutter die Tür auf, ihr Gesicht sah verhärmt und verschwollen aus. Sie umarmte mich nicht und sagte nichts. Sie warf mir nur ein paar Sachen in die Arme. »Du gehst in die Schule.«

In der Schule kam der Direktor, ein sanfter alter Mann, zu mir und legte mir eine Hand auf die Schulter. »Wie ich gehört habe, hast du gestern ja allen einen ganz schönen Schrecken eingejagt, Mädel«, sagte er.

Ich kniff die Augen zusammen und versuchte, nicht zu

weinen. Ich war wütend auf mich selbst, weil ich mich so blamiert hatte.

»Hey«, sagte er und drückte meine Schulter. »Du weißt doch, dass wir dich alle sehr gern haben, oder?«

Ich erwiderte seinen Blick und nickte. »Klar«, sagte ich, »ich weiß schon.« Aber das war gelogen.

Ich lief wieder davon, als ich nach dem ersten Semester das College verließ. Ich weiß auch nicht genau warum. Ich hatte auf ein kleines geisteswissenschaftliches College in Ohio gehen wollen, aber meine Eltern hatten mich überredet, auf die University of Montana zu gehen, weil die näher an zu Hause war. Ich verbrachte die Tage schlafend in meinem Zimmer im Studentenwohnheim und quälte mich mit Vorwürfen wegen meines Versagens. Ich war schüchtern und ängstlich und wusste nicht, was ich tun musste, um in dieser neuen Umwelt zurechtzukommen. Ich gab meine Arbeiten nicht ab, auch wenn ich sie fertig geschrieben hatte, denn ich war überzeugt, dass sie noch nicht perfekt waren. Und ich war genervt, dass ich nicht auf das College ging, das ich mir ursprünglich ausgesucht hatte.

Ich sehnte mich nach Größerem als dem Tal, in dem ich aufgewachsen war, und ich wollte mich für ein versemmeltes Semester entschädigen. Ich bekam eine Rückerstattung von der University of Montana, strich das Geld ein und beschloss, mit einer Freundin nach Europa zu reisen. Meinen Eltern sagte ich nicht einmal Bescheid. Unsere Beziehung war damals überhaupt nicht existent. Sie erfuhren es von jemand anders, doch dann fuhren sie mich trotz ihrer Verärgerung zum Flughafen, und später, als ich meine Mutter von einem Münztelefon in Rom aus anrief und ihr sagte, dass ich pleite war, versprach sie, mir Geld zu schicken. Ein Motorrad fuhr vorbei, und als der Fahrer seinem Gefallen an mir in einem bewundernd jaulenden Ruf Ausdruck verlieh, hörte ich die Panik in der Stimme meiner Mutter, als sie von der anderen Seite des Ozeans rief: *Geht es dir wirklich gut?*

Nach meiner Rückkehr aus Europa fuhr ich erst mal nach Hause und wohnte bei meinen Eltern. Wir taten alle so, als wäre nichts gewesen, und bald darauf überzeugte mich eine Freundin, die in Portland, Oregon, wohnte, auch dorthin zu ziehen. Ich hatte ein paar tausend Dollar aus Ersparnissen von meinen Sommerjobs, hatte noch nie länger in einer richtigen Stadt gelebt und war begeistert.

Als ich meinen Eltern von diesem Umzug erzählte, fanden sie die Idee ganz furchtbar, aber ich ließ mich nicht umstimmen. Damals nahm ich täglich Medikamente gegen Angstzustände. Die Tabletten änderten nicht viel für mich, aber die konstante taumelnde, flatternde Angst in meinem Magen, die mich tagelang vom Essen und Schlafen abhielt, hatte dadurch aufgehört. Ich lag nachts nicht mehr zitternd im Bett und musste die Fingernägel in die Unterarme krallen, um das Zittern zu beruhigen, aber ich fand es immer noch schwierig, Entscheidungen zu treffen. Ich kämpfte gegen den Impuls davonzulaufen, aber ich wusste, dass ich eine Veränderung brauchte, und Davonlaufen war die einzige Strategie, die ich kannte.

In Portland fand ich einen Job in einem Kaufhaus in der Innenstadt, und dann antwortete ich auf eine Kleinanzeige in der Willamette Week: »Suche Mitbewohnerin. Kreativer Haushalt im alten viktorianischen Northwest Portland, Nähe 23. Straße. Nur 300 $ pro Monat, inkl. Nebenkosten.« Northwest 23. Straße war die hippste Straße in ganz Portland, in der sich die Ethnofood-Lokale, Coffeeshops und Vintage-Klamottenläden nur so drängten. Ich rief an und bat um einen Besichtigungstermin. Die raue Stimme am anderen Ende der Leitung klang resolut. Jederzeit.

Sie hieß Liza, und sie zeigte mir das Haus. Sie war Ende zwanzig und hatte rötlich-pink gefärbte Haare.

Sie trug Netzstrümpfe, schwarze Kunstlederstiefel und einen schwarzen Minirock, der gerade eben ihre Hinterbacken bedeckte, zusammen mit einem winzigen Top, aus dem sie förmlich herausquoll. Ihre Stimme hatte das kratzige Timbre einer Raucherin, und die Wohnung roch nach Mentholzigaretten, doch sie versicherte mir, dass in meinem Zimmer nicht geraucht werden würde. *Mein Zimmer*. Das klang so großartig, ich war überwältigt. Schon meins.

Rauch und Staub hingen in den Vorhängen und Möbeln, und der Massivholzboden schien sich in allen möglichen Winkeln zu neigen, aber wenn ich blinzelte, wurde er auf einmal wieder ganz glatt, als wüsste er, dass ich hinschaute. Das Wohnzimmer war düster, aber als Liza die schweren Vorhänge zurückzog, fiel das Licht durch die Bleiglasscheibe eines tiefen Erkerfensters und breitete sich träge über den Boden aus. Das verregnete Portland kann ein finsterer Ort sein, aber dieses Licht begeisterte mich.

Liza und ich gingen die Massivholztreppe hoch, und ich ließ die Handfläche auf dem Geländer aus echtem Mahagoni liegen, bis wir den Treppenabsatz erreichten, wo das Badezimmer war. Dort stand eine Wanne mit Löwenfüßen ohne Duschkopf und mit einem rötlich-braunen Fleck, der neben dem Abfluss eintrocknete. In der Toilette schwamm Menstruationsblut im Wasser. Lizas Augen folgten meinem Blick, und sie spülte und entschuldigte sich.

»Im Moment haben wir keine Dusche«, sagte sie. »Aber ich werde dieses Wochenende vom Vermieter eine einbauen lassen.«

Als Liza die Tür zu meinem Zimmer aufmachte, erblickte ich ein offenes Fenster, vor dem man die Zweige eines Baumes sah. Viel Ausblick hatte ich nicht, aber die Blätter ließen gerade genug Licht herein, um den Raum zu erhellen.

»Dürfte ich denn die Wände streichen?«, fragte ich.

Liza zuckte mit den Schultern. »Klar, du kannst machen, was du willst.«

Ich lächelte. »Super. Ich nehm das Zimmer. Kann ich sofort einziehen?«

Liza blieb verblüfft der Mund offen stehen. »Im Ernst?«, fragte sie.

Ich kam bald dahinter, dass Liza und ihr Freund versuchten, vom Heroin loszukommen. Lizas beste Freundin hatte kürzlich eine Überdosis genommen und war auf der Treppe gestorben, die ich jeden Tag hochging. Chad ging es ein bisschen besser als Liza, denn sein Job auf dem Bau beschäftigte ihn, aber Liza war allein zu Hause, und dann wurde sie nervös.

Sie hatte sich darauf verlegt, ganze Literflaschen Starkbier zu trinken, und die stapelten sich auf der Veranda hinterm Haus, Wolkenkratzer aus Flaschen, die sich vor dem Küchenfenster türmten. Die trübe Sonne von Portland kroch durch die schmutzige Fensterscheibe in die Küche und malte einen Regenbogen auf den verdreckten Boden.

Während Liza unten trank, versteckte ich mich in meinem Zimmer im ersten Stock und lag lesend auf der aufblasbaren Matratze. Einmal schrien sich zwei Frauen in der Wohnung gegenüber an. Ich hob den Kopf und hörte ihnen durchs offene Fenster beim Streiten zu. Die Einsamkeit nagte an meiner Brust. Das war der grandioseste Streit, den ich jemals erlebt hatte – sie kreischten, warfen mit Gegenständen und lagen sich am Ende in den Armen.

Ich fühlte mich so allein. Ich hätte alles darum gegeben, jemanden zu haben, mit dem ich so streiten konnte. Ich konnte nicht wegschauen. Eine der Frauen marschierte zur Tür, und die andere fiel schluchzend auf die Knie.

»Verlass mich nicht. Bitte verlass mich nicht. Bitte.«

Die Frau blieb an der Tür stehen. Sie drehte sich um und ging wieder auf ihre Freundin zu. Als sie näher ans Fenster kam, blickte sie auf und sah mich. Erwischt.

»Was glotzt du denn so?«, schrie sie in den leeren Raum zwischen uns. »Was zum Teufel glotzt du denn so?«

Ich begann, mich abends zu Liza aufs Sofa zu setzen, wenn ich von der Arbeit nach Hause kam. Die schmutzige Couch war widerlich, aber ich setzte mich trotzdem drauf und versuchte, so wenig Stoff wie möglich zu berühren. Liza wurde halb wahnsinnig vom Entzug, und meine Gesellschaft tröstete sie. Sie war einsam und ging nie aus dem Haus. Aber sie konnte Geschichten erzählen. Also hörte ich zu, während sie redete und Starkbier aus Literflaschen soff. Courtney Love hatte in diesem Haus gewohnt. »Courtney war so eine Bitch«, sagte Liza. »Die hat uns alle wie Scheiße behandelt, und am Ende ist sie gegangen, ohne ihre Miete zu zahlen. Die ist doch nur berühmt wegen Kurt Cobain. Sonst war die überhaupt nichts Besonderes.«

Ich wusste nicht, ob das stimmte, aber es faszinierte mich trotzdem. Kurt Cobain hatte sich erst drei Jahre zuvor umgebracht, und ich hatte getrauert wie eine Sechzehnjährige – war nachts alleine herumgefahren, hatte mich auf ein sandiges Uferstück am Salmon River gesetzt, dem dunklen Wasser beim Vorbeirauschen zugeschaut und mich gefragt, warum das Leben so wehtat.

Das Licht fiel auf Lizas Gesicht, als sie mir ihre Geschichten erzählte: Die Falten um ihren Mund und ihre Augen verrieten ihren Verfall. Sie war nicht schön. Kein bisschen. Aber sie war traurig, und das schien irgendwie auch zu zählen.

Ich wollte ihr helfen. Ich *wusste*, dass ich es konnte. Als ich einmal einen Tag frei hatte, lud ich sie ein, mich in das Kaufhaus zu begleiten, in dem ich arbeitete. Ich musste meinen Gehaltsscheck abholen, und sie hatte das Haus seit Tagen nicht mehr verlassen. Zu meiner Überraschung willigte sie ein, aber sie sah schlimm aus. Ihr Haar war fettig, ihre Sachen schmutzig und viel zu knapp. Als sie merkte, wie jemand sie im Bus anstarrte, fing sie seinen Blick auf und erwiderte ihn provokativ.

Ich konnte nicht nachvollziehen, wie sie sich fühlte. Ich war unscheinbar. Niemand hatte mich jemals angestarrt.

Als wir bei Meier & Frank eintraten, mit seinen hohen Decken und dem polierten Messing, begrüßten mich meine Kollegen und musterten Liza dabei neugierig. Wir gingen zum Fahrstuhl, aber ich sah ihr an, dass sie nervös war.

»Alles okay?«, fragte ich.

Sie kicherte. »Ich dürfte hier eigentlich gar nicht rein«, sagte sie und wickelte sich eine Haarsträhne um den Finger. »Ich hab hier Hausverbot, weil sie mich mal beim Klauen erwischt haben.«

Ich sagte nichts, beschleunigte aber meine Schritte und betete innerlich, dass wir es ins Büro rein und wieder raus schafften, bevor jemand vom Sicherheitsdienst Liza erkannte.

Als wir zurück nach Hause kamen, machte sich Liza das nächste Starkbier auf.

»Ich würde echt gern ein bisschen abnehmen«, sagte sie.

»Hast du Lust, dass wir uns zusammen in einem Fitnessstudio anmelden?«, fragte ich. »Wir könnten gemeinsam Sport machen. Das wär doch lustig.«

Sie lächelte. »Ich red mal mit Chad«, sagte sie. »Aber die Idee klingt echt gut.«

»Super«, sagte ich und grinste übers ganze Gesicht. »Das wird bestimmt toll!«

Am nächsten Morgen drückte Chad ihr hundert Dollar in die Hand. Er war total begeistert. Auf dem Weg nach draußen blieb er noch einmal stehen und lächelte mich an. »Du tust ihr gut«, sagte er. Und ich fühlte mich endlich auch mal toll. Ich fühlte mich nobel.

Liza und ich fuhren mit dem Bus zum Fitnessstudio. Als wir hineingingen, verliefen wir uns erst mal auf der Suche nach dem Empfang, an dem man sich eine Mitgliedskarte holen konnte. Wir streiften durch die Korridore, bis uns eine Angestellte aufhielt. »Kann ich Ihnen helfen?«, fragte sie und starrte Liza vielsagend an.

Zum ersten Mal starrte Liza nicht zurück. Sie sank in sich zusammen.

»Wo können wir uns hier eine Mitgliedskarte besorgen?«, fragte ich und versuchte, selbstbewusst zu wirken.

Die Frau deutete die Treppe hoch und ging davon. Ich tat, als wäre mir ihr Benehmen gar nicht aufgefallen, doch Liza war anzusehen, dass ihr ganzer Mut verflogen war.

Der Typ am Schalter sah mich überrascht an, als ich mich nach einer Mitgliedschaft erkundigte. Er starrte erst Liza an, dann mich. »Wir haben sehr strenge Auflagen für eine Mitgliedschaft«, sagte er.

Ich schaute ihn verständnislos an.

»Der Aufenthalt in unseren Räumlichkeiten ist nur zu den vorgesehenen Zwecken gestattet«, sagte er. »Und Sie müssen eine Adresse haben.«

Ich brauchte einen Moment, um zu begreifen, dass er Liza für eine Obdachlose hielt.

»Wir haben eine Adresse«, sagte ich. »Wir wohnen zusammen.«

Liza meldete sich zu Wort. »Hier, ich hab das Geld.«

Ihm war anzusehen, wie unwohl ihm war. »Okay, dann füllen Sie bitte diese Formulare aus. Ich bräuchte dann bitte ein an Sie adressiertes Poststück und Ihre Ausweise.«

Liza schaute mich beschämt an. »Ich hab keinen Ausweis. Den hab ich verloren.«

Der Mann am Schalter beugte sich vor. »Sie können hier nicht Mitglied werden, wenn Sie keinen Ausweis vorlegen können«, sagte er.

»Warum ist das denn überhaupt wichtig?«, fragte ich.

Er hob abwehrend die Hände. »Ich hab die Regeln nicht gemacht.«

»Vergiss es einfach«, murmelte Liza mir zu. »Die wollen mich hier anscheinend sowieso nicht haben.«

Er nickte mir zu. »Möchten Sie die Mitgliedschaft noch beantragen?«

Ich schüttelte den Kopf. Auf der Busfahrt nach Hause bestätigte mir Lizas anklagendes Schweigen, was ich schon vermutet hatte. Ich hatte sie verletzt. Vielleicht hatte ich ihr nicht mal wirklich helfen wollen. Vielleicht wollte ich mich bloß gut fühlen, weil ich dieser armen gebrochenen Frau geholfen hatte.

Als wir zu Hause waren, ging ich in mein Zimmer, schnappte mir ein Buch und ging in einen Coffeeshop. Liza sagte nichts, als ich das Haus verließ. Den restlichen Nachmittag verbrachte ich mit Kaffeetrinken, Lesen und einem Bummel über die 23. Straße, auf der ich in die Schaufenster mit ihrem glitzernden Chrom, ihren Kronleuchtern und Schaufensterpuppen schaute. Ich hatte keine Lust, aber als es dunkel wurde, ging ich nach Hause. Ich zog meine Sachen glatt, versuchte, ein lässiges Lächeln aufzusetzen, und machte die Tür auf.

Liza saß auf dem Sofa. Ihre Augen waren nur noch Schlitze, ihr Körper schlaff. Sie sah mich und lallte: »Heeeey.«

Ich wusste sofort, was passiert war. Ich ging nach oben und sperrte die Tür zu. Kurz darauf hörte ich Chad heimkommen. Eine Weile war es still, doch dann dröhnte sein Gebrüll bis zu mir in den ersten Stock: »Wo ist das Geld? Wo ist das Scheißgeld?«

Ich hörte Lizas Antwort nicht, nur ein lautes Krachen. Ich sprang auf, rannte die Treppe hinunter und zur Tür hinaus. In meinen Ohren hämmerte mein Herzschlag. Ich rannte zum nächsten Münztelefon und rief meine Eltern mit einem R-Gespräch an.

»Mom«, schluchzte ich, »Mom.«

Ihre Stimme war ganz ruhig. Sie würde ein Zimmer in einem Hotel in Portland bezahlen und am nächsten Tag bei mir sein. Sie sagte, ich sollte mir keine Sorgen machen wegen der zwölfstündigen Fahrt, mein Vater und sie würden einfach die Nacht durchfahren. Ihre Stimme klang nicht wütend oder vorwurfsvoll, sie war einfach erleichtert, dass ich um Hilfe gebeten hatte.

Als meine Eltern kamen, nahmen sie mich nicht in den Arm. Sie hatten es nicht so mit dem Umarmen, und das hatte ich ihnen immer vorgeworfen. Ich hatte sie gehasst wegen all dieser verpassten Umarmungen und behandelt, als hätten sie mich nicht genug geliebt. Aber jetzt standen sie hier und packten meine Sachen in ihr Auto, während Liza weinend zusah. Wir waren schnell, in weniger als einer Stunde waren wir verschwunden.

Liza schrie mich an, als ich ging. »Wie sollen wir jetzt unsere Miete zahlen?«

Ich wollte mich umdrehen, obwohl ich nicht wusste, was ich sagen sollte.

Meine Mutter packte mich am Arm. »Nicht zurückschauen«, sagte sie. »Einfach nicht zurückschauen.«

Meine Eltern suchten mir ein sauberes Studioapartment. Sie unterschrieben den Mietvertrag mit, fuhren mit mir zum Einkaufen und füllten meinen Kühlschrank, dann gingen sie mit mir in der Stadt essen. Sie taten, als wäre nichts gewesen, wie jedes Mal, wenn ich davongelaufen war. Aber noch in diesen Momenten, in denen sie so großzügig zu mir waren, hielt ich meiner Mutter insgeheim ihren Jähzorn vor und meinem Vater seine Verschlossenheit. Ich hatte noch nicht gelernt zu verzeihen.

Ein paar Monate später zog ich genauso impulsiv, wie ich gegangen war, wieder bei ihnen ein, und wie immer nahmen sie mich auf, ohne mir Vorhaltungen zu machen. Nach einer Weile kehrte ich auch wieder ans College zurück. Und dieses Mal meinte ich es ernst. Mittlerweile hatte ich auch gelernt, meine Ängste in Schach zu halten. Ich hatte einen Einserschnitt, arbeitete im Zentrum für Kreatives Schreiben und hatte Professoren, die sich für meine Zukunft einsetzen wollten.

Dann lernte ich Caleb kennen.

Über den Sommer versuchten Caleb und ich, aus unserer heruntergekommenen Wohnung ein Zuhause zu machen. Wir tapezierten die geschenkpapierbedeckten Wände im Bad. Der Vermieter reparierte die defekte Leitung in der Lampe über dem Waschbecken. Wir hängten Kunst an die Wände und reinigten die Teppiche.

Es war ein heißer Sommer – mit Temperaturen gut über 40 Grad –, und wir hatten keine Klimaanlage. Caleb nahm einen Job als Anstreicher an und arbeitete den ganzen Tag. Ich arbeitete nur Teilzeit und verbrachte lange Nachmittage schlafend auf dem regenbogenfarbenen Sofa.

Eines Morgens machte ich die Tür auf, um kühle Luft hereinzulassen, bevor die Nachmittagshitze kam. Ein Kolibri kam hereingeflogen und sirrte desorientiert durch die Wohnung. Schließlich entdeckte er das große Fenster in der Ecke des Wohnzimmers und flog darauf zu. Ich beobachtete, wie der Vogel unaufhaltsam mit dem Kopf gegen die Scheibe knallte. Immer wieder versuchte er es, er kapierte es einfach nicht. Ich griff nach ihm und umfasste seinen bebenden Körper mit den Händen. Seine Flügel pulsierten an meinen Fingern, so schnell wie der Herzschlag, der in mir lebte. Ich konnte diesen Vogel retten. Ich ging nach draußen, öffnete die Hände und der Kolibri flog davon. Ich legte mir die Handflächen auf den Bauch, dann ging ich zurück zum Sofa, um ein Nickerchen zu machen.

Ich kochte im direkten Sonnenlicht, das durch das große Wohnzimmerfenster hereinfiel, und der Schlaf kam in Schüben. Ich warf mich unruhig hin und her, die Klamotten klebten mir am Rücken, und ich träumte vom Geist einer Frau, die in einer Zimmerecke schwebte, in einem schwarzen Kleid und mit schwarzen Haaren. In meinem Traum hatte sie Ähnlichkeit mit Liza, aber auch mit mir. Wie hätte ich Liza retten sollen, wenn ich doch nicht mal mich selbst retten konnte?

Als ich aufwachte – das Baby drückte mir auf die Blase –, stolperte ich benommen ins Badezimmer. Dort schaute ich die Tapete an, die Caleb so liebevoll angebracht hatte. Ich hatte eine weiße Tapete mit elfenbeinfarbenen Streifen ausgesucht, und das Zimmer sah damit gleich heller und fröhlicher aus. Doch selbst diese Tapete konnte das darunterliegende Chaos nicht verbergen. Wenn ich genau hinschaute, konnte ich immer noch die gefesselten Babypuppen sehen, die meinen Blick starr erwiderten, gefangen unter den hübschen weißen Streifen.

5 Soll ich lieber …?

Soll ich lieber …

a) Caleb heiraten?
b) alleinerziehende Mutter werden?

a) in der Kirche meiner Eltern heiraten, wo der Pfarrer einmal eine Predigt darüber gehalten hat, wie die Frauen ihren Männern dienen sollen?
b) auf einem Feld heiraten, wo Calebs verhasster Freund Cory die Zeremonie vollziehen würde?

a) meiner Schwiegermutter, einer Lehrerin, Unannehmlichkeiten bereiten, indem ich das Hochzeitsdatum auf ein Wochenende vor Schuljahresende lege?
b) bei meiner Hochzeit sichtbar schwanger sein?

a) Freunden und Familie erzählen, dass ich schwanger bin?
b) nachts alleine weinen?

a) meiner Mutter schluchzend recht darin geben, dass ich das nicht durchziehen muss, wenn ich nicht will?
b) ihr sagen, doch, ich will.

6 Gerettet

Im Herbst wich die Sommerhitze aus dem Boise Valley, und die Abende wurden kühler, während mein Bauch immer weiter wuchs.

Boise, die Stadt der Bäume, leitet ihren Namen ab vom Französischen *les bois*, die Wälder. Als die Siedler das Boise Valley entdeckten, fanden sie inmitten der Trockenheit einer Hochlandwüste einen Fluss, der zu beiden Seiten von Bäumen gesäumt wurde, die sich grün und üppig zwischen den bröckelnden braunen Hügeln erstreckten.

Der Herbst war Calebs Lieblingsjahreszeit. In West Virginia, seiner Heimat, veränderten sich die Wälder viel dramatischer als in Boise – Gelb, Orange und Gold schwebte über den ausgehöhlten Hügeln, den abgeschlagenen Bergspitzen und den verschmutzten, aber hübschen Flüssen. Doch was Caleb noch mehr liebte als das verfärbte Laub, war die Jagd.

Calebs Eltern besaßen 40 Hektar in der Appalachen-Region, und Caleb hatte sich mithilfe seines Vaters eine Hütte auf dem Grund seiner Familie gebaut, die seiner Hütte in Idaho City sehr ähnlich war. Sein Vater und er hatten die Bäume dafür selbst gefällt, sie abgeschliffen und die Teile sorgfältig zusammengesetzt. Als Caleb und ich im Mai heirateten, schenkte mir seine Großmutter ein Familienfotoalbum. Darin war auch ein Foto von Calebs Familie, wie sie vor der Hütte auf der Veranda saß, alle verkleidet als Siedler. Caleb und sein Vater in weißen Hemden mit Hosenträgern, seine

Mutter und seine Schwestern in Kleidern im Western-Stil, und Caleb mit einem Gewehr in der Hand – einem Vorderlader oder einem Jagdgewehr, ich weiß es nicht mehr. Vielleicht hielt auch sein Vater das Gewehr, oder alle beide. Ich weiß nur noch, dass dieses Gewehr nach oben zeigte und offensichtlich gespannt war. Als ich dieses Foto anschaute, dachte ich, ich werde nie in diese Familie passen.

Als ich zum ersten Mal mit Caleb nach West Virginia fuhr – im heißen, feuchten August nach unserer Hochzeit –, kommentierte der Prediger der Baptistenkirche, in die seine Familie ging: »Na, ich hab gehört, Sie wollen weiter berufstätig sein.« Sein Ton war so herablassend, dass ich zurückschreckte.

Die Kirche war ein schlichtes weißes Gebäude, in den Hügeln direkt oberhalb der Farm von Calebs Familie. Sie wohnten in einem Talkessel – schmal, voll dichter Vegetation, und darin vibrierten Vogelgesang, Grillenzirpen und rhythmisches Froschgequake.

Die Gemeindemitglieder waren freundliche Leute aus der Arbeiterklasse, die mich herzlich behandelten, aber Caleb wurde hier geliebt – er war einer der wenigen Bewohner des Tals, der jemals weggegangen war –, und nun erwartete man von ihm ganz offensichtlich, dass er nach Hause zog.

Als ich Calebs Heiratsantrag annahm, erklärte ich ihm, dass ich den Westen nicht verlassen wollte, dass die wilden Wälder und der weite blaue Himmel Teil meiner Identität waren. Er war damit einverstanden und versicherte mir, dass er auch nicht wegwollte. Trotzdem war nicht zu übersehen, dass man in dieser Gemeinde andere Pläne für ihn hatte.

Während des Gottesdienstes bat der Pfarrer die Gemeinde, die Augen zu schließen. Dann bat er uns nachzudenken, ob wir erlöst waren und ob wir uns jemals vor die versammelte Gemeinde gestellt und Zeugnis abgelegt hatten. Ich wusste nicht mal, was »Zeugnis ablegen« heißen sollte. Die Lutheraner waren eher zurückhaltend, wir gingen in der Kirche nur nach vorne, wenn wir das Abendmahl empfingen. Als ich meine Mutter später fragte, was das mit der Erlösung bedeuten sollte, sagte sie nur: »Hör gar nicht hin. Du bist erlöst worden, als du als Baby getauft wurdest.«

Der Pfarrer bat alle, die bereits Zeugnis abgelegt hatten, die Augen geschlossen zu lassen und die Hand zu heben. Dann sagte er: »Wenn du die Hand nicht gehoben hast, dann öffne jetzt die Augen.« Ich öffnete die Augen, und er stand direkt vor mir, vor drei schlichten Holzkreuzen. »Wenn deine Augen offen sind, dann ist dies deine Gelegenheit, hier nach vorne zu kommen«, tönte er und fixierte mich dabei.

Als ich mich umschaute, war ich umgeben von bebenden Menschen, die die Augen fest zukniffen und mit Nachdruck die Hände hochreckten. Caleb saß neben mir. Seine Augen waren ebenfalls offen, seine Hände lagen auf seinem Schoß, und ich merkte, dass der Pfarrer uns beide anstarrte. Caleb starrte zurück, trotzig und wütend.

Schließlich brach ein Mann das Schweigen und rannte weinend zur Kanzel. Er fiel auf die Knie, und der Prediger legte ihm die Hände auf die Schultern und nannte ihn »Bruder«. Ich machte mich auf meinem Sitz so klein wie möglich. Caleb streckte die Hand zu mir aus, verschränkte seine Finger in meine und drückte meine Hand.

Als in Boise der Herbst Einzug hielt, nur wenige Monate nach jenem Tag in der Kirche, war ich im letzten Schwangerschaftsdrittel. Ich hatte kaum Energie, noch irgendetwas zu tun, aber Caleb umsorgte mich gut. Er entdeckte seine Liebe fürs Kochen, vor allem für Gerichte, die stundenlang auf dem Herd standen. Den ganzen Nachmittag ließ er irgendwelche Mahlzeiten dahinköcheln – Suppen mit weißen Bohnen zum Beispiel, oder gegrillte Tomaten, begleitet von knusprigem Baguette und Spinatsalat.

Als wir uns trafen, hatte er hauptsächlich von McDonald's und Wild gelebt, aber er hatte seine Essgewohnheiten für mich umgestellt. Wenn ich auf irgendetwas Lust hatte, machte er es für mich.

Er war der gutmütigste Mann, den ich je kennengelernt hatte. Er rieb mir die verspannten Schultern, massierte mir die Füße. Abends löffelte er mich und legte mir die Hand auf den Bauch. Er beugte sich vor und sprach mit dem Baby, wenn sich meine Haut dehnte und mit dem Umriss eines winzigen Fußes nach außen bewegte.

Da verkaufte uns der Vermieter unsere Wohnung unter dem Hintern weg, und wir waren gezwungen, noch einmal umzuziehen, doch das war letztlich ein Segen. Es gab mir einen Grund, meine Eltern um Hilfe zu bitten, und wie immer waren sie für mich da. Sie halfen uns, in eine kleinere, aber sauberere Wohnung umzuziehen, und sie stockten unser Monatseinkommen großzügig auf, damit wir uns die etwas höhere Miete leisten konnten.

In dieser neuen Wohnung, mit der sauberen Wandfarbe, den Holzböden und einem Zimmer auf der anderen Seite des Flurs, das genau die richtige Größe für ein Babyzimmer hatte, hatte ich keine Angst mehr.

Caleb wollte noch einmal auf die Jagd gehen, bevor das Baby kam. Eines Sonntagnachmittags bat er mich mitzukommen, als er in die Berge fuhr und auf die Elchpirsch ging. Seinen Vorderlader legte er auf den Rücksitz meines Isuzu Trooper – nur für den Fall, dass er etwas sah –, und dann fuhren wir im Nieselregen Richtung Idaho City. Er fuhr von der Autobahn ab auf eine forstwirtschaftliche genutzte Straße, die sich tief bis in die Berge zog. Während wir immer tiefer in den Wald hineinfuhren, wurde mir klar, dass wir uns Atlanta, Idaho näherten, wo ich schon mal mit einem anderen Mann gewesen war, dem Soziologen Greg, dem ersten Mann, den ich jemals geliebt hatte.

Ich war zweiundzwanzig, er dreiundzwanzig. Greg, der an seiner Doktorarbeit saß, glaubte fest daran, dass man den Westen des Landes durch Holzwirtschaft retten konnte. *Bäume sind die Antwort!* lautete der Titel eines Buches, das er meinem Vater schenkte. Er war großartig – der erste Mensch, den ich traf, der beim Studieneinstufungstest die volle Punktzahl erzielt hatte und gleichzeitig die Magnetic Fields und Stereolab hörte –, und seine Intelligenz faszinierte mich. Greg kam aus wohlhabendem Hause, aber er widmete seine Studien den wenigen verbliebenen Sägewerken in Idaho. Er war hin und her gerissen zwischen der privilegierten Welt, in der er groß geworden war, und der Welt der Arbeiterklasse, die sein Forschungsgegenstand war. Seine Zerrissenheit hatte so leidenschaftliche Ausmaße, dass er anfing zu trinken.

Greg und ich mussten uns einen Zeltplatz suchen, aber zuerst machten wir halt in einer Kneipe. Als wir auf die Fliegengittertür zugingen, wehte davor ein riesiger Traumfänger im Wind, mit einer Art weißem Pelz verziert – Kojote vielleicht. Ich stieß die Tür auf, und die Gespräche verstummten. Alle schauten uns an. Ich sah mich um. Die Hütte schien teils Kneipe, teils Café, teils Lebensmittel- und Kramladen zu sein.

Greg und ich schnappten uns zwei Holzhocker an der Bar, und die Barkeeperin musterte uns. Wir bestellten Gin Tonic, und als sie uns unsere Drinks gab, sah ich die Andeutung eines freundlichen, aber reservierten Lächelns auf ihren Lippen. Der Mann links von mir war betrunken. So richtig betrunken. Als ich mich umschaute, bekam ich den Eindruck, jeder hier sei betrunken: Die Leute hatten alle ihre Bud Light-Flaschen in der Hand und schwankten. Mein Nachbar beugte sich zu mir, mit braunen Zähnen und stinkendem

Atem, und begann sich über den »Försterzirkus« auszulassen. Ich erklärte, dass mein Vater auch für den US Forest Service gearbeitet hatte und machte mich schon auf eine Tirade gefasst, als er angewidert zurückwich.

Doch Greg beugte sich vor und beschwichtigte ihn. »Schon okay, Mann, ihr Vater war einer von den altmodischen. Das war damals ein ganz anderer Schlag.«

Die Barkeeperin beugte sich vor und sagte liebevoll zu dem Mann: »Hör auf, die netten Leute zu belästigen, Frank. Du weißt genauso gut wie alle anderen, dass du nur Scheiße redest.«

Die Frau am Ende der Bar, die Greg genau betrachtet hatte, beugte sich auch vor und lallte: »Ihr zwei redet auch bloß Scheiße, Mann. Aber ist doch sowieso alles egal. Ich will noch einen Drink. Warum trinken wir nicht alle einen Shot?«

In der Zwischenzeit hatte die Barkeeperin etwas Schleimiges, Weiches aus einem Glas gezogen. Ich konnte einen Blick auf ein schmutziges Etikett erhaschen, auf dem stand: »Eingelegte Puteninnereien«. Sie warf es auf einen Plastikteller, steckte eine Plastikgabel hinein und schob es der Frau hin.

»Hier, iss das, Schätzchen.« Ich zuckte zusammen, als mir klar wurde, dass dies das Abendbrot der Frau sein sollte. Während ich zusah, wie sie die Innereien mit dem Messer zerschnitt, spürte ich ein Stechen in der Brust.

Es gibt Frauen im Westen, die führen ein erfolgreiches Leben, die essen morgens Müsli, machen Yoga bei Sonnenaufgang und gehen dann mit ihrem Hund in den Hügeln spazieren. Und dann gibt es die Frauen, die einfach scheitern, die sich einen Drink zum Frühstück machen und nie etwas anderes zu sehen kriegen als die dunkle Holztäfelung in ihrer Stammkneipe, und die eine Mahlzeit aus eingelegten Innereien tatsächlich genießen. Ich begann zu fürchten, dass ich mich langsam Letzterem annäherte. Mein Blick traf

Gregs, und er sah aus, als würde er mit dem Brechreiz kämpfen. Er bedeutete mir mit einer Geste, dass ich aufstehen sollte.

Schließlich entkamen Greg und ich und fuhren die Straße entlang, um unser Lager bei den heißen Quellen aufzuschlagen. Greg gab sich die allergrößte Mühe, eine zeltähnliche Konstruktion aus dem hinteren Teil seines Autos zu machen, unter der wir vor dem Regen geschützt waren, aber dennoch den Sternenhimmel sehen konnten. Ich lachte, weil er betrunken war und alberne Sachen machte. Mein Lachen machte ihn glücklich, und er nahm mich fest in den Arm, das erste Zeichen richtiger Zuneigung seinerseits an diesem Tag. Wir liefen zu den Quellen, wo wir schwimmen gingen, uns küssten und lachten. Er machte ein Foto von mir vor den Gipfeln des Sawtooth-Nationalparks. Ich sehe sehr glücklich aus darauf, voller Liebe.

Der nächste Morgen war eine Katastrophe. Wir froren beide, und Greg hatte einen Kater. Es hatte die ganze Nacht geregnet, unser improvisiertes Zelt war nicht dicht gewesen, und unsere Sachen waren pitschnass. Greg strafte mich mit Schweigen, weswegen, war mir nicht ganz klar, aber ich dachte, es könnte etwas mit seinem Gefühl zu tun haben, dass es mit seinen Outdoor-Fähigkeiten doch nicht ganz so weit her war. Schweigend fuhren wir den Berg hinunter.

Greg wollte die Welt retten. Gleichheit und Sozialismus waren ihm ein so leidenschaftliches Anliegen, dass er sein Leben darauf verwendete, die Welt für die Arbeiterklasse besser zu machen, und dafür liebte ich ihn. Und ich liebte ihn für sein großes Herz. Aber irgendwie war dieses Herz dann doch nicht groß genug für mich. Ich fühlte mich immer wie ein Haustier, wenn ich mit ihm zusammen war, ständig bettelte ich um seine Zuneigung.

Gregs Traurigkeit war manchmal zu viel für mich, und er konnte sehr bitter und gemein werden. Einmal, als er betrunken war, erzählte er mir, dass seine Freunde mich als »das hässliche Mädchen« in meiner Clique bezeichneten, und es verschlug mir den Atem. Ich wusste nicht, was ich sagen sollte.

»Findest du mich hässlich?«, fragte ich leise.

Er lachte und tätschelte mir die Schulter. »Oh nein«, sagte er, »aber deine Freundinnen sind eben auf eine Mainstream-Art die Schöneren. In jeder Gruppe gibt es eine Frau, neben der die anderen meinen, besser auszusehen. Sie glauben, dass du das bist, aber in Wirklichkeit bist du viel hübscher als sie – du bist es nur auf eine andere Art.«

Er redete weiter, aber ich hörte seine Worte gar nicht mehr. Ich saß auf seinem Sofa wie vom Schlag getroffen und wusste nicht, ob ich gerade ein Kompliment oder eine Beleidigung gehört hatte. Seine Grausamkeit machte mich ganz krank, obwohl ich wusste, dass da nur der Alkohol aus ihm sprach.

In den dunklen Nächten, wenn ich wach neben ihm lag, wusste ich immer, dass ich mit dem Alkohol nicht konkurrieren konnte.

Der letzte Sommer, den ich mit Greg verbrachte, war der Sommer, in dem die Waldbrände losgingen. Sie begannen Ende Juni, und im Juli waren schon Millionen Hektar Wald in Flammen aufgegangen. Der Himmel war mitten am Tag so dunkel, dass ich mir fast einreden konnte, ich müsste wieder ins Bett kriechen. Ich fühlte mich immer mehr als Opfer. Die Stimmung in der Stadt war düster, und die Leute waren untypisch gereizt. Ich musste an die langen, kalten Winter denken, wenn der Hüttenkoller so übel wurde, dass überall in der Stadt die Schlägereien losgingen – vor allem in den Bars. Manchmal saß ich in so einer warmen, gemütlichen Bar, während es draußen zwanzig Grad unter null hatte, und in der Ecke flogen die Fäuste, und jeder Cowboy in seinen Wrangler-Jeans wollte unbedingt auch mal.

Aber im Sommer war das Leben meistens ganz schön. Es war warm, der Himmel sonnig. Es gab Jobs für alle, und dieselben Cowboys klopften sich gegenseitig auf den Rücken und teilten sich ihren Kautabak.

Aber dieser Sommer damals fühlte sich eher an wie ein Winter. Durch die dicke Rauchwolke drang kein Sonnenstrahl. Eines Tages ging ich zu dem Restaurant, in dem ich arbeitete, und als ich dort war, hatte meine weiße Bluse winzige schwarze Streifen von der Asche, die sich wie Tränenspuren über den Stoff zogen. Als ich dann die Salz- und Pfefferstreuer befüllte, schaute ich aus dem Restaurantfenster. Ich dachte, es schneit, und war ganz aufgedreht. Ich fing an zu lachen und rief Kent, dem Inhaber, zu, dass er aus der Küche kommen sollte.

»Schau mal, es schneit. Das ist ja wie ein Wunder.«

»Also, jetzt glaub ich's aber …« Er machte die Tür auf und streckte die Hände aus wie zu einem flehenden Gebet. Aber als er wieder ins Restaurant kam, schüttelte er den Kopf. »Das ist kein Schnee«, sagte er. »Das ist Asche.« Er streckte mir die Handflächen hin, und sie waren ganz schwarz.

Am nächsten Tag redete ich in der Küche mit Kent. Er schnitt Karotten zu Blütenform, trank ein Bier dazu und gab mir gute Ratschläge, während ich auf einer Kühlbox aus rostfreiem Stahl saß.

»Warum willst du mit so jemandem zusammen sein?«, fragte er, während sein Messer durch die Karotten schnitt. »Du bist jung und klug. Hey, ich sag's einfach mal, wie's ist: Männer sind Schweine. Ändern kannst du sie nicht. Er wird für dich nicht aufhören zu trinken. Da hast du was Besseres verdient.«

Ich wusste, dass Kent recht hatte, aber ich wollte nicht mit

Greg Schluss machen. Ich glaubte daran, dass Liebe harte Arbeit sei und Opfer forderte.

Greg und ich hatten vorgehabt, ein Wochenende zu zweit zu verbringen, bevor er aus Studiengründen Richtung Süden musste. An der Universität von Moscow, Idaho, musste er in der Bibliothek recherchieren, und ich würde ihn begleiten. Ich hatte den Trip in Gedanken schon geplant: Er würde die Archive der Frank Church Wilderness und der International Workers of the World durchforsten, während ich in einem Café saß und las und Kaffee trank. Danach würden wir die Gegend erforschen, lang gestreckte, leuchtend bunte Felder und kleine Dörfer, in denen es nicht viel mehr gab als einen Getreideheber und ein paar stille Gebäude. In meinem Kopf hatte ich dieses Wochenende schon Tausende von Malen durchgespielt.

In Moscow begann Greg um 10 Uhr morgens, Gin Tonics zu trinken, und um 20 Uhr lag er weinend in meinen Armen. Er hatte *Sie möchten Giganten sein* angeschaut. Die schönen Szenen mit Baumstämmen und Holzfällerei, Männern mit starken Unterarmen und liebreizenden Hausfrauen trieben ihm die Tränen in die Augen, er musste tief schluchzen, und ich merkte, wie ich selbst anfing zu weinen. Ich blickte an mir herunter und sah, dass mein T-Shirt nass war.

»Sag mir, wie sehr du mich liebst«, sagte ich.

»Ich liebe dich sehr«, sagte er, »weil du mich verstehst.«

Dann war er still, und ich hatte es kapiert. Ich rollte mich auf seinem Schoß ein, und er küsste mich auf den Kopf, während ich trauerte, und begriff, dass unsere Beziehung vorüber war.

Ich fuhr alleine nach Hause, traurig, aber trotzdem irgendwie erleichtert. Die Waldbrände loderten immer noch, aber ich wusste, dass es jetzt bald schneien würde.

In derselben Woche kam er noch einmal bei mir vorbei,

bevor er nach Hause zurückkehrte. Es wehte ein stürmischer, trockener Wind. Wir fuhren eine gewundene Straße auf einen Hügel hinauf, und dann standen wir im Wind und schauten zu den schwarzen, drohend aufragenden Felsen empor. Wir sahen, wie vor uns ein Blitz einschlug und ein Baum explodierte wie ein Feuerwerkskörper. Bäume fingen vor unseren Augen Feuer und brannten ab wie Wunderkerzen. Das Feuer wütete, und eine Rauchwelle traf mich ins Gesicht und verschlug mir den Atem. Ich legte Greg den Kopf auf die Schulter, während wir dort oben standen und zuschauten, wie die Bäume verbrannten. Ich hatte das Gefühl, dass wir das letzte Mal zusammen waren, aber ich täuschte mich. Er brach mir das Herz, und gleich anschließend brach er es mir noch einmal. Ich ließ es zu, denn ich wusste nicht, wie man jemanden loslässt.

Ein paar Jahre später bekam ich einen Brief von Greg, in dem er mir berichtete, dass er mit dem Trinken aufgehört hatte. Er schrieb, dass er nicht in der Lage gewesen war, meine Liebe zu würdigen, als er noch trank. Er wollte eine zweite Chance, und ich wollte ihm eine geben. Er wohnte damals im Mittleren Westen, und ich war in Boise, aber wir trafen uns trotzdem. Doch obwohl er nicht mehr trank, war noch immer so eine Dunkelheit in ihm. Ich wusste nicht, mit welchen Dämonen er zu kämpfen hatte oder wie ich ihm helfen könnte, aber nach so vielen Jahren ohne ihn war ich einfach nicht mehr entschlossen genug, es zu versuchen.

Als ich wieder in Boise war, rief ich ihn an und erklärte ihm, dass ich nichts mehr mit ihm zu tun haben wollte, und dass ich nicht mit jemand anderem glücklich werden konnte, solange mich noch irgendwelche Bande bei ihm hielten. Es gefiel mir nicht, jemanden aufzugeben, den ich einmal geliebt hatte, und ich wusste nicht, ob ich die richtige Entscheidung traf, aber ich wusste, dass das nicht funktionieren konnte.

Als ich mit Greg Schluss machte, war ich stolz – befreit. Endlich war ich die unabhängige Frau geworden, die ich schon immer hatte sein wollen.

Fünf Monate, nachdem ich meine stürmische Beziehung zu Greg beendet hatte, lernte ich Caleb kennen. Caleb schien so anders zu sein als Greg – ruhiger, lustiger und netter. Als Caleb und ich durch die Berge fuhren, dachte ich daran, wie Greg mich gedrängt hatte, Bücher zu lesen, die ich nicht lesen wollte, mir Vorschläge gemacht hatte, wie ich mich anziehen sollte, mich ermuntert hatte, ein bisschen abzunehmen. Ich wusste, dass Caleb mich so akzeptierte, wie ich war. Ich wusste, dass er mich nie – nicht mal in seinen dunkelsten Momenten – als »das hässliche Mädchen« bezeichnen würde.

Ich lächelte Caleb an, während wir weiter in die Berge fuhren. Die Abenddämmerung hatte eingesetzt, und wir waren von der Hauptstraße abgefahren. Wir waren jetzt weiter weg von Atlanta und näher an dem Bergkamm, wo mir Caleb nur wenige Monate zuvor den Antrag gemacht hatte. Wir waren bereits verlobt gewesen, hatten sogar schon den Ring gekauft, aber er hatte gesagt, dass er mir noch einmal einen richtigen Antrag machen wollte, also ging er vor mir auf die Knie, während sich hinter ihm das grüne, mit Bäumen gesprenkelte Tal erstreckte. In dem Moment wusste ich, dass wir unser Leben miteinander verbringen würden.

Wenig später bog Caleb an einer Gabelung rechts ab, und ich wurde nervös. Es war eine Straße, die nur für forstwirtschaftliche Zwecke genutzt wurde, und ich sah, dass sie wenig befahren war.

»Ich glaube, wir sollten lieber umdrehen«, sagte ich. »Nicht, dass wir uns verfahren.«

»Das passt schon«, meinte Caleb. »Wir fahren einfach weiter auf dieser Straße, bis sie wieder auf die Hauptstraße trifft.«

Ich schaute ihn mit großen Augen an. »Bei diesen Forstwirtschaftsstraßen ist das anders«, sagte ich, »die führen nicht alle automatisch zurück zum Highway.«

»Aber selbstverständlich tun sie das«, sagte er.

Ich wusste, dass er unrecht hatte, und ich sah, wie die Straße aussah. Das Gras wucherte in den alten Reifenspuren. »Wirklich, Caleb, so ist das nicht mit diesen Straßen hier. Vielleicht ist das in West Virginia so, aber nicht hier im Nationalpark.«

Er stieg voll auf die Bremse. »Hör auf, mir zu sagen, was ich zu tun habe. Ich weiß, was ich tue.«

Ich machte den Mund zu, aber mein Herz raste. Tränen stiegen mir in die Augen. Ich war im achten Monat schwanger, ich wollte nicht, dass wir uns in den Bergen verirrten.

»Ich hab Angst, dass wir uns verfahren«, sagte ich.

»Wir werden uns nicht verfahren!«

Ich wurde ganz klein auf meinem Sitz. »Okay«, sagte ich leise.

»Hör auf damit! Hör auf, so zu tun, als hättest du Angst vor mir.«

»Okay«, sagte ich noch einmal.

Er fuhr wieder los. Wir schwiegen beide. Bald war die Straße völlig zugewachsen, und sie endete auf einem Feld.

Caleb schlug aufs Lenkrad, dann sagte er mit eiskalter Stimme zu mir: »Sprich es nicht aus. Ich will's nicht hören.«

Er wendete und fuhr den Weg zurück, den wir gekommen waren. Wir fuhren schweigend, und ich war erleichtert, als wir wieder auf der Hauptstraße waren. Er blieb irgendwo stehen. Es war nicht zu übersehen, dass er immer noch sauer auf mich war. Er machte die Fahrertür auf.

»Du bleibst hier«, sagte er. »Ich muss mein Gewehr abfeuern. Es ist geladen.«

»Okay«, sagte ich und starrte aus dem Fenster.

Er ging hinters Auto, aber dann kam er zur Beifahrertür und klopfte an meine Scheibe. Ich machte auf, und er nahm meine Hand. Seine Augen waren ganz sanft, fast verängstigt.

»Es tut mir leid«, sagte er. »Wenn mir irgendwas zustößt, möchte ich, dass du weißt, wie sehr ich dich liebe.«

»Warum sollte dir denn etwas zustoßen?«, fragte ich.

»Wegen meinem Vorderlader«, sagte er. »Der klemmt.«

»Was soll das denn heißen?«, fragte ich. »Meinst du, es gibt Gegenfeuer, oder was? Moment mal, denkst du wirklich, du könntest sterben?«

Er tätschelte mir die Hand, aber ich merkte, wie nervös er war.

»Mach dir keine Sorgen um mich«, sagte er. »Ich wollte dir nur sagen, dass ich dich liebe.«

Er ging hinters Auto, und kurz darauf hörte ich das laute Krachen des Vorderladers. Ich fuhr unwillkürlich zusammen und kniff die Augen zu. Ich öffnete sie erst wieder, als die Fahrertür aufging; dann entspannten sich meine Muskeln, ich lehnte mich zu Caleb und legte meinen Kopf auf seine Schulter. Er nahm mich fest in den Arm.

»Das war haarscharf«, sagte er.

Ich hatte Angst bekommen, aber ich war auch wütend, weil er eine geladene Waffe mit ins Auto genommen hatte, eine Waffe, die nicht gereinigt worden war und eine Fehlzündung hätte haben können.

Aber meine Erleichterung, dass er unverletzt war, überwog. »Tut mir leid, dass ich dir gesagt hab, was du tun sollst«, sagte ich.

»Schon okay. Du bist schwanger, und du hast Angst. Das liebe ich so an dir. Ich finde es wunderbar, wie viel Sorgen du dir um unser Baby machst.«

Er drückte mich noch fester, dann ließ er mich los und startete den Motor.

Ich war erleichtert, dass er noch am Leben war. Vielleicht war ich sogar noch erleichterter, dass er nicht mehr sauer auf mich war. Ich konnte wieder atmen. Als wir durch den dunklen Wald fuhren und dann auf den Highway, wurde mir klar, dass er meine besorgten Äußerungen als Kritik an seiner Person aufgefasst hatte. Ich wusste, dass ich manchmal überkritisch sein konnte; Greg hatte das auch schon von mir gesagt, und er war auch so oft wütend auf mich gewesen. Als wir nach Hause fuhren, einen gewundenen Bergpass hinauf, der uns dann wieder ins Boise Valley hinunterbringen würde, hielt ich Calebs Hand und war ihm dankbar, dass er mir verziehen hatte.

7 Ich liebe dich

Als das Baby kam, stand der Vollmond weit oben am dunklen Nachthimmel. Mein Entbindungstermin war bereits zehn Tage überschritten, und nachdem ich den alten Rat befolgt und so viel Himbeerblättertee getrunken hatte, wie nur in meinen Bauch passen wollte, platzte endlich meine Fruchtblase. Ich stellte mich unter die Dusche und ließ das Wasser über mich laufen – ich sah zu, wie sich die Shampoolauge mit meinem Fruchtwasser mischte und um den Abfluss herumwirbelte. Ich stellte mir vor, ich wäre ein Ei, dessen Schale aufgebrochen war.

Ich hatte keine Angst.

Meine Eltern waren gekommen, um uns zu helfen, aber als der Geburtstermin vorüberging, musste mein Vater wieder zur Arbeit. Meine Mutter blieb bei Caleb und mir, und sie putzte das Haus, räumte unsere Regale auf, füllte unseren Kühlschrank mit Lebensmitteln. Sie ging mit mir einkaufen und besorgte einen hellgelben Teppich fürs Kinderzimmer und eine Wanduhr mit einem fröhlichen Affen, der seinen Schwanz tick-tack, tick-tack hin und her bewegte.

Meine Schwiegereltern hatten mir angeboten, Bettwäsche für Reeds Kinderbett zu kaufen, und ich hatte mich schwergetan, etwas zu finden, was mir gefiel. Ich wollte keine fertig ausgestattete Wiege. Die Ausgabe kam mir überzogen vor, wenn wir nur so wenig Geld auf dem Konto hatten. Ich hätte lieber etwas Praktisches gehabt, aber meine Schwiegermutter drängte es mir auf. »Du willst doch bestimmt irgendwas Hübsches fürs Kinderzimmer, oder?«, sagte sie. »Das hat das Baby doch verdient, oder?«

In ihrer Stimme lag ein Hauch von Kritik. An diese Kritik hatte ich mich in der kurzen Zeit unserer Bekanntschaft schon gewöhnt.

Wenn ich bei meiner Schwiegermutter Joanne war, ertrank ich geradezu in ihrer Nettigkeit – es war eine Nettigkeit, um die ich nie gebeten hatte, und eine Nettigkeit, die zu viel Gegenleistung erwartete. Als ich das Kelly M. erzählte, sagte sie nur: »Ach, Süße, ich hatte eine Oma aus den Südstaaten. Die sind so nett, dagegen kannst du gar nicht ankommen.« Wie es aussah, hatte Kelly M. recht, also biss ich mir auf die Zunge und fügte mich Joannes Wünschen, aber meine Abneigung gegen sie wuchs.

Wenn ich Caleb gegenüber meinen Frust zur Sprache brachte, war seine Reaktion jedes Mal gereizt. Ich glaube, dass sie ihn auch ermüdete. Ich glaube, er war ans andere Ende des Landes gezogen, um seine Unabhängigkeit von seiner Mutter durchzusetzen.

»Sie erlaubt mir ja nicht mal, sie zu ignorieren«, sagte ich. »Ich habe schon eine Kontrollmutter. Ich brauch wirklich keine zweite.«

»Ich weiß«, sagte er, aber er wusste trotzdem nicht, was er dagegen tun sollte.

Ich war zu dem Zeitpunkt schon so müde und hatte schwangerschaftsbedingten Bluthochdruck. Meine Frauenärztin hatte mir moderate Bettruhe verordnet. »Sie sind zu gestresst«, meinte sie. »Vielleicht sollten Sie abends mal versuchsweise ein Bier zur Entspannung trinken. Diese Art von Stress ist nicht gut fürs Baby.«

Ich versuchte, mich zu entspannen, aber das Telefon klingelte mehrmals am Tag. Normalerweise ließ ich einfach den Anrufbeantworter rangehen, aber dann wurde aufgelegt, und gleich anschließend klingelte es wieder. Auf dem Display wurde jedes Mal Joannes Nummer angezeigt.

Ich bat Caleb, seiner Mutter zu sagen, dass sie aufhören sollte anzurufen, wenn wir beim ersten Mal nicht drangingen, aber ich glaube, er hatte Angst vor ihr. Er sagte, sie *bestrafe* ihn, wenn er sie um etwas bat. Manchmal überlegte ich sogar, ob er nach Idaho City gezogen war, weil der Handyempfang hier so schlecht war, nur um den ständigen Anrufen seiner Mutter zu entgehen.

Das Telefon klingelte und klingelte, und meine Erschöpfung und Verzweiflung wuchsen.

Als Joanne und ich das erste Mal telefonierten, hatte ich sie noch nicht persönlich kennengelernt, aber ich war schon mit Caleb verlobt. Mein Schwiegervater Charles und sie hatten angeboten, uns ein Set Töpfe und Pfannen zur Hochzeit zu schenken. Ich liebte Kochen und freute mich sehr über das Geschenk. Caleb schickte seiner Mutter einen Link zu dem Kochgeschirr, das ich gerne haben wollte.

»Oh nein«, sagte Joanne am Telefon. »Wir kaufen euch dieselben Töpfe und Pfannen, die wir haben. Die sind sehr gut.«

Ich zögerte. »Ich kann nicht so richtig mit rostfreiem Stahl kochen«, sagte ich. »Und die anderen kosten doch gleich viel, also …«

Sie schwieg erst, dann sagte sie entschieden: »Du wirst die Töpfe mögen, die wir euch bestellen. Charles und ich lieben unsere auch.«

Sie war warmherzig und freundlich, aber ich war bereits überfordert von ihren Anforderungen an unsere Hochzeit. Ich merkte, dass ich in einen Strudel hineingerissen wurde, dem ich mich nicht entziehen konnte.

»Okay«, gab ich nach. Wie sollte ich auch widersprechen,

wo es doch schließlich ein Geschenk war? Machte mich das nicht zu einem ganz grässlichen Menschen?

Am Ende unseres Telefongesprächs sagte sie zu mir: »Ich liebe dich«, und ich zögerte.

Ich wusste nicht, wie ich das erwidern sollte.

»Danke«, antwortete ich. Ich hörte die Stille an ihrem Ende der Leitung. Und in dieser Stille konnte ich ihre verletzten Gefühle hören.

Ich legte auf. Warum war ich so knausrig mit diesem Satz? Warum fiel es mir so schwer, ihn zu sagen? Ich weiß noch, wie ich Caleb zum ersten Mal am Telefon zu seiner Mutter sagen hörte, dass er sie liebte, und wie er mich damit bezaubert hatte, weil es bewies, dass er nicht kalt war, sondern ein richtig warmherziger Mensch. Ich weiß noch, wie ich mir diese Art von Wärme bei meiner eigenen Familie gewünscht hätte, denn bei uns sagte nie jemand »Ich liebe dich«.

Ich weiß noch, wie ich zu Greg sagte, dass ich ihn liebte, und damit gemeint hatte, dass wir für immer zusammen sein würden. Ich weiß noch, was für ein Sicherheitsgefühl mir diese Worte damals gegeben hatten, und wie freizügig wir das Wort »Liebe« in unsere Gespräche eingestreut hatten. Ich weiß noch, wie naiv ich damals war.

Nach Greg hatte ich mir geschworen, dass ich diese Worte nie wieder zu einem Mann sagen würde. Dann begann ich mit dem Fischereibiologen auszugehen. Er war netter zu mir als jeder andere Mann zuvor. Ich liebte ihn, und seine Nettigkeit gab mir das Gefühl, dass er mich auch liebte. Aber er sagte die Worte nie. Ich wartete. Irgendwann begann ich zu drängeln.

»Ich hab das Gefühl, dass ich von dir mehr Verbindlichkeit brauche«, sagte ich.

Er schaute mich an und sagte dann: »Redest du vom L-Wort?«

Ich gab keine Antwort, aber sie lag ja auf der Hand.

»Das werde ich erst sagen, wenn ich jemanden heiraten will«, erklärte er. Ein paar Monate später drehte er sich zu mir um, als ich gerade einschlief, und flüsterte mir ins Ohr. »Ich liebe dich.«

Ich zuckte zusammen und war auf einen Schlag hellwach. Ich wusste nicht, was ich sagen sollte.

»Was hast du gesagt?«, fragte ich. Ich wollte ganz sicher sein.

Er versteifte sich. »Nichts.«

»Nein, sag mir noch mal, was du eben gesagt hast«, bettelte ich.

»Es war nichts«, wiederholte er. Ich gab es auf und drehte mich um. Ich fuhr zurück nach Boise, als die Ferien vorbei waren, und wenig später bekam ich eine Postkarte von ihm. Darauf hatte er geschrieben: »Ich weiß, dass Fernbeziehungen schwierig sind, aber ich weiß, dass es die Sache am Ende wert sein wird. Ich liebe dich.«

Ich stand dort auf der Straße und las diese Karte. *Er liebte mich.* Ich war es wert, geliebt zu werden.

Ein paar Wochen später kam ich für die Sommerferien nach Salmon. Ich freute mich schrecklich darauf, ihn wiederzusehen, war aber auch ein bisschen nervös wegen dieser Wendung, die unsere Beziehung genommen hatte. Ich ging zu ihm, wo er mir ein Abendessen kochte. Wir schauten fern und kuschelten auf dem Sofa, aber dann erklärte er mir ohne jede Vorwarnung, dass er fand, wir sollten uns nicht mehr treffen. »Ich hab dich heute Abend angeschaut und mich die ganze Zeit gefragt: Liebe ich sie? Und ich glaube, das tue ich nicht«, sagte er.

Ich ging zurück zum Haus meiner Eltern. Mir war ganz

anders. Ich ging in den Garten und brach in Tränen aus. Meine Mutter, die normalerweise eher reserviert ist, kam heraus und nahm mich in den Arm.

»Ich hatte das Gefühl, dass was nicht stimmt«, sagte sie. »Es tut mir so leid.«

»Das verstehst du nicht«, sagte ich. »Du hast Dad geheiratet, als du einundzwanzig warst. Dir hat nie jemand das Herz gebrochen.«

»Du weißt auch nicht alles über mich«, sagte sie. Ihr Gesicht war ebenfalls traurig. »Ich dachte, ihr zwei würdet es schaffen«, sagte sie. »Ich wusste immer, dass du bei ihm sicher bist.«

Ein paar Tage später rief er mich an und bat mich, mit ihm spazieren zu gehen. Unterwegs sagte er: »Ich habe mit meiner Mutter geredet. Sie meint, dass ich einfach nur Angst habe. Sie meint, dass ich die falsche Entscheidung getroffen habe. Und ich will nicht die falsche Entscheidung treffen.«

Wir gingen zu ihm und liebten uns. Es war intensiv und wütend, und als er hinterher auf mir zusammenbrach, begann ich zu schluchzen. Es war klar, dass ich es nicht wert war, geliebt zu werden.

»Oh, Kelly«, sagte er, drehte sich zu mir und nahm mich in die Arme.

»Ich hasse dich«, sagte ich.

»Ich weiß«, erwiderte er.

Ein paar Jahre später, in der kalten Nacht in Idaho City, als Cory mit Kelly M. tanzte, spielte Caleb in einer Bar Gitarre in einer Band namens The Last Man Standing. Mit Ausnahme von Caleb waren es lauter Männer über sechzig, die sich ihren Bandnamen zugelegt hatten, weil sie alle bis auf einen schon einen Herzanfall gehabt hatten. Caleb war erst vierundzwanzig, aber diese Männer behandelten ihn sehr respektvoll. Jeder, der ihn kannte, liebte ihn.

Er spielte Gitarre und sang mich direkt an. Seine blauen Augen leuchteten, und meine auch.

Cory glitt auf den Sitz neben mich. »Ich hab noch nie gesehen, dass eine Frau Caleb so anschaut«, witzelte er. »Was stimmt nicht mit dir?«

Ich lächelte Cory an. »Ich mag ihn«, sagte ich.

Cory beugte zu mir herüber und schaute mich ernst an. »Neulich sind Caleb und ich durch die Berge gefahren, und wir haben die Mix-CD angehört, die du ihm zu Weihnachten gemacht hast. Er hat mir erzählt, dass er glaubt, er ist verliebt in dich. Er glaubt, dass du die Frau bist, die er heiraten will.«

Das überraschte mich nicht. Vielleicht hatte Cory noch nie gesehen, wie eine Frau Caleb so anschaute, aber ich hatte auch noch nie gesehen, dass mich ein Mann so anschaute, wie Caleb mich anschaute.

In der Nacht kuschelte ich mich an Caleb in seiner warmen Hütte.

»Cory hat gesagt, du glaubst, dass ich die Richtige bin«, zog ich ihn auf.

Ich wusste, dass Caleb sich ärgern würde – diese Unterhaltung war privat gewesen –, und wie üblich hatte Cory zu viel getrunken.

»Cory ist dumm«, sagte er.

»Dann stimmt es also nicht?«, fragte ich.

»Das hab ich nicht gesagt«, erwiderte er und beugte sich vor, um mich zu küssen. Sein Bart kitzelte mich am Hals. Ich schlang Arme und Beine um ihn.

Ein knappes Jahr später stand ich weinend am Küchenherd. Mein schwangerer Bauch stieß gegen den Metallherd.

»Was ist denn los mit dir?«, fragte Caleb.

Ich zeigte auf die Pfanne. Ein Ei klebte am Metall, vertrocknet und verbrannt. »Ich kann mit diesen Pfannen einfach nicht kochen«, sagte ich.

»Verdammt noch mal, Kelly! Es ist doch bloß ein Ei.«

Ich schämte mich für meine Reaktion. »Ich weiß«, sagte ich.

»Komm, geh raus«, sagte er. »Ich mach dir ein Ei. Anscheinend muss ich ja alles für dich machen.« Dann schrie er: »Hör auf zu weinen!«

Ich weinte noch lauter.

Ich ging ins Wohnzimmer und setzte mich wie betäubt aufs Sofa. Ich hörte, wie er ein Ei in die Pfanne schlug, und wenig später schrie er laut: »Fuuuuuuuck!«

Ich fuhr zusammen. In meiner Familie hatten wir solche Ausdrücke nie benutzt.

Ich hörte, wie er das Ei in den Mülleimer schabte, dann wurde das nächste Ei in die Pfanne geschlagen. Ein paar Minuten später kam er mit einem Teller mit Toast und Ei aus der Küche.

»Hier«, sagte er sanft. »Entschuldige. Diese Pfannen sind wirklich der totale Schrott.«

Ich musste lachen. »Allerdings«, sagte ich.

Caleb fing auch an zu lachen, und am Ende bogen wir uns beide.

»Ich geh uns eine billige Pfanne kaufen, nur für die Eier.«

Ich lächelte ihn an. Mein Gesicht war immer noch rot und geschwollen vom Weinen.

»Okay«, antwortete ich. »Das ist eine gute Idee.«

Als das Baby kam, zerriss es mich. Ich schrie im letzten Augenblick, als die gelbe Linie auf dem Monitor ihren Gipfel erreichte, und dann riss mein Fleisch entzwei. Erleichterung. Das Baby glitt auf den Tisch, glitschig und rot. Und weinend. Weinte ich? Ich weiß es nicht mehr.

Ich weiß noch, dass Caleb weinte. Und lächelte. Die Schwester legte mir das Baby an die Brust, Haut an Haut. Caleb konnte nicht aufhören zu weinen.

Später erzählte er mir, er hätte es nicht ertragen können zu sehen, was ich für Schmerzen hatte. Er wusste Dinge über sich, die ich noch nicht wusste. Er wollte sie mir erzählen. Es gab so viel, was er mir erzählen wollte. Es tat ihm alles so, so leid.

Aber davon wusste ich noch nichts, während das Baby an meiner Brust andockte. Ich wusste nur, dass Calebs Augen voller Liebe und Hoffnung waren, und da war auch noch so etwas wie Schuldgefühl, aber ich wusste noch nicht, was für ein Schuldgefühl das war.

Als das Baby kam, war ich siebenundzwanzig und Caleb fünfundzwanzig. Nur wenige Wochen zuvor war Caleb nachts von einer Sauftour mit Cory nach Hause gekommen. Er kam zu mir ins Bett gekrochen, dann fing er an zu zittern.

»Caleb«, sagte ich und stieß ihn gegen die Schulter.

Er zitterte noch stärker, aber sagte nichts.

»Caleb«, flehte ich, und meine Stimme wurde panisch.

Da drehte er sich um und erbrach sich aufs Bett. Ich hievte mich aus dem Bett mit meinem Riesenbauch, zog ihn hoch und ins Bad. Er übergab sich in die Toilette, während ich an der Tür stand und wartete.

Als er fertig war, stolperte er ins Schlafzimmer und starrte das Bett an. Er war immer noch zu betrunken, um zu kapieren, was er getan hatte. Ich führte ihn zum Sofa, wo er sich zusammenrollte, dann ging ich zurück ins Schlafzimmer, raffte die schmutzige Bettwäsche zusammen und ging in den Keller, wo ich alles in die Waschmaschine schmiss. Dann holte ich einen Lumpen und Spülmittel und begann die Matratze zu schrubben. Ich musste würgen. Das Baby trat mich, während ich würgte, und ich hielt die Hand auf den Umriss seines Fußes.

Ich ging ins Wohnzimmer, drehte Caleb auf die Seite und befühlte seinen Brustkorb, um mich zu vergewissern, dass er noch atmete. Er wimmerte wie ein Kind, und ich strich ihm mit der Hand über die Stirn. An diesem Abend schlief ich auf dem Holzboden.

Am nächsten Tag kroch Caleb zu Kreuze, wie ich es noch nie zuvor erlebt hatte. Er erzählte, dass Cory ständig Bier nachbestellt hatte, und er hätte nicht gewusst, wie er Nein sagen sollte. Cory hatte ihn heimgefahren und war dann noch zu sich nach Hause nach Idaho City gefahren. Jahre später stand Cory zum vierten oder fünften Mal wegen Trunkenheit am Steuer vor Gericht und landete für ein Jahr hinter Gitter. Als er seine Strafe abgesessen hatte, schrieb er Caleb und entschuldigte sich. Er sagte Caleb, es tue ihm leid, und er wisse, dass er, Cory, mich nicht richtig behandelt hatte, aber als das Baby kam, wusste ich das alles noch nicht.

Ich wusste nur, dass ich schon einen Alkoholiker geliebt hatte, und dass ich es nicht noch einmal konnte. Caleb versprach mir, nie wieder so zu trinken, aber ich hatte Schwierigkeiten, ihm das zu glauben. Greg hatte sich für mich nicht ändern können, und selbst wenn er es gekonnt hätte, ich glaube nicht, dass er mich genug geliebt hatte, um es zu versuchen. Trotzdem musste ich glauben, dass Caleb anders war.

Eine Woche später kam Calebs Freund, der uns beim Umzug geholfen hatte, und kochte für uns. Er deckte einen Tisch im Garten und kochte Lamm und Suppe aus jungen Erbsen. Ich war froh, dass ich dabei sein durfte. Keiner von unseren engen Freunden hatte Kinder, und ich fühlte mich in letzter Zeit ein bisschen ausgeschlossen. Calebs Freund hatte eine teure Flasche Wein mitgebracht, und ich nippte einmal von Calebs Glas. Ich erzählte seinem Freund die Geschichte, wie

Caleb in der Woche zuvor nach Hause gekommen war und ins Bett erbrochen hatte.

Ich lachte. »Kannst du dir so was vorstellen?«, fragte ich.

Sein Freund stellte den Wein ab und wurde ganz still. »Ich finde die Geschichte nicht besonders lustig«, sagte er.

Ich dachte einen Augenblick darüber nach. Ich dachte daran, was für schreckliche Angst ich gehabt hatte, als Caleb zitternd in unserem Bett lag. Und ich dachte darüber nach, dass ich nur eine Woche gebraucht hatte, um diese Geschichte in einen Witz zu verwandeln.

»Du hast recht«, sagte ich ruhig. »Sie ist nicht besonders lustig.«

Als das Baby kam, war meine Mutter mit uns im Entbindungssaal. Mein Blutdruck war nach der PDA in den Keller gerast. Caleb hielt meine Hand und ich sah, wie er plötzlich immer weiter in die Ferne rückte.

»Mir ist so komisch«, hörte ich mich selbst flüstern, bevor ich in die Dunkelheit sackte. Ich kam wieder zu Bewusstsein, als der Anästhesist mir eine Ephedrin-Injektion gab.

Als ich aufwachte, sah ich das Gesicht meiner Mutter am Fußende des Bettes. Sie sah auch aus, als würde sie gleich umkippen.

»Tut mir leid«, wimmerte ich.

Ich entschuldigte mich bei der Schwester, bei meiner Mutter, bei Caleb. Ich hatte das Gefühl, dass ich bei der Geburt total versagte, wie ich auch in allem anderen versagt hatte.

Vom Ephedrin bekam ich Herzrasen. Die Schwester meinte, mein Puls sei so hoch, als wäre ich gerade einen Marathon gelaufen, und ich schwitzte, also zog ich den Krankenhauskittel aus. Die Schwester brachte mir einen großen Ventilator. Caleb hatte seinen Mantel und eine Wintermütze an und zitterte trotzdem noch im kalten Wind.

»Es tut mir leid«, flüsterte ich wieder.

Er strich mir das feuchte Haar aus dem Gesicht. »Du machst das alles ganz toll«, sagte er. »Du bist großartig.« Er begann zu weinen. »Ich liebe dich«, sagte er.

»Ich liebe dich auch«, antwortete ich unter Tränen.

Als das Baby kam, legte die Schwester es mir auf den Brustkorb. Es saugte sich an meiner Brustwarze fest, und ich krampfte die Zehen zusammen vor Schmerz. Niemand hatte mir gesagt, dass das so wehtun würde. Das Baby fing an zu nuckeln, und seine kleine Hand, die es bis jetzt zur Faust geballt hatte, entspannte sich.

Wir nannten es Reed, nach Calebs Großvater. Ich blickte zu Caleb auf und lächelte. »Im Ultraschall dachte ich, er sieht aus wie du, aber irgendwie sieht er aus wie ich«, sagte ich.

Caleb lachte. Sein Gesicht war noch immer tränenüberströmt. »Gott sei Dank«, sagte er. »Er ist so schön wie seine Mama.«

Die nächsten zwei Tage blieben wir im Krankenhaus, und meine Mutter war die ganze Zeit da. Dank ihrer Unterstützung hatte ich keine Angst, aber als die Schwester mich im Rollstuhl aus dem Krankenhaus schob, hielt ich den friedlich schlafenden Reed auf dem Arm, und die Tränen liefen mir über die Wangen. Ich verstand überhaupt nicht warum. Ich fühlte gar nichts. Keine Traurigkeit und keine Angst.

Meine Mutter schaute mich mit einer Sanftheit an, die voller Verständnis war.

»Sieht so aus, als hätte da jemand den Babyblues«, sagte sie.

Wir fuhren nach Hause, und dann kam auch mein Vater wieder. Am liebsten hätte ich meine Eltern gar nicht mehr fahren lassen. Ihre Abfahrt überschnitt sich mit der Ankunft meiner Schwiegereltern, woraufhin ich meine Eltern nur umso mehr vermisste. Joanne freute sich, Reed kennenzulernen und im Arm zu halten, und sie freute sich genauso, Caleb zu sehen, aber die Spannung zwischen uns beiden war spürbar. Ich wollte nicht zu den Müttern gehören, die anderen nie erlauben, ihr Kind zu halten, aber wenn Reed glücklich und zufrieden war, wollte sie ihn die ganze Zeit auf dem Arm haben, und mir gab sie ihn nur, wenn er weinte. Charles und sie hatten jedoch ein Problem damit, mir beim Stillen zuzusehen. Auf die Art konnte ich zumindest mit Reed ins Kinderzimmer entkommen, wo ich mich schließlich die meiste Zeit zusammen mit meinem extrem hungrigen Baby einsperrte.

Als Kelly M. und ihre kleine Schwester zu Besuch kamen, gingen sie mit mir ins Nebenzimmer, als ich stillen wollte. Verschämt zog ich eine Brust heraus. Kellys Schwester war neugierig.

»Darf ich zuschauen?«, fragte sie.

»Klar«, sagte ich.

»Ist das cool«, sagte sie. »Ich hab das noch nie gesehen.«

»Es ist auch ganz schön cool«, sagte ich und schaute auf Reeds friedliches Gesicht hinab. Vor meinen Freundinnen schämte ich mich gar nicht.

Nachdem eine Woche vergangen war, fuhren meine Schwiegereltern wieder, und Caleb, Reed und ich waren allein. Reed schlief in einem kleinen Korb auf dem Boden neben unserem Bett, und wenn er weinte, hob Caleb ihn hoch und legte ihn zum Stillen neben mich. Einmal nahm ich Reed mit ins Kinderzimmer, um ihn im Schaukelstuhl zu stillen, damit Caleb in Ruhe schlafen konnte. Ich schaukelte vor und zurück und spürte, wie die Milch zu fließen begann und meine Zehen sich entspannten. Es tat nicht mehr so weh. Ich fuhr Reed mit der Hand übers Haar. Er hatte rote Haare wie ich.

Und er war schon so ein liebes Baby. Ich hatte Angst gehabt, dass es mir nicht gefallen würde, Mutter zu sein, aber in diesem Augenblick wollte ich nichts anderes auf der Welt. Ich schaute mich im Zimmer um, um mir jedes Detail zu merken.

Ich konzentrierte mich auf das Tick-tack, Tick-tack der Affenuhr, an der der kleine Schwanz hin und her schwang. Ich konzentrierte mich auf Reeds Gewicht in meinen Armen. Ich wollte mir den Moment für immer einprägen, damit ich darauf zurückgreifen konnte, wenn ich das Gefühl hatte, die falsche Entscheidung getroffen zu haben, als ich Caleb heiratete. Ich beugte mich herab und legte meine Lippen auf Reeds warme Stirn und sein weiches Haar.

»Ich liebe dich«, flüsterte ich.

8 Demolition Derby

Als der Sommer kam, war Reed ein glückliches, moppeliges sechs Monate altes Baby, und Caleb und ich waren arbeitslos. Ich versuchte immer noch, meinen Bachelor zu machen, und Caleb würde im Herbst das dritte Jahr seines Studiums beginnen. In der Zwischenzeit mussten wir aber trotzdem irgendwie unsere Miete bezahlen. Wir beschlossen, nach Salmon zu ziehen, wo wir bei meinen Eltern im Keller leben und beim US Forest Service jobben konnten, während meine Mutter auf unseren Sohn aufpasste.

Die intensiven prüfenden Blicke in der Kleinstadt, in der ich aufgewachsen war, machten uns beide nervös. Wir arbeiteten im gleichen Büro wie mein Vater, und unser öffentliches und unser privates Leben flossen ineinander. Wir stritten den ganzen Sommer in dieser beengenden Kellerwohnung mit den Holzpaneelen – quälende, nicht enden wollende Streitereien mit gedämpfter Stimme.

Caleb markierte mit einem Trupp Bäume, und ich arbeitete in einem Team, das Proben nahm. Das Kennzeichnen war relativ leichte Arbeit – man musste durch den Wald wandern und ein farbiges X auf die Bäume sprühen, die gefällt werden mussten –, aber die Probenentnahme war hart. Ich saß mitten in einem kalten Bergfluss und kratzte Eimer voll Steine aus harten Flussbetten. Zu Beginn der Saison taten mir die Arme am Abend so weh, dass ich sie beim Heimkommen kaum heben konnte, wenn Reed mir seine Ärmchen entgegenstreckte. Ich konnte ihn kaum hochheben. Caleb rannte immer sofort in den Keller, wenn wir nach Hause kamen, und ließ mich oben allein mit meinen Eltern und mit Reeds zartem Gewicht auf meinen schweren Armen.

Doch dadurch, dass wir bei meinen Eltern wohnten, hatten wir immer Babysitter, das hatten wir in Boise nicht gehabt, und ich war entschlossen, das zu genießen.

Da wir Kinderbetreuung hatten, konnten wir zu Veranstaltungen wie dem Demolition Derby gehen, dem größten Event des Jahres in Salmon. Es fand während der Salmon River Days statt, einem viertägigen Festival mit Straßenverkauf, Umzügen und dem, was in meiner Heimatstadt als prunkvolle Paraden durchging. Die Kinder der Jugendorganisation 4-H führten ihre Tiere die Hauptstraße entlang und die Cheerleader standen hinten auf den Pick-ups, aber die Stars waren die Rodeoköniginnen. Sie ritten in Satinbanner gehüllt auf ihren Pferden, leuchteten in Pink und Blau und trugen große Cowboyhüte auf dem Kopf. Die Pferde liefen im Pass oder Trab daher, während die Rodeoköniginnen mit dem hübsch frisierten Haar und den perfekten Zahnreihen lächelten und winkten. Hinter ihnen fuhr ein Teenager auf einem Quad, der immer rasch die Pferdeäpfel entfernte, indem er sie in einen Eimer fegte.

Am Ende der Parade sahen wir, worauf alle gewartet hatten: die Reihe der Autos, die am Demolition Derby teilnehmen sollten. Sie waren von Amateurhand gestaltet worden, aber die bunt bemalten Türen und die Tierfellmuster hatten durchaus Charakter. Jedes Auto war außerdem mit Werbung von ortsansässigen Firmen bedeckt, zum Beispiel für den Savage Circle, eine Imbissbude. Auf ihrem Gebäude stand unter dem Bild des Indianerhäuptlings (der auch das Emblem unserer High School zierte) in großen schwarzen Buchstaben das Motto von Savage Circle: »Wir verwenden 100% Rindfleisch (Außer fürs Hühnchen)«. In Salmon gab es keine Restaurantketten, außer der Subway-Filiale, die aufgemacht hatte, als ich in der High School war.

Ich war begeistert vom Anblick der lauten Derby-Autos, dem Heulen der Motoren und der Ladys, die auf den Motorhauben saßen. Es war schnell mein Lieblingsevent des Jahres geworden – eine Bestätigung der Kultur, in der ich groß geworden war. Es gab Spannungen in Salmon – eine unterirdische Strömung von Verzweiflung, die sich aus Langeweile und Armut nährte. Diese Schattenseite war nicht zu übersehen, sie stand meinen ehemaligen Klassenkameraden ins Gesicht geschrieben und war im Subtext jedes Gesprächs zu hören. Am deutlichsten trat es beim Derby zutage, wenn die Bewohner von Salmon zusammenkamen, um das Schrotten von Autos zu feiern.

Die Zuschauer drängten sich auf den Tribünen, nackte Beine wetteiferten um die Plätze mit den Plastikkissen, die den Geruch von alten Schränken herausfurzten. Am Horizont erhoben sich die Beaverhead Mountains, eine Reihe von gezackten Gipfeln, die im Juni immer noch schneebedeckt waren. Salmon ist eine Stadt der Gegensätze, in der die Hippies und Stadtflüchter gleich neben Ranchern und Holzfällern leben. Doch in den meisten Menschen erzeugen die offenen Weiten, die die Stadt umgeben, unausweichlich ein Gefühl der Einsamkeit, und das Demolition Derby wird zum kathartischen Ritual von Gewalt und Zerstörung.

Als die Autos gerade begannen, ihre Motoren hochzudrehen, erspähte ich Jeannie, Jay und Bud und winkte sie zu uns. Caleb lächelte mich kurz an, er war erleichtert, jemanden zu sehen, den er kannte. Jedes Mal, wenn wir in Salmon ausgingen, musste er Small Talk mit Fremden über sich ergehen lassen. Ein Gang zum Lebensmittelladen bedeutete unweigerlich fünf oder sechs Unterhaltungen, in denen ich Caleb vorstellte, vom Baby erzählte und generelle Updates zu meinem Lebenslauf gab. Einmal, nach einer besonders zermürbenden Einkaufstour, stieß Caleb im Auto einen erleichterten Seufzer aus und meinte: »Du könntest die Bürgermeisterin von Salmon sein. Du kennst echt jeden.«

Beim Derby war Caleb nervös. Aber Jeannie und Jay kannte er, und er fühlte sich wohl in ihrer Gegenwart. Allerdings hatte Jeannie ihren Vater Bud mitgebracht, der manchmal ein bisschen schwierig sein konnte. Sie kamen hoch auf die Tribüne und setzten sich zu uns. Ich rutschte ein Stück, um ihnen Platz zu machen, stellte Bud Caleb vor, und wandte mich zu Jeannie, um sie zu umarmen. Sie zog mich an sich und flüsterte mir ins Ohr, dass Buds Frau ihn verlassen hatte, nach Montana gezogen war und mit einer Frau zusammenlebte.

Ich schaute wieder zu Bud. Es hatte fast vierzig Grad, aber er trug trotzdem ein Flanellhemd. Sein Bart war dunkel und voll. Er sah, wie ich ihn musterte, und schaute finster zurück. »Was gibt's denn da zu glotzen, Rotschopf?« Er nannte mich Rotschopf, seit ich ein Kind war, ein Spitzname, den ich gar nicht mochte.

Ich wandte mich zu Jeannie und sagte: »Ironie des Schicksals, hm?«

Kurz nachdem Jeannie und ich Freundinnen geworden waren, vor fünfzehn Jahren also, hatte sie mich zu sich nach Hause auf eine Grillparty eingeladen. Bud machte mir auf. Im Gegensatz zu meinem Vater, einem sanften, nüchternen Kirchgänger, war Bud der Holzfällertyp, der gern in Bars ging und sich mit den Jungs anlegte. Er trug rot karierte Hemden und Hosenträger und hatte einen langen Bart, den er allerdings säuberlich trimmte. Er war die wandelnde Parodie eines Holzfällers – groß und bullig – und wenn er ab und zu ohne Hemd im Haus herumlief, sah man, dass seine Schultern und sein Brustkorb mit schwarzen Haaren bedeckt waren. Als ich älter wurde, bezeichnete ich ihn im Spaß als Yeti, aber nur, wenn er es nicht hören konnte.

An dem Abend, als er mich durchs Haus in den Garten führte, folgten mir die Augen eines Pumas von einem steinernen Sockel, der an der Wand montiert war. Das Zimmer war mit roh behauenen Holzplanken verkleidet, und neben dem Puma hingen da noch ein ausgestopfter Moschusochse, ein Vielfraß, diverse Elch- und Rotwildköpfe und ein Eisbärfell, das stolz über der gut gefüllten Bar aufgehängt war. Bud war ein passionierter Trophäenjäger, und das Haus war wie ein Tiermausoleum, in dem sich der schwache Geruch von Terpentin und Tod mit dem Geruch von Wodka und Budweiser Light mischte.

Bud war ein kluger Mann mit einem guten Herzen, aber er war »ein echter Kerl«, was auch immer er darunter verstehen mochte.

Der Ansager schrie über die Lautsprecher: »Okayyyyy, Salmon! Seid ihr alle bereit? Sehr gut … auf geeeeht's!« Wir drehten uns um, um zuzusehen, wie die Autos in den Schlamm fuhren. Die Motoren heulten, die Räder drehten durch. Jedes Auto drehte einmal die Runde und schleuderte dabei so viel Schlamm wie möglich in die Luft.

Als die Wagen an ihre Positionen im Startkreis schlidderten, kletterten die Fahrer aus den Fahrertüren (die Türen waren zugeschweißt) und hoben die Arme für einen Applaus. Die Fahrer waren hauptsächlich Männer. Das ganze Jahr über motzten sie ihre Motoren auf, verstärkten die Türen mit Stangen und ersetzten die Fenster durch Metallgitter. Es wurde eine Menge Stolz und Geld in diesen Wettbewerb gesteckt, und in Salmon sind Stolz und Geld beides eher Mangelware.

Das Derby bestand aus zehn langen Durchgängen, darunter der Motorrad-Durchgang und der Puderquasten-Durchgang (für die weiblichen Teilnehmer).

Als die Autos ihre Motoren aufheulen ließen, lehnte sich ein Fahrer aus dem Fenster und zeigte der Menge den Mittelfinger. Wir rasteten kollektiv aus.

Als die Autos für die erste Runde bereitstanden, rief Richter Snyder in sein Megafon: »Fertig machen und Motoren anlassen!« Die Motoren heulten auf, und die Wagen schlidderten zur Mitte der Rennstrecke, wobei sich die Fahrer in ihrem Rausch gegenseitig rammten.

Als Richter Snyder den Fahrern zujohlte, beugte sich Jeannie zu mir und rief mir ins Ohr: »Weißt du noch, die Verhandlung der Verkehrsdelikte?«

Ich lachte und wandte mich zu Caleb, um ihm die Geschichte zu erzählen. Wir waren vierzehn und saßen bei der Verhandlung eines Verkehrsdelikts dabei, was Teil unseres Verkehrserziehungsunterrichts war. Zu meiner Überraschung hörte ich, wie Richter Snyder den Angeklagten drei Möglichkeiten anbot: Sie konnten auf schuldig plädieren, auf unschuldig oder auf schuldig mit gutem Grund. Als eine schluchzende Frau, die wegen Trunkenheit am Steuer angeklagt war, auf »schuldig mit gutem Grund« plädierte, nickte Richter Snyder.

»Also gut«, sagte er. »Wie lautet denn Ihr guter Grund?«

»Na ja«, meinte die Frau, »ich war schon fast zu Hause. Ich war schon in der letzten Kurve, da hat mich ein Polizist angehalten. Normalerweise hätte ich ja gar nichts getrunken, aber mein Mann hat sich gerade von mir scheiden lassen …« Sie begann noch mehr zu schniefen und wischte sich die Nase am Ärmel ab. Als sie wieder aufblickte, sagte sie: »Ich wusste einfach nicht, was ich tun sollte.«

Richter Snyder entgegnete: »Das sieht mir so aus, als hätten Sie tatsächlich einen guten Grund gehabt. Diesmal werde ich die Anklage fallen lassen, aber tun Sie es nicht wieder.«

Bud unterbrach meine Erzählung. »Na, zumindest hat ihr

Mann sie nicht verlassen, um nach Missoula zu gehen und Biber zu lecken.«

Wir verstummten. Ich schaute nach unten aufs Feld und sah gerade noch, wie das Heck eines Autos in die Heckscheibe gedrückt wurde.

Als keiner reagierte, sagte Bud noch einmal, diesmal lauter: »Da schenkt man jemandem sein ganzes Leben, und dann verlässt sie einen, um unter die Biberlecker zu gehen.«

Es entstand unbehagliches Schweigen, und Caleb nickte und lächelte Bud höflich an, aber als er mich anschaute, las ich auf seinem Gesicht das Grauen.

Als Bud wegschaute, sagte ich zu Caleb mit stummen Lippenbewegungen: *Ich hab dich gewarnt.*

Der erste Durchgang war jetzt in vollem Gange, und die Zuschauer waren völlig gebannt. Jeder Fahrer machte sich noch Hoffnungen auf den Sieg. In der ersten Runde fühlte sich jeder wie ein Sieger.

Die Strategien der Fahrer waren bald ziemlich offensichtlich. Der Fahrer von Wagen 16, der von einem Windschutzscheiben-Reparaturdienst gesponsert wurde, fuhr in die Mitte des Rings und begann, jedes Auto, das sich ihm auf drei Meter näherte, aggressiv zu rammen. Seine Stoßstange blieb an der Stoßstange von Wagen 7 hängen, gesponsert von Langer Distributing. Über die Abbildung einer Pepsi-Dose waren die Worte »Ich liebe dich, Barb« gesprayt.

Bei beiden Autos drehten die Reifen durch, als die Fahrer versuchten, sich voneinander zu befreien, ihre Motoren heulten, Rauch drang unter den Kühlerhauben hervor. Bald sahen die anderen Fahrer, dass Wagen 16 jetzt ein leichtes Ziel war, und er wurde heftig attackiert. Fünf Autos nahmen abwechselnd Rache und rammten ihn vernichtend. Beim Derby gab es nur eine Regel: Man durfte einem anderen nicht in die Fahrertür fahren. Alles andere war erlaubt.

Gemeinsam hämmerten die Fahrer die Nummer 16 aus der Stoßstange von Nummer 7 heraus, und dann drosch die 7 auf die 16 ein. Bald quoll der Rauch nur so unter der Motorhaube von Wagen 16 heraus. Eine Sirene ertönte, und die anderen Autos fuhren beiseite. Sie warteten im Leerlauf an der Seite des Rings, während der Fahrer aus dem Fenster kletterte. Die Feuerwehr löschte das Auto, während der Fahrer mit hängenden Schultern danebenstand und zuschaute. Als das Feuer gelöscht war, kletterte er durchs Fenster wieder hinein, streckte den Arm heraus und zeigte seine rote Flagge.

Dann ertönte die Sirene erneut, die anderen Autos jagten wieder in den Ring und drehten sich im Kreis. Ein Fahrer versuchte auf Nummer sicher zu gehen. Er umkreiste den Ring und mied die anderen Autos. Irgendwann stand er ganz still mit laufendem Motor in einer Ecke und hoffte offensichtlich, dass die anderen Fahrer ihn nicht bemerkten. Aber Verstecken war keine gute Strategie. Sie trieben ihn ganz in die Ecke, und dann brauchte es nur drei ordentliche Zusammenstöße, Metall auf Metall, bevor er seine rote Fahne zeigte.

Jeannie lehnte sich zu mir und tippte mir aufs Knie. »Nummer 17 ist Ginny«, sagte sie. »Sie hat sich die Puderquasten-Runde geschenkt. Ganz schön mutig. Das Derby ist ja schon so eine exklusive Männerrunde.«

Lächelnd sah ich den Schlamm unter Ginnys Reifen hochspritzen, als ihr Auto um eine Ecke fuhr. Ginny und ich waren zusammen zur Schule gegangen. In der Grundschule waren wir kurz Freundinnen – wir hatten uns sogar einmal mit einer Nadel in den Finger gestochen und die blutigen Fingerspitzen gegeneinandergerieben, während wir auf den Schulbus warteten. Blutsschwestern nannten wir uns – unser Blut für immer gemischt. Aber als wir auf die High School gingen, waren unsere Leben schon völlig verschieden, und ich hatte seit Jahren nicht mehr mit ihr geredet.

Während Jeannie und ich uns unterhielten, musste Caleb

gezwungenermaßen mit Jay und Bud plaudern. Da Caleb selbst in der Appalachen-Region aufgewachsen war, waren ihm Männer wie Bud nicht fremd, aber er wusste auch, dass ich mich sehr unwohl fühlte in der Gegenwart dieser Sorte Mann. Ich schaute mich um und lächelte Caleb beruhigend an, um ihm zu signalisieren, dass es mir gut ging – ich war Bud gewöhnt. Er stand auf und drückte mir die Schulter, und ich tätschelte ihm die Hand, getröstet von seiner Zärtlichkeit.

Jeannie beugte sich vor und stupste mich am Knie an. »Komm, wir holen uns einen Cheeseburger«, sagte sie.

Ich nickte und stand auf. Dann wandte ich mich zu Caleb. »Wir holen uns einen Cheeseburger«, sagte ich. »Magst du auch was?«

Caleb nickte und meinte, ein Bier wäre toll.

Jay lachte und boxte Caleb gegen den Arm. »Ach, ihr seid noch so schön frisch verheiratet«, sagte er. »Die holt dir noch Cheeseburger und so. Das wird nicht lang so bleiben.«

Jeannie zuckte mit den Schultern, als ich Caleb anschaute. Seine Miene war verdutzt. »Ich glaube, sie wird mir immer Cheeseburger mitbringen«, sagte er langsam.

»Natürlich«, sagte ich. Ich war verwirrt. Meine Eltern machten nach fünfunddreißig Jahren Ehe auch noch Dinge füreinander. »Warum sollte sich das ändern?«, fragte ich Jay.

Jeannie und Jay waren für mich die Experten für alles, was mit Ehe zu tun hatte. Sie schienen so füreinander bestimmt zu sein, dass ich in ihrer Gegenwart glauben konnte, dass die Ehe zugleich süß und ernst war – aber nicht schwierig. Doch bevor Jay antworten konnte, packte mich Jeannie am Arm und zog mich fort.

»Zumindest ist sie nicht in Missoula …«, warf Bud ein.

Ich wollte ihm die Meinung sagen, doch als ich ihn anschaute, verflog der Impuls sofort.

Er starrte auf die Autos, die sich da unten gegenseitig zerstörten, sein Gesicht war hölzern, und seine Augen glitzerten im Sonnenlicht, als er die Tränen zurückkämpfen musste. Er litt sichtlich. Hinter all seinem lauten Gehabe sah ich ihm an, dass er seine Frau vermisste.

Ich drehte mich um und tat, als hätte ich ihn nicht gehört.

Ich eilte Jeannie hinterher, die unten an der Tribüne stand und mit einer Freundin von der High School plauderte, einer Frau, die sich mit neunzehn vom Star-Aufbauspieler des Basketballteams hatte schwängern lassen.

Ich wartete schweigend, bis Jeannie fertig mit ihrer Unterhaltung war. Als wir weitergingen, brachte ich das Thema noch einmal auf Jay.

»Was war das denn eben grade mit Jay?«

Jeannie schaute weg und sah mich dann wieder an. »Ihr zwei seid noch frisch verheiratet«, sagte sie. »Ihr habt es noch nicht kapiert. Am Anfang macht man alles Mögliche füreinander, weil man so verliebt ist. Aber nach einer Weile will man nichts mehr für den anderen machen. Ich meine – warum sollte man auch?«

»Du hast recht«, sagte ich. »Ich kapier das nicht.«

Sie seufzte. »Du verbringst dein Leben damit, darüber nachzudenken, wer mehr macht, wer mehr arbeitet, wer sich mehr um die Kinder kümmert und wer sich im Bett mehr ins Zeug legt. Ich meine – schau mich doch mal an.« Sie trat zurück und breitete die Arme aus. Sie war richtig zerbrechlich. Sie war schon immer klein gewesen, aber jetzt wirkte sie richtig winzig. Ich konnte nicht glauben, dass mir das nicht schon vorher aufgefallen war.

»Ich hab fast zwanzig Kilo verloren«, sagte sie. »Ich trage jetzt Größe 32. Manchmal muss ich mir meine Sachen schon in der Kinderabteilung kaufen. Ich hab das alles für Jay abgenommen, aber er will mich trotzdem nicht. Wenn es nichts gibt, womit ich ihn glücklich machen kann, warum sollte ich es dann weiter versuchen?«

Ich stand da wie vor den Kopf geschlagen. Ich wusste nicht, was ich sagen sollte. Als wir den Tresen des Verkaufsstandes erreicht hatten, bestellte Jeannie einen Cheeseburger und ein Bier. Ich bestellte zwei Bier. Sie klopfte mir auf die Schulter. »Hey, mach nicht so ein Gesicht«, sagte sie. »Ich will nicht, dass du glaubst, wir hätten Probleme oder so. Es geht uns gut. So läuft es bei allen Paaren. Man gewöhnt sich dran.«

»Okay«, sagte ich. Ich hatte Angst davor, was als Nächstes kommen könnte und wechselte schnell das Thema. »Was meinst du, wie oft Richter Snyder noch ›Auf geeeeht's‹ sagen wird?«

Jeannie lachte und tat sich Ketchup auf ihren Burger. »Ich weiß nicht«, sagte sie, bevor sie abbiss. »Lass uns wetten.«

Als wir wieder zu unseren Plätzen kamen, unterhielten sich Bud und Jay leise. Caleb sah aus, als würde er sich fehl am Platz fühlen. Wir hatten mehr Platz auf unserer Bank, deswegen klopfte ich auf den Sitz neben mir, und er quetschte sich neben mich. Ich reichte ihm sein Bier, er machte es auf und lächelte mich an. »Du hast die letzte Runde verpasst«, sagte er.

Ich zuckte mit den Schultern. »Die gehen sowieso immer ein bisschen zu lang.«

»Als Nächstes kommt die Motorrad-Runde«, sagte er.

Im Gegensatz zu den Autofahrern hatte jeder Motorradfahrer einen Beifahrer. Jeder Beifahrer hatte einen Ballon an seinen Helm geklebt und einen kleinen Baseballschläger in der Hand. Ziel war, den gegnerischen Teams die Ballons vom Helm zu schlagen. Das letzte Team, das noch einen Ballon hatte, gewann einen Kasten Bier.

Wir saßen nebeneinander und nippten an unserem Bier, während die Motorräder kreisten. Der Beifahrer musste sich gut am Fahrer festhalten, um nicht vom Motorrad zu fallen. Alle jubelten, wenn ein Ballon zerplatzte. Schließlich waren nur noch zwei Motorräder auf dem Feld. Sie umfuhren einander im Kreis, und die Beifahrer streckten die Arme aus, um nach den Ballons zu schlagen, dann zogen sie sich wieder zurück. Als es schon so aussah, als gäbe es keinen Gewinner, sprangen die Beifahrer von den Motorrädern. Sie rannten in die Mitte des Rings und fingen an, sich gegenseitig wie wild auf die Helme zu dreschen. Alle jubelten. Die Gewalt lag förmlich in der Luft. Wenn jetzt nicht ein Ballon zerplatzte, wenn jetzt nichts kaputtging, wusste ich nicht, was geschehen würde.

Es schienen Stunden zu vergehen, bis endlich ein Mann den Schläger des anderen auf den Boden schlug. Da blieb der erste Mann mit hoch erhobenem Schläger stehen, der andere erstarrte und hob die Hände, um sich zu ergeben. Ich beugte mich vor und umklammerte meine Knie mit den Händen. Dann ließ der Mann mit dem Schläger langsam seine Waffe sinken. Er bückte sich, hob den Schläger des anderen auf und warf ihn ihm lächelnd zu. Ich sprang von meinem Sitz auf und jubelte ihm zu, dann setzte ich mich rasch wieder hin und lächelte verlegen.

Die Männer lachten, bevor sie weiterkämpften. Schließlich gelang es einem, den Ballon des anderen zu zerschlagen. Die Gewinner sprangen wieder auf ihr Motorrad und drehten eine lautstarke Ehrenrunde, wobei der Beifahrer den Schläger in großem Bogen durch die Luft schwang. Richter Snyder schrie: »Auf geeeht's!« Jeannie und ich tauschten einen Blick und lächelten. Wir stießen mit unseren Bierdosen an und nahmen jede einen Schluck.

Die Sonne ging hinter den Bergen unter, Rot und Violett schien sie hinter den Gipfeln in den Himmel zu spritzen. Die Sterne hingen wie ein silbriger Schleier über dem Tal, der jedoch von den hellen Lichtern der Arena in den Hintergrund gedrängt wurde. Die Nachtluft wurde kühl, während wir auf das Herby Derby warteten, meine Lieblingsrunde.

Ich lehnte mich dicht an Caleb, um mich zu wärmen, und er legte mir den Arm um die Schulter. Die Autos fuhren mit röhrenden Motoren in den Ring, spuckten Schlamm in die Luft, drehten wilde Kreise, aber diesmal waren es kleine Autos wie Toyota Corollas und Honda Civics. Die Motoren waren nicht so groß, alles war irgendwie eine Nummer kleiner.

Ich dachte an den Toyota Camry Baujahr 1984, der mich durch meine frühen Erwachsenenjahre getragen hatte. Der hatte auch Jeannie, Jay und mich von einem Ausflug zu einer heißen Quelle in den Bergen zurückgefahren, als wir neunzehn waren. Jay saß am Steuer, und er nahm eine Kurve zu schnell, sodass wir auf einen Geröllabhang rutschten. Als der Wagen zum Stehen kam, stiegen Jeannie und ich aus und begannen, zusammen Steine wegzuräumen. Ein großer Mond stand über uns am Himmel. Meine Haare waren noch nass von der heißen Quelle.

»Du hast so ein Glück«, sagte ich zu meiner Freundin. »Du hast so einen wunderbaren Menschen kennengelernt. Und ich hab noch nicht mal einen Freund gehabt.«

Jeannie lächelte mich an, als wir zusammen einen Felsbrocken zum Straßenrand rollten. »Ich weiß gewisse Dinge«, sagte sie. »Und ich weiß, dass du einen ganz wunderbaren Menschen kennenlernen wirst, und er wird dich vergöttern.«

Sie hatte so viel Vertrauen in ihre eigene Prophezeiung, dass ich ihr glaubte. Ich umarmte sie, und als Caleb und ich Jahre später zum ersten Mal mit Jeannie und Jay zu viert ausgingen, nahm Jeannie mich mit zu den Toiletten und sagte: »Das ist er.«

Als die Entscheidungsrunde begann, war Ginny mit von der Partie. Wenn ich Ginny in der Stadt begegnete, kam sie mir immer ganz glücklich vor. Sie beklagte sich nie über ihre Ehe, und sie schaute ihren Mann mit so viel Liebe in den Augen an.

Ich wünschte mir sehnlichst, dass sie gewann. Ich wollte, dass irgendjemandem mal etwas gelang. Irgendjemandem.

Ich sah zu, wie sie einem anderen Wagen in die Motorhaube fuhr. Schnell legte sie den Rückwärtsgang ein und fuhr ihm noch einmal so zielstrebig rein, dass er ins Schleudern kam. Die Reifen des anderen Wagens drehten durch, als der Fahrer versuchte, vor ihr zu fliehen, aber sie drosch weiter auf ihn ein. Ich bewunderte ihre Aggression, ihr Selbstvertrauen. Diese Wildheit hatte etwas Kathartisches.

In meiner Heimatstadt schien es so viel verborgene Wut zu geben, so viele Beziehungen, die überstrapaziert waren von jahrelangen Enttäuschungen. Ich ergriff Calebs Hand. Ich wusste, dass Beziehungen auseinandergehen, dass nichts jemals sicher ist, aber ich wollte nicht loslassen.

Jeannie und Jay saßen nicht sehr nah nebeneinander und sprachen nur ab und zu miteinander. Buds angespanntem Körper war die unterdrückte Wut anzusehen, doch ich hatte seine Tränen nicht vergessen.

»Los, los, los«, flüsterte ich Ginny zu, als sie weiterkämpfte. Sie gab nicht klein bei. Sie drängte das letzte Auto in eine Ecke, aber bevor sie es mit ihrem Wagen attackieren konnte, griff der andere Fahrer nach draußen und zog seine Flagge herunter, um sich zu ergeben.

Die Menge brach in Jubelgeschrei aus, als Ginny aus dem Fenster sprang und die Arme zu einer Siegesgeste hochriss. Ich reckte die Arme auch hoch, wobei ich immer noch Calebs Hand umklammerte. Er schaute mich an, verblüfft über meine Begeisterung. Ich lächelte ihn an. »Die Frau kenne ich.«

Aber stopp. Ich hab ja was vergessen.

Monate vor dem Demolition Derby gab es noch einen ganz anderen Tag. Caleb und ich stritten. Ich lag im Bett und wandte den Kopf zur Wand. Kniff die Augen zu. Da hörte ich ein keh-

liges, wütendes Geräusch. »Hör auf zu weinen!«, schrie Caleb. Er stand auf und packte den Schreibtischstuhl, ein schweres Möbelstück mit Rollen. Er hielt ihn über seinen Kopf, und ich drückte mich zitternd in die Bettdecke. Er wuchtete den Stuhl gegen die Wand, wo er den Putz zerschlug und mich nur knapp verpasste, bevor er neben meinen Füßen auf die Matratze fiel.

Seit Danny mich mit seinem Messer ums Haus gejagt hatte, seit dieser Mann in seinem Pick-up mit laufendem Motor auf mich gewartet hatte, seit dieser andere Mann mir den Mund zugehalten hatte, hatte ich nicht mehr aus meinem Inneren heraus gezittert. Als ich mich umdrehte, um ihn anzuschauen, waren Calebs Augen kalt wie nie zuvor.

Das Loch im Putz über unserem Bett hatte die Form eines Halbmondes. Nachts, wenn ich meinen Körper an seinen kuschelte und wir unseren eigenen Halbmond bildeten, wachte dieses Loch über mich wie ein kranker Wärter. Es sagte mir, dass ich nicht sicher war. Caleb musste nicht ein Wort sagen.

9 Dieser heiße, trockene Sommer

Dieser heiße, trockene Sommer war der Sommer, den ich damit verbrachte, in klaren, kalten Gebirgsflüssen herumzugraben. Der erste Eimervoll war immer der leichteste, die Erde löste sich von den Steinen, aber wenn die Löcher tiefer wurden, wurde die Erde fester. Oft waren mir große Steine im Weg, um die ich herumgraben musste. Ich saß auf diesem Eimer, grub und träumte von den Dingen, die ich nicht haben konnte. Caleb kam mir langsam vor wie einer dieser dicken Steine.

Dieser heiße, trockene Sommer. Ich arbeitete zusammen mit einem Zweiundzwanzigjährigen namens Ben. Er hatte gerade das College mit einem Ingenieurdiplom abgeschlossen, und sein Leben schien voller Möglichkeiten. Ich war nur sechs Jahre älter als er, aber es fühlte sich an wie zwanzig Jahre. Mein Leben als Ehefrau und Mutter hatte mich altern lassen.

Ich mochte Ben. Wir fuhren jeden Tag stundenlang zu den Flüssen, und wenn wir in unserem Fahrzeug saßen, schwiegen wir kaum einmal. Ben staunte, dass ich immer noch keinen Bachelor hatte, und ich wusste nicht, wie ich es ihm erklären sollte – dass ich mich nie irgendwo richtig reingehängt hatte, dass ich ständig meine Wurzeln wieder aus dem Boden gerissen hatte, auf der Suche nach etwas Besserem, und dass ich meine Wurzeln jetzt zum ersten Mal in meinem Leben nicht mehr herausreißen konnte, weil ich ein Baby hatte, das mich brauchte, und einen Mann, der mich liebte.

Eines Tages sagte ich zu Ben: »Ich glaube, ich studiere Jura.« Ich saß auf dem Beifahrersitz, und er lenkte das Auto um eine Kurve auf einer steilen Bergstraße nahe der Grenze zu Montana. »Ich muss einen Weg finden, meine Familie zu ernähren. Von Calebs Schreiben werden wir sicher nicht leben können.«

Ben meinte: »Das solltest du tun. Du bist klug genug, um Anwältin zu werden.«

Meine frühen Jahre voller Perfektionismus, Angststörungen und Wanderlust hatten meinen Noten nicht gutgetan, aber ich war entschlossen, mich zu ändern. Als Reed sechs Wochen alt war, ging ich wieder zur Schule. Meine Brüste waren voller Milch. Wenn ich nach Hause kam, empfing mich sein hungriges Geschrei. Trotzdem hielt ich meinen Einserschnitt. Das Muttersein hatte eine ganz neue Art von Konzentration und Zielstrebigkeit in mir geweckt.

Als Ben und ich an dem Fluss angekommen waren, von dem wir an dem Tag Proben nehmen mussten, stiegen wir aus und zogen unsere schenkelhohen Anglerstiefel an.

»Willst du graben oder sieben?«, fragte Ben.

Sieben musste man am Ufer, was körperlich zwar die leichtere Arbeit war, aber eine Konzentration auf Details erforderte, die ich gerade nicht aufbringen wollte.

»Graben«, sagte ich. Ich mochte die Herausforderung beim Graben. Es gefiel mir, mich in meinen Tagträumen zu verlieren, und ich hatte mittlerweile auch herausgefunden, wie ich um die Steine herumgraben konnte.

Als ich das letzte Mal für den US Forest Service gearbeitet hatte, drei Jahre zuvor, war ich Nationalparkwächterin am Fluss an einer abgelegenen Station namens Indian Creek gewesen, in der »Frank Church River of No Return Wilderness«. Dort wohnte ich in einer winzigen Holzhütte ohne Strom, die man nur per Flugzeug erreichen konnte. Damals hatte ich eine Menge Edward Abbey gelesen, und ich war in die Wildnis gegangen, um durch die Abgeschiedenheit wiedergeboren zu werden. Ich wollte lernen, meine Einsamkeit in die so schwer zu erreichende Abgeschiedenheit zu verwandeln, von der Abbey so eindringlich schrieb. Ich wartete darauf, dass Gott von den Felsen zu mir sprach. Und manchmal, wenn ich ganz still dasaß – und der Wind mir die Haare zerzauste –, hörte ich eine Stimme ansetzen, aber es war nur meine eigene. Gott schwieg beharrlich.

Bevor ich seinerzeit nach Indian Creek aufbrach, rief Megan an. Unsere Elternhäuser waren ja nur eine Straße voneinander entfernt, und wir waren beide zu Hause zu Besuch. Als ich ihr Haus betrat, lag ihre Mutter Mary auf dem Sofa unter einer Häkeldecke und schaute *Law and Order*. Sie hob die Hand und lächelte – ein schwaches Lächeln.

»Wie läuft's an der University of Montana?«, fragte sie.

Ich lächelte zurück, mit diesem falschen Lächeln, das die Leute Sterbenden gegenüber aufsetzen. »Ach, ich bin nicht mehr in Montana.«

Megan kam gerade vom Flur herein. »Mom, Kelly ist doch jetzt in Boise«, sagte sie.

Mary schloss die Augen. »Ach ja, richtig«, sagte sie. »Boise.«

An jenem Tag – dem Tag, bevor ich nach Indian Creek aufbrach – erzählte Megan mir, dass ihre Mutter das finale Stadium ihres Emphysems erreicht hatte.

Als Kind war ich fast so viel auf Megans und Marys Sofa gesessen wie zu Hause. Meine Mutter und ich liebten uns, aber wir stritten uns fürchterlich, weil wir beide so willensstark und stur waren. Einmal lief ich nach einem besonders erschöpfenden Streit zu Megan. Mary tröstete mich.

Sie sah meine rot geränderten Augen und reichte mir wortlos ihr Nintendo, sodass wir Mädchen zusammen Tetris spielen konnten. Nach einer Stunde lachten wir, und ich hatte vergessen, was mir vorher so wichtig vorgekommen war.

Einmal am Indian Creek träumte ich von Mary. Jenseits des Flusses war die Erde schwarz verbrannt. Vernarbte weißliche Bäume ragten aus dem Boden wie Skelettfinger, die anklagend in den Himmel deuteten. In meinem Traum schaute ich über den Fluss zu den toten Bäumen. Ein paar von ihnen schwelten noch, aber nur noch ganz leicht. Mary stand mitten in dieser verkohlten Landschaft, und ich weinte, weil ich wollte, dass sie vom Feuer wegging. Aber der Fluss floss zu schnell, als dass sie ihn hätte überqueren können.

Kurz nachdem ich von Marys Krankheit erfahren hatte, fuhr meine eigene Mutter zu ihrem Bruder, der an Krebs starb. Aber wahrscheinlich starb er nicht in ihren Armen. Wir zeigten Liebe nicht auf diese Weise.

Ich hatte meinen Onkel nicht gekannt, und auch sonst keinen von meinen Verwandten. Jedenfalls nicht gut. Die Eltern meiner Mutter waren beide gestorben, als sie noch ein Kind war. Der Vater meines Vaters starb, als ich vier war. Wir wohnten in Idaho, und der Rest der Familie verteilte sich über Texas, Nevada, Arizona und Kansas. Ich hatte Cousins und Cousinen, die ich noch nie kennengelernt hatte.

Als mein Onkel seine Diagnose bekam, fuhren meine Tante und er in ihrem Wohnmobil quer durchs Land, um uns zu sehen. In seinen Augen und im Blick meiner Mutter sah ich Liebe, aber auch das Bedauern, dass sie all die Jahre getrennt voneinander verbracht hatten. Wir waren alle so allein.

Dieser heiße, trockene Sommer war der Sommer, in dem Caleb und ich mit unserem Baby in die Kellerwohnung meines Elternhauses gezogen waren, und ich erlebte eine Sanftheit an meinen Eltern, die ich noch nie zuvor bemerkt hatte. Meine Mutter hielt Reed so zärtlich im Arm. Ich fragte mich, ob sie mich wohl auch so gehalten hatte, als ich ein Baby war, und mir wurde klar, dass das wohl so gewesen sein musste.

Ich wollte mit Reed zu Megan rübergehen und ihn ihrer Mutter zeigen, aber Mary war zu dem Zeitpunkt bereits tot.

Aufgrund von Marys Rolle als Vertraute meiner Kindheit war ihr Verhältnis zu meiner Mutter immer ein angespanntes gewesen. Ich glaube, dass meine Mutter eifersüchtig auf meine Zuneigung zu Mary war, und Mary fand, dass meine Mutter zu hart zu mir war. Trotzdem verbrachte meine Mutter – die Krankenschwester – in Marys letzten Momenten Stunden in ihrem Haus, um sie zu pflegen. Es war Großzügigkeit und eine Art Wiedergutmachung, und mir dämmerte, dass niemand jemals völlig von seiner Vergangenheit definiert wird.

Dieser heiße, trockene Sommer war der Sommer, in dem mir klar wurde, dass meine Eltern der Meinung waren, Caleb sei zu gut für mich. Er wachte morgens als Erster auf und brachte Reed zu mir, dann machte er mir mein Lunchpaket für die Arbeit fertig.

Eines Abends, als ich gerade Gemüse für den Salat schnitt, sagte meine Mutter: »Kelly, dein Vater und ich haben uns unterhalten, und wir finden, dass Caleb zu viel für dich macht.«

Die Messerklinge glitt durch eine Tomate. Meine Hand erstarrte. Roter Saft floss auf das Schneidebrett.

»Was?«, fragte ich.

»Er ist wirklich großzügig, aber vielleicht solltest du mal aktiv werden und ein bisschen mehr machen.«

Ich wusste nicht, wie ich reagieren sollte. Wenn er so viel machte, warum war ich dann immer so müde? Warum fühlte ich mich immer so überfordert?

Ich schnauzte meine Mutter an: »Du siehst nicht alles, was ich tue, und du bekommst auch bloß mit, wie er hier bei euch ist. Du erlebst nicht, wie er bei uns zu Hause ist. Oder bei seinen Eltern.«

Das stimmte. Im Haus meiner Schwiegereltern wurde ich in die Küche geschickt, während er mit seinem Vater hinterm Haus auf der Terrasse saß und Bier trank.

Mein Vater schritt ein und legte meiner Mutter die Hand auf den Arm. »Schatz«, sagte er zu ihr, »das geht uns nichts an.«

Sie warf die Arme hoch. »Ich versuch doch bloß zu helfen.«

»Er hat recht: Es geht dich nichts an.« Ich warf das Messer hin und rannte die Treppe hinunter in unser Schlafzimmer.

»Was ist denn los?«, fragte Caleb. Ich fing an zu weinen. Meine Schultern zuckten. Caleb nahm mich in den Arm. »Das tut mir so leid. Aber hör mal, es ist egal, was er sagt. Du hast jetzt mich. Ich werde immer für dich da sein.«

Dieser trockene, heiße Sommer war der Sommer, in dem Caleb mir sagte, dass er ein schmutziges Messer, das er in der Spüle liegen sah, immer schnell abwusch, weil er genau wusste, dass meine Mutter mich sonst dafür anschreien würde.

Dieser heiße, trockene Sommer war das erste Mal, dass ein Familienmitglied – Caleb – anerkannte, wie meine Mutter mich immer anders behandelte.

Dieser heiße, trockene Sommer war der Sommer, in dem ich das Gefühl bekam, dass Caleb meine wahre Familie war – alles, was ich hatte, meine gesamte Existenz – und dass ich ohne ihn allein war.

Eines Abends während meines Sommers in Indian Creek saß ich allein auf der Veranda meiner Hütte, als ich Zweige krachen hörte. Schnell. Hastig. Ich beugte mich vor und schaute um die Hütte herum und sah im gleichen Moment ein Reh aus dem Kiefernwald rennen, eine Ricke. Ihre Flanken bebten. Ihre Hufe wirbelten. Ihre Nasenlöcher waren weit aufgerissen. Ihre Beine ließen Kiefernnadeln und Staub aufstieben und schienen alles rundherum in unruhige Bewegung zu versetzen. Ein Schmetterling flatterte schnell davon. Ich hob unwillkürlich die Hand vor den Mund, und es schnürte mir den Magen zu.

Etwas jagte sie. Das wusste ich sofort. Ich zog mich Richtung Tür zurück, streckte aber den Kopf noch hinaus, um die Sache zu verfolgen. Das Reh verschwand ins nächste Dickicht, und dann tauchte der Jäger auf: ein Wolf, grau und schlaksig. Sein Gesicht schob sich vorwärts, sein Blick war konzentriert, der Pelz auf seinen Schultern stand stachelig nach oben, aber ich sah, dass er nicht so schnell rannte, wie er konnte. Er teilte sich seine Kräfte ein – er trabte eher.

Ich trat von der Veranda und schaute den Hügel hoch. Er bemerkte mich nicht. Ich suchte die Bäume oberhalb der Hütte nach etwas ab – Schatten vielleicht, Anzeichen eines Rudels –, aber ich sah nur Kiefern, durch deren Zweige der blaue Himmel schimmerte.

Doch ich wusste, dass der Wolf höchstwahrscheinlich nicht allein war. Er rannte nicht schnell genug. Als er zwischen den Bäumen verschwunden war, schloss ich mich in der Hütte ein und setzte mich an den Tisch, um eine drei Jahre alte Zeitschrift zu lesen, die ein anderer Wächter hier hinterlassen hatte, jemand, der auch vertraut gewesen war mit Langeweile und Isolation.

Später ging ich am Fluss laufen. Das war die Wildnis, von der Abbey geschrieben hatte: Jedes Geräusch wurde verstärkt. Das Geräusch des Wassers zusammen mit dem Geräusch des Windes, und die Zweige der Bäume schwankten und raschelten. Ich blieb stehen, als ich Kot auf dem Pfad sah. Ich ging in die Hocke, nahm mir einen Stock und stocherte hinein. Es war frischer Wolfskot. Ich stand rasch auf, atmete immer noch schnell, weil ich gelaufen war, und schaute mich um. Ich hatte das unheimliche Gefühl, beobachtet zu werden. Meine Nackenhaare stellten sich auf, doch ich schüttelte das unangenehme Gefühl ab und lief weiter. Ich wollte noch bis nach Pungo kommen.

Pungo, eine archäologische Stätte direkt unterhalb von Indian Creek, war voller Grubenhäuser – alten in die Erde gegrabenen Höhlen, in denen die Schoschonen gelebt oder Sachen gelagert hatten. Von den Grubenhäusern waren nur noch Vertiefungen zu sehen – kaum mehr erkennbar – wie Schlaglöcher, aber sobald ich in Pungo war, ging jedes Mal die Fantasie mit mir durch. Ich fragte mich, wie die Wildnis vor all den Jahren ausgesehen haben mochte, ob ich damals vielleicht eher Zugang zu ihrer Magie gehabt hätte.

Ich bog um die Ecke und war schon fast am Ziel, da blieb ich stehen. Direkt neben dem Pfad lag ein Bein mit einem Huf. Ich trat näher. Es war die Ricke. Sie war gründlich zerrissen worden – die Beine abgerissen und der Bauch weit offen. Blut tränkte den Boden rundherum, aber es waren keine Innereien zu sehen, sie war völlig abgefressen worden. Nur ihr Auge nicht. Ein Auge – glänzend und weiß – starrte mich vorwurfsvoll aus ihrem Schädel an. Oder flehend.

Ich wollte laut rufen: *Ich konnte dir nicht helfen.* Ich hätte es beinahe laut gesagt.

Dieser heiße, trockene Sommer war der Sommer, in dem ich herausfand, dass Caleb mich betrogen hatte, als wir noch frisch zusammen waren. Das war alles sehr lange her, aber der Gedanke an seine Untreue schmerzte trotzdem. Ich kam hinter den Betrug, weil ich einen Verdacht hatte, und als ich nachbohrte, erzählte er es mir schließlich.

Es war eine Frau, mit der er auf die High School gegangen war.

Und eine andere Frau aus der Bar, in der ich ihn kennengelernt hatte.

Und noch eine andere Frau – eine Prostituierte in einem Bordell in Nevada.

Jahre später, als ich immer noch auf eine Erklärung drängte und keine Antwort bekam, die mich zufriedengestellt hätte, explodierte er und sagte von der Frau, mit der er auf die High School gegangen war: »Sie hat mich in der Schule immer total scheiße behandelt, deswegen wollte ich sie ficken.«

Über die Frau aus der Bar sagte er: »Keine Ahnung, warum ich das gemacht hab. Sie war total fett.«

Über die Prostituierte sagte er: »Ich wollte mit ihr machen können, was ich will. Ich wollte mich mächtig fühlen.«

Aber in diesem heißen, trockenen Sommer sagte er das alles noch nicht. Nicht, dass es irgendwas geändert hätte.

In diesem heißen, trockenen Sommer dachte ich, ich habe einen Mann geheiratet, den ich überhaupt nicht kenne. In diesem heißen, trockenen Sommer erzählte ich meinem Kollegen Ben von Calebs Betrug, und Ben erzählte mir von seinem Vater, der seine Mutter betrogen hatte.

»Mein Vater ist ein richtiges Arschloch«, sagte er. »Und ziemlich grob. Dieses Wochenende haben wir gestritten, und als ich wegfahren wollte, ist mein Vater aufs Auto gesprungen.«

Und ich dachte mir, Caleb klingt genauso wie Bens Vater.

In diesem heißen, trockenen Sommer warf ich Caleb aus dem Keller meines Elternhauses und zwang ihn, in ein Hotel zu ziehen; versuchten meine Eltern, mir meinen Zorn auszureden; ging ich ins Hotel, um mit Caleb zu reden; legte ich Reed in seinem Zimmer auf den Boden, sank auf die Knie und weinte neben meinem Baby; erklärte ich Caleb, dass ich nicht mehr mit ihm verheiratet sein wollte; flehte er mich an, es mir anders zu überlegen; stand ich auf, um zu gehen, woraufhin er einen Tobsuchtsanfall bekam.

Er packte mich und drückte mich an die Wand, und mir fiel wieder der Stuhl ein, der einen kleinen Krater in den Putz über unserem Bett gerissen hatte. »Lass mich los«, bat ich.

Reed heulte und hob mir die Arme entgegen.

»Lass mich los!«, schrie ich. »Reed weint.«

Caleb ließ mich los, und ich nahm Reed und rannte aus dem Hotelzimmer, durch einen langen, dunklen Flur und auf den Parkplatz, wo ich stehen blieb und im plötzlichen Sonnenlicht blinzelte.

Die Hitze lastete auf mir wie Blei. Reed hatte den Daumen im Mund, sein Kopf lag auf meiner Schulter, er hing schwer in meinen Armen. Ich wusste nicht, was ich tun sollte.

Ich ging nach Hause und erzählte meinen Eltern nichts. »Verheiratet sein ist hart«, sagte meine Mutter, als sie meine roten Augen sah. Sie klang nicht unfreundlich. »Manchmal ist es einfach so hart.«

Die Abgeschiedenheit wird überschätzt. »Irgendwo in den Tiefen der Einsamkeit«, schrieb Edward Abbey, »jenseits aller Wildnis und Freiheit, lauerte der Wahnsinn wie eine Falle.« In Indian Creek setzte mir die Abgeschiedenheit zu, das weiß ich noch gut. Die innere Erfüllung, die ich gesucht hatte, hatte ich nicht gefunden, deswegen war ich erleichtert, als mein Kollege Rick eintraf. Kurz nach seiner Ankunft zitterten die Bäume unheilverkündend. Der Wind wurde sehr schnell immer stärker, und die Regentropfen flogen mir waagrecht entgegen. Rick stand auf der Treppe. »Wir sollten lieber in die Hütte gehen«, sagte ich.

Rick schaute mich an und schüttelte den Kopf. »Die Hütte ist umgeben von Bäumen, die auf sie draufstürzen könnten, die sind von der Crew schon alle als Risikobäume gekennzeichnet worden. Wir sollten uns lieber irgendwo einen geschützten Platz suchen. Komm, wir gehen zu dem Felsen da.« Er nahm meine Hand, als der Donner direkt neben uns loskrachte. Ich fuhr zusammen. Der Wind tobte mittlerweile. »Schnell!«, rief er über den Wind hinweg und kauerte sich auf einen großen, flachen Stein, der auf einer Klippe am Rand des Flusstals lag. In dem Moment begann es zu schütten. Ich hatte schreckliche Angst, aber Rick lachte nur.

»Ich liebe Stürme!« rief er. Er schaute mir fest in die Augen. »Atme«, sagte er.

»Was?«

»So«, sagte er und nahm einen tiefen, langen Atemzug durch die Nase in den Brustkorb. »Wenn solche Stürme losbrechen, ist die Luft voll negativer Ionen, und die lassen einen Freude fühlen. Niemand weiß so recht, warum, aber dasselbe passiert, wenn man unter einem Wasserfall durchgeht. Die negativen Ionen in der Luft bei Wasserfällen und am Meer und im Sturm machen einen glücklich. Sie setzen Endorphine frei.«

Ich war skeptisch.

Er schaute in mein verdattertes Gesicht und lächelte. »Du denkst, ich spinne!«, rief er. »Aber es stimmt.«

Er atmete noch einmal tief ein und lachte. Mit seinem langen Bart und dem breiten Grinsen sah er wirklich verrückt aus. Ich begann ebenfalls zu lachen. Er kauerte sich auf diesen Felsen und begann sich mit den Fäusten auf die Brust zu trommeln und wie wild zu schreien. Er lächelte mich an, nahm meine Hand, und ich atmete tief ein.

Ich fühlte, wie sich etwas in meinem Brustkorb ausdehnte – Angst, Begeisterung, Glück –, mir war nicht ganz klar, was es war. Über mir zuckte ein Blitz, und ich blickte gerade noch rechtzeitig auf, um zu sehen, wie ein Baum schwankte und dann zu Boden stürzte. Eine dicke Aschewolke stieg auf wie Rauch. Dann fiel noch ein Baum und noch einer. Die Welt zitterte, rumpelte und krachte, und ich kauerte auf einem Felsen mittendrin und hielt Händchen mit einem seltsamen Mann.

Ich war in die Wildnis gekommen, weil ich durch die Abgeschiedenheit eine Veränderung in mir herbeiführen wollte, doch ich hatte sie noch nicht gefunden, weil ich noch nicht bereit war. Die Wälder konnten mich nicht heilen, solange ich nur an Megan, Mary und meine Mutter denken konnte – Menschen, die ich liebte, und die litten, ohne dass ich ihnen hätte helfen können. Aber als der Sturm vorüber war, fühlte ich mich befreit. Vielleicht trafen Ricks verrückte Vorstellungen von den negativen Ionen doch zu, aber ich glaube nicht, dass es das war. Einen Augenblick hatte meine Einsamkeit nachgelassen. Ich fühlte mich einem anderen Menschen verbunden – von ihm berührt.

In diesem heißen, trockenen Sommer drei Jahre später fuhr ich für ein paar Tage weg, um mit Ben und einem anderen jungen Mann Proben zu nehmen. Wir wohnten zusammen in einer Hütte in der Nähe einer Geisterstadt. Ben und der andere Mann kauften sich Bier und gingen zu ein paar heißen Quellen in der Nähe. Ich saß auf der Veranda unserer Hütte und dachte an meine Hütte in Indian Creek. Es war alles so schön, aber wozu war all diese Schönheit gut, wenn ich sie mit niemandem teilen konnte? Jetzt vermisste ich mein Baby, und ich vermisste meinen Mann. Es war nicht die rechte Zeit, um mich neu zu erfinden.

Ich fuhr nach Hause und erklärte Caleb, dass wir zusammenbleiben konnten, aber es musste sich etwas ändern. Wir brauchten eine Paarberatung. Er musste an seinen Wutausbrüchen arbeiten, und er musste mein Vertrauen zurückgewinnen.

Er schloss mich in die Arme und brach in Schluchzen aus. »Es tut mir so leid«, sagte er. »Es tut mir so schrecklich leid.

Ich bring das wieder in Ordnung. Ich werd dafür sorgen, dass ab jetzt alles besser wird.«

Ich spürte, wie meine Schultern sich in seiner Umarmung entspannten, aber trotzdem war jetzt eine neue Härte in mir.

»Danke, dass du mich genug liebst, um mir eine zweite Chance zu geben«, sagte er, nahm mein Gesicht in beide Hände und küsste mich.

»Jeder verdient eine zweite Chance«, sagte ich.

In diesem heißen, trockenen Sommer verbrachte ich meine Tage damit, Steine zu betrachten, sie in meiner Hand zu spüren und zu messen, und ich lernte auch, die Schönheit in ihnen zu sehen. Eines Tages fand ich einen Stein, der silbriggrün leuchtete, und ich machte ihn zu meinem Totem. Wenn ich mir Sorgen um meine Ehe machte, nahm ich dieses Gewicht in die Hand. Ich sagte mir, dass alles gut werden würde, dass ich niemals allein sein würde, solange ich verheiratet war.

10 Nimm mich mit zum Fluss

Als das Schuljahr begann, zogen wir wieder nach Boise. Eine ältere Freundin von mir, die mit mir beim US Forest Service gearbeitet hatte, vermietete uns ein Haus für einen Betrag, den wir uns leisten konnten. Es war ein sauberes kleines Haus in einer ruhigen Straße in einem ordentlichen Viertel, mit einem großen, eingezäunten Vorhof und einem Garten. Es war die Art Haus, in der eine Familie glücklich sein konnte.

Im August, kurz vor dem Umzug, ließen Caleb und ich Reed ein paar Tage bei meinen Eltern und fuhren nach Boise, um ein paar Dinge vorzubereiten. Wir wohnten in einem Hotel und gingen zu meinem Therapeuten. Wir redeten über Calebs Betrug, über meine feindseligen Gefühle und darüber, wie wir da wieder rauskommen konnten. Über Calebs Wut redeten wir nicht. Wir redeten darüber, was ich anders machen könnte. Die Antwort war klar: Ich musste verzeihen lernen, toleranter sein und Calebs Fehler akzeptieren. Ich sei zu hart, sagte der Therapeut. Ich spürte diese Härte in mir selbst, ich wusste, dass es stimmte.

Der Therapeut fragte Caleb, warum er mir nicht von den Seitensprüngen erzählt hatte.

»Weil sie mich bestraft hätte«, sagte er.

Das Wort hörte ich immer wieder von ihm, und es verblüffte mich. Was meinte er mit *bestrafen*?

Irgendwann fragte der Therapeut Caleb: »Hat Ihre Mutter Sie bestraft, wenn sie wütend auf Sie war?«

»Ja«, sagte er. »Wenn ich an einem Sonntagabend nicht in die Kirche ging, schwieg sie mich am Dienstag immer noch an.«

Dann fragte der Therapeut: »Haben Sie das Gefühl, dass Kelly Sie bestraft?«

Caleb überlegte, dann sagte er: »Nein, ich glaube nicht.«

Das stimmte. Ich war selten nachtragend. Meine eigene Mutter hatte ein aufbrausendes Temperament gehabt, aber nachtragend war sie nie. Sie machte mir nie lange Vorwürfe, und mein Vater war fast schon befremdlich ruhig. Bestrafung war nichts, was ich zu Hause erlebt hätte, aber auch ich hatte meine Ausbrüche, wenn auch nicht so extrem wie meine Mutter.

Mit Anfang zwanzig hatte ich eine Therapie gemacht und versucht zu lernen, wie man verzeiht. Ich wollte meiner Mutter verzeihen, wie hart sie zu mir war, und ich wollte mir selbst verzeihen, wie hart ich dann im Gegenzug zu ihr war. Ich hatte keine Kinder haben wollen, weil ich Angst hatte, die Dynamik nachzuleben, die ich in meiner Familie mit meiner Mutter gelebt hatte, aber es wäre mir nie in den Sinn gekommen, dass ich einen zornigen Menschen heiraten könnte, statt selbst einer zu werden.

In der Therapie hatte ich gelernt, wie ich selbst Verantwortung für meine Unsicherheiten und meine Misserfolge übernehmen konnte – aber vielleicht war ich nur zu schnell bereit, die Verantwortung bei mir zu suchen. Ich hatte die Tendenz, mir selbst die Schuld zu geben, wenn ich wütend war, und nicht Caleb.

Nach der Sitzung gingen wir zurück ins Hotel, und ich hielt Caleb zärtlich im Arm und sagte, dass es mir leidtat. Ich spürte eine Verwandtschaft mit dem verletzten kleinen Jungen in ihm, der sich nach der Anerkennung seiner Mutter gesehnt hatte, und ich wollte diesen kleinen Jungen lieben, wie er noch nie geliebt worden war. Wir gingen schwimmen im Hotelpool. Ich hatte in der Praxis des Therapeuten geweint, und im Hotelzimmer auch, deswegen waren meine Augen ganz rot verschwollen, aber im kühlen blauen Wasser nahm Caleb mich auf den Arm und legte sich meine Beine um die Taille. Er hielt mich fest, und die Last verschwand.

Nichtsdestotrotz stritten wir am nächsten Tag auf der sechsstündigen Fahrt zu meinen Eltern wieder. Über irgendetwas. Alles Mögliche. Wir schrien uns an. Ich hatte das Gefühl zu ertrinken. Egal, was ich sagte, Caleb verwendete es gegen mich. Ich wollte, dass das aufhörte. Ich wäre am liebsten aus dem fahrenden Auto gesprungen, aber dann blieb Caleb mitten auf dem Highway stehen. Er stieg aus, rannte über die Straße und warf die Schlüssel den Abhang hinunter. Ich stieg auch aus, und dann standen wir da. Er hatte die Schlüssel auf einen Geröllhang geworfen, wo sie in einen dunklen, bodenlosen Spalt gefallen waren. Die Schlüssel waren weg. Ich schaute zum Auto, das mit offenen Türen mitten auf dem Highway stand. Wir standen auf einem verlassenen Abschnitt des Highways und hatten keine Ersatzschlüssel dabei.

Unter uns rauschte der Salmon River dahin, dunkel und reißend.

Ich dachte daran, wie wir schon einmal zusammen in den Fluss gestarrt hatten. Ein paar Wochen zuvor, kurz nachdem ich beschlossen hatte, bei Caleb zu bleiben, war unsere kleine Familie nach Dagger Falls gefahren, wo die Lachse die Stromschnellen hochspringen. Sie heißen Dagger Falls wegen der spitzen schwarzen Felsen, die aus dem weiß schäumenden Wasser ragen. Als ich den Wasserfall anschaute, mit Reed auf dem Arm und Caleb neben mir, dachte ich an meinen Sommer in Indian Creek zurück. Ich hatte eine Pfeilspitze bei den Dagger Falls gefunden, schwarzes Obsidian mit einer scharfen Spitze, und hatte sie eingesteckt, was eigentlich verboten war. *Nehmen Sie nur Ihre Erinnerung mit. Hinterlassen Sie nur Ihre Fußabdrücke.* Ich hatte versucht, einen Teil dieser Wildnis mit nach Hause zu nehmen, aber dann verlor ich meinen Schatz irgendwo unterwegs. Vielleicht war es Karma. Vielleicht verlor ich die Pfeilspitze, weil ich nie hätte versuchen sollen, etwas zu nehmen, was mir nicht gehörte. Vielleicht hatte ich es nicht verdient, irgendetwas Schönes in meinem Leben zu haben.

Die Lachse sprangen aus dem Wasser. Sie klatschten laut auf die Felsen. Es musste schmerzhaft sein. Ein paar fanden den richtigen Weg – natürliche Stufen im Wasserfall, über die sie nach oben kamen – aber andere eben nicht. Einer von ihnen klatschte immer wieder ins Wasser zurück, war kurz erschrocken, dann sammelte er sich wieder und sprang erneut. Landete wieder klatschend auf dem schwarzen Fels. Fiel wieder zurück. Und wieder. Und wieder. Er kam einfach nicht gegen seine Natur an.

»Ist das nicht toll?«, sagte ich zu Caleb. »Diese Ausdauer?«

»Aber kehren die nicht einfach an den Ort ihrer Geburt zurück, damit sie dort sterben können?«

Ich starrte den Fisch an, der um sein Recht zu sterben kämpfte. »Ich glaube schon«, sagte ich.

Ich dachte an Greg und den Fischereibiologen, daran, wie sehr es wehgetan hatte, als diese Männer mich verließen, wie ich diesen Schmerz nicht hatte loslassen können, bis ich Caleb kennenlernte. Ich dachte daran, wie ich gehofft hatte, dass ich nie wieder solche Schmerzen leiden musste, wenn wir erst verheiratet waren. Ich sah Caleb an und hatte das Gefühl, dass wir nicht für immer verheiratet bleiben würden.

Ich hatte Reed auf dem Arm. Er lächelte mich an und streckte seine kleinen Händchen aus, um mein Gesicht zu berühren. Das Wasser tobte unter uns, und einen Augenblick lang wollte ich einfach nur springen.

Ich lächelte Reed an, hielt ihn übers Wasser, damit er die springenden Lachse auch sehen konnte, ihre silbernen und roten Körper, die aufglänzten wie Messerklingen. Reed lachte. Ich hielt ihn ganz fest. Ich konnte nicht springen. Ich konnte nicht zulassen, dass er mit mir in diese Wellen gerissen wurde.

Ein paar Wochen später, als ich da mitten auf dem Highway stand – allein mit Caleb –, blitzte der Gedanke wieder in meinem Kopf auf: Ich könnte springen. Caleb kletterte und rutschte den steinigen Abhang hinunter. Er griff sich die Schlüssel, als hätte er die ganze Zeit gewusst, dass er sie wiederfinden würde. Kam zurück zum Auto. »Schau dir an, wie weit du mich getrieben hast«, sagte er.

Ich war so müde, ich hatte einfach keine Energie mehr zum Streiten. Es reichte gerade eben noch zum Überleben. Ich setzte mich wieder auf den Beifahrersitz, lehnte den Kopf ans Fenster und starrte durch die Scheibe auf die trockenen Berge des Canyons, die an mir vorbeizogen. Meine Wut war verflogen. Ich war nur noch erleichtert. Es war dasselbe Leichtwerden meines Körpers, das ich gespürt hatte, als Caleb meine Beine nahm und mich in diesem blauen Pool festhielt. Das Gefühl war befremdlich süß. Auf eine seltsame Art empfand ich Zärtlichkeit für Caleb, als wäre er der einzige Mensch, der jemals verstehen konnte, was für jähe Panik mich befallen hatte, als er die Schlüssel auf den Abhang warf. Als würden wir im gleichen Boot sitzen.

Und vielleicht war es am Ende ja doch irgendwie meine Schuld gewesen. Ich war wütend gewesen. Vielleicht hatte er das Einzige getan, was er konnte, um meiner Wut ein Ende zu bereiten: Er hatte sie durch Angst ersetzt.

Als wir in das kleine Haus in Boise zogen, lebten wir in einem anderen Teil der Stadt als unsere ganzen Freunde, und ich vereinsamte. Ich fuhr mit dem Fahrrad durch Wohnsiedlungen zu einem nahe gelegenen Flusspfad, auf dem ich fünf Kilometer bis zur Uni fuhr. Diese Fahrradfahrt am ruhigen Boise River war das Highlight meiner Tage. Wenn ich auf meinem Rad saß, spürte ich eine Freiheit, die ich zu Hause nicht spürte. Die Schwere auf meinen Schultern lichtete sich, und das Sonnenlicht glitzerte auf dem Wasser.

Damals war diese Schwere schon ein Teil meines Körpers geworden. Sogar Sonnenlicht fühlte sich schwer an. Reed war mir weiterhin eine Freude, aber davon abgesehen fühlte ich mich so klein. Als der Sommer in den Herbst überging, wurde das Sonnenlicht schwerer und schwerer. Ich konnte das Gewicht richtig auf meiner Haut spüren. Ich tat, was ich konnte, um mehr Energie zu finden. Ich wusste, dass Bewegung wichtig ist, also setzte ich Reed in den Jogger-Kinderwagen und joggte oder ging durch unser Viertel spazieren. Jedes Mal fragte ich Caleb, ob er mitkommen wollte, aber er sagte fast immer Nein. Die Distanz zwischen uns wuchs, und ich war in dieser Ehe einsamer als je zuvor. Manchmal weinte ich, wenn er Nein sagte, und dann schrie er mich an. »Hör auf zu weinen. Du willst immer, dass ich alles mit dir mache. Du respektierst es nicht, dass ich Zeit für mich und zum Schreiben brauche.«

Manchmal lag ich auf dem Bett und weinte ganz ohne Grund, und dann stand er in der Tür und schrie mich an: »Hör auf zu weinen. Was weinst du denn überhaupt?«

Dann weinte ich nur noch mehr und sagte: »Ich weiß nicht, warum ich weine, ich weiß es einfach nicht.«

Wir stritten immer mehr, und ich hatte langsam wirklich Angst vor ihm. Er drängte mich in die Ecke, wenn er mich anschrie, und ich fühlte mich total hilflos. Einmal schubste er mich gegen die Wand, packte meine Hände und drückte sie dagegen. Ich geriet in Panik, schlug nach ihm und traf ihn ins Gesicht. Sein Brillenbügel ging kaputt, und das Glas fiel heraus. Er wich zurück, das Glas in der Hand, und ich starrte ihn entsetzt an. Was hatte ich getan?

Ich flehte ihn an, mir zu verzeihen, und er verzieh mir, nahm mich in die Arme und sagte, es sei alles gut, er verstehe mich. Ich war so dankbar für seine Vergebung. Er klebte das Glas wieder in die Fassung, dann bot er mir an, mit mir spazieren zu gehen. Wir gingen mit dem Kinderwagen zum Fluss und nahmen Reed heraus. Er krabbelte ans Ufer und warf Steine ins Wasser, während Caleb ihn hinten am T-Shirt festhielt, damit er nicht hineinfiel. Als ich beobachtete, wie Caleb Reed beschützte, merkte ich wieder, wie diese Schwere von mir glitt und Zärtlichkeit wich. Auf dem Rückweg hielt Caleb meine Hand, und als wir zu Hause waren, legte er Reed schlafen, machte Abendessen und zog meinen Kopf an seine Brust. Das Gefühl von Einsamkeit ließ nach. Keiner von uns beiden war perfekt, aber wir hatten eine Verbindung. Wir waren alles, was wir hatten.

Der Oktober kam, und das Licht war intensiv und gedämpft zugleich. Ich gab mir keine Mühe mehr, glücklich zu sein, ich versuchte nur noch, nicht depressiv zu sein. Ich machte lange Spaziergänge mit Reed, und ich merkte, dass ich auf einer Rasierklinge balancierte. Auf der einen Seite war die Schönheit, und auf der anderen Seite die Verzweiflung.

Wenn Reed und ich am Fluss spazieren gingen, konnte ich in die Gärten der schicken Häuser schauen. Ich überlegte, wie es in diesen Familien wohl aussah. Hatten sie auch das Gefühl, dass etwas fehlte?

Irgendwann ging ich zur Ärztin auf unserem Campus und erzählte ihr von meiner Niedergeschlagenheit. Sie gab mir einen Fragebogen, der den Grad meiner Depression ermitteln sollte, und als ich die Fragen alle beantwortet hatte, verließ sie das Zimmer und kam wieder zurück.

»So können wir Sie nicht gehen lassen«, sagte sie. »Haben Sie Selbstmordgedanken?«

»Ja«, antwortete ich. »Aber ich würde mich nie umbringen. Ich stelle es mir nur vor.«

»Wie oft stellen Sie sich das vor?«, wollte sie wissen.

»Jeden Tag«, sagte ich.

Ich verließ ihre Praxis mit einem Prozac-Rezept. Ich hatte kein großes Interesse mehr daran, mich selbst zu retten, aber ich hoffte, endlich einen Weg gefunden zu haben, wie ich meine Ehe retten konnte.

Ich ging weiterhin zu meiner Therapeutin und erzählte ihr weiterhin, wie unglücklich ich in meiner Ehe war. Das Prozac hatte mich lediglich in einen betäubten Zustand versetzt, mit dem ich durch die Tage kam. Ich wollte, dass sie mir zeigte, wie ich glücklich sein konnte.

Ab und zu brachte ich Caleb mit, und er sprach immer davon, wie viel ich an ihm herumkritisiere, und wie ihn das Zusammenleben mit mir frustriere. Nach einer Sitzung gab sie uns eine Hausaufgabe: Wir sollten eine Woche lang keine Kritik äußern. Egal, was kam. Die ersten paar Tage waren herrlich. Ich genoss es, ihn nicht zu kritisieren. Ich genoss es, einfach alles schleifen zu lassen.

Doch schon bald begann er mich zu kritisieren.

»Das ist jetzt aber Kritik«, erinnerte ich ihn.

»Oh, wow, du hast recht«, sagte er dann, und wir mussten beide lachen.

Es war ein Spiel geworden, aber als die Woche vorüber war, war uns beiden klar, dass in dieser Ehe nicht ich diejenige war, die ständig am Partner herumkrittelte. Wir gingen in die Praxis meiner Therapeutin und setzten uns nebeneinander aufs Sofa.

»Und, was ist Ihnen in dieser Woche klar geworden?«, fragte sie.

Caleb kam sofort zur Sache. »Mir ist klar geworden, dass in Wirklichkeit *ich* Kelly oft kritisiere«, sagte er, »und dass ich zu hart zu ihr bin.«

Ich war so stolz auf ihn, weil er ehrlich zu ihr war. Ich streckte den Arm aus und drückte seine Hand.

Sie schien überrascht zu sein. »Wow«, sagte sie. »Das hätte ich nicht erwartet. Wie haben Sie sich gefühlt, Kelly?«

Ich schwieg einen Augenblick, dann sagte ich: »Ich war auch überrascht, aber jetzt geht es mir besser. Ich glaube, es geht uns jetzt beiden besser.«

An dem Tag gingen Caleb und ich nach Hause und beglückwünschten uns gegenseitig. Wir hatten getan, was nötig war. Wir hatten therapeutische Hilfe gesucht. Ich hatte angefangen, Medikamente zu nehmen. Wir arbeiteten daran, uns nicht mehr so oft zu streiten. Wir würden es schaffen. Ich wusste es.

In der nächsten Woche stritten wir wieder, und ich ging wieder zu meiner Therapeutin. Sie war sichtlich enttäuscht, als sie hörte, dass wir immer noch solche Probleme hatten.

»Wenn die Dinge zu angespannt werden«, sagte sie, »müssen Sie irgendwo anders hingehen. Sie müssen die Situation verlassen.«

»Aber das kann ich nicht«, erwiderte ich. »Er lässt mich nicht.«

»Wie meinen Sie das, er lässt Sie nicht?«

»Ich meine, dann stellt er sich vor mich und drängt mich in eine Ecke. Einmal hat er mich an die Wand gedrückt und festgehalten. Ich bin in Panik geraten und habe ihn ins Gesicht geschlagen, damit er mich loslässt.«

Sie lehnte sich zurück. Ihre Miene war ernst. »Kelly, das ist häusliche Gewalt. Was er da mit Ihnen macht, ist häusliche Gewalt.«

Ich schaute sie verwirrt an. »Aber er hat mich nie geschlagen«, sagte ich. »Ich war die, die zugehauen hat.«

»Ja«, sagte sie. »Aber wenn man jemanden schlägt, um ihm zu entkommen, ist es nicht dasselbe, wie wenn man jemand schlägt, um ihn zu kontrollieren. Und wenn er Sie gegen die Wand drückt oder Sie in eine Ecke drängt, dann ist das eine körperliche Einschüchterung, und das ist eine Kontrolltaktik. Das gehört zu einem Muster der Gewalt.« Sie griff in ihren Aktenschrank. »Ich geb Ihnen mal diesen Flyer«, sagte sie, »der ist von einem Frauenhaus für misshandelte Frauen, und ich hätte gern, dass Sie den aufheben für den Fall, dass Sie ihn mal brauchen.« Sie zog einen lila Zettel heraus und drückte ihn mir in die Hand.

Ich starrte den Zettel an. Ich wusste nicht, was ich denken sollte. Ich wusste, dass ich nicht misshandelt wurde. Caleb hatte mich nie geschlagen, und ich war stark. Ich war unabhängig. Ich war das Mädchen, das vor Danny davongerannt und dem Mann im Pick-up entkommen war. Ich war niemand, der misshandelt wurde.

Ich schob den Zettel in meine Handtasche und fuhr mit dem Fahrrad nach Hause. Ich beschloss, Caleb zu erzählen, was die Therapeutin gesagt hatte. Ich dachte nicht, dass er mich misshandelte, aber ich wollte, dass er aufhörte, mich einzuschüchtern. Ich wusste, wenn er hörte, dass meine Therapeutin der Ansicht war, er misshandle mich, würde ihm klar werden, was er hier tat. Seine Aufrichtigkeit bezüglich seiner Kritik an mir hatte mir gezeigt, dass er bereit war, über sich selbst nachzudenken. Das hier würde die Dinge nur besser machen.

Als ich zu Hause war, fragte er mich, wie es gelaufen war, und ich bedeutete ihm, sich zu mir aufs Sofa zu setzen. Ich holte den Flyer aus der Handtasche.

»Sie meint, dass das, was du mit mir machst, häusliche Gewalt ist«, sagte ich und erwartete eine empathische Reaktion von ihm.

Er rastete aus. »Willst du etwa behaupten, dass ich dich misshandle?«, schrie er. »Soll das ein Witz sein?«

Ich wich zurück. »Nein, das behaupte ich nicht. Sie behauptet es. Ich dachte nur, wenn ich es dir sage, wird dir klar, dass du dich falsch verhältst.« Ich legte ihm die Hand auf den Arm.

»Vergiss es«, sagte er und schüttelte meine Hand ab. »Das ist doch Bullshit. Ich tue alles für dich, und du weißt es nicht mal zu schätzen.«

»Doch«, sagte ich. »Ich weiß alles zu schätzen, was du für mich tust.«

»Warum respektierst du mich dann nicht? Warum glaubst du jemandem, der so schreckliche Dinge über mich sagt?«

Ich ertrank wieder – so, wie ich schon im Auto auf dem Weg zu meinen Eltern ertrunken war. Es gab keinen Ausweg, nichts, was ich sagte, konnte ihn überzeugen, mir zu glauben –, ich wusste selbst schon nicht mehr, ob ich recht hatte. Vielleicht hatte er ja recht. Vielleicht hatte ich unrecht, und meine Therapeutin hatte unrecht, und das wahre Problem war mein mangelnder Respekt vor ihm.

Das Wasser schlug mir über dem Kopf zusammen. Ich konnte nicht mehr atmen. Ich gab nach.

»Du hast recht«, sagte ich. »Du hast natürlich recht. Es tut mir leid.«

Am nächsten Tag ging ich mit Reed spazieren, und statt am Fluss lief ich am Bewässerungsgraben entlang. Der Graben war tief, und das Wasser floss schnell. Davor war ein Zaun, an dem Schilder zu »Vorsicht« und »Abstand halten« mahnten. Ich wusste, dass in diesem Graben schon Menschen ertrunken waren, aber trotzdem zog er mich magisch an, dieses schnelle Dahinrauschen hatte seine ganz eigene Schönheit.

Ich ging durch unser Viertel und blieb vor einem bestimmten Haus stehen, bei dem es mir den Atem verschlug. In der Mitte des streifenförmig gemähten Rasens war ein Pool – blau und sauber und klar –, umgeben von Liegestühlen auf einer Terrasse. Ich wollte so schrecklich gern in diesem Haus wohnen, in die sauberen Tiefen dieses Pools springen, diese Stühle mit Reed und Caleb und anderen Kindern besetzen, die wir vielleicht noch bekommen würden. Und dort würde so viel Liebe sein. Ich würde einen Weg finden, dieses Zuhause zu schaffen. Ich war noch nicht bereit, diese Hoffnung aufzugeben.

11 Zerbrochenes

Das Erste, was ich zerbrach, war ein oranger Keramikteller. Ich stand in der Küche, räumte die Teller aus der Spülmaschine, und Caleb war wütend wegen irgendetwas. Ich versuchte, ihn zu ignorieren, aber er baute sich drohend vor mir auf und trieb mich in die Enge mit seiner Wut, bis ich gegen die Spüle stieß. Als ich versuchte, an ihm vorbeizugehen, trat er mir in den Weg. In mir stieg ein Frust auf, wie ich ihn noch nie zuvor gespürt hatte. Mir war gar nicht bewusst, was ich tat, als ich den Teller in meiner Hand mit solcher Wucht auf den Boden warf, dass er zerbrach.

Caleb und ich schauten auf den zerbrochenen Teller – ein fröhliches Orange auf dem beigen Linoleum. Seine Miene war spöttisch. *Schau, was du angerichtet hast*, sagte sie.

Ich starrte die zerbrochene Keramik an. Was war bloß los mit mir?

Ich holte den Besen und kehrte die Scherben aufs Kehrblech. Ich hatte ja keine Ahnung, dass das Auffegen zerbrochener Dinge bald zur Tagesordnung gehören würde.

Damals machte Megan gerade ihr Aufbaustudium an der Hochschule in Moscow, Idaho und hatte sich verlobt. Da ihre Mutter gestorben war, organisierten die Freundinnen ihrer Mutter – inklusive meiner Mutter – eine Brautparty für sie. Sie beschlossen, dass sie in Boise stattfinden sollte, wo der Großteil von Megans Freundinnen wohnte, und ich freute mich, aus meiner Einsamkeit ausbrechen zu können.

Megan war meine Brautjungfer gewesen und hatte für mich eine Brautparty organisiert, bei der sich alle möglichst dämlich anziehen sollten. Ich trug ein Kleid mit Bildern von Spielkarten. Megan trug ein geblümtes Kleid mit riesigem Kragen, das aussah wie die Sachen, die die Mormonen als Kinder in die Kirche angezogen hatten. Alle waren vergnügt, und auf dieser Party, umgeben von meinen Freundinnen, hatte ich Joanne und meine Schwägerin sowie Calebs Großmutter und seine Tante zum ersten Mal getroffen. Ich war im vierten Monat schwanger und hatte in der Nacht zuvor im Auto geschlafen, deswegen hatte ich dunkle Augenränder auf meinem Fest.

Am Tag zuvor waren meine Mutter und ich sechs Stunden über einen Zweitausend-Meter-Gebirgspass über die Kontinentale Wasserscheide gefahren, um im Costco in Missoula für die Hochzeit einzukaufen. Es war ein langer Tag, und auf dem Heimweg machte das Auto auf einmal ein laut kratzendes Geräusch und kam bebend zum Stehen. Wir waren immer noch ungefähr dreißig Kilometer von der nächsten Stadt entfernt. Wir stiegen aus und gingen am Fluss entlang zur nächsten Farm, wo wir an die Tür hämmerten.

»Die Leute kenn ich aus dem Krankenhaus«, sagte meine Mutter. »Die sind alt, die hören uns nicht.«

Wir drehten um und gingen zurück zum Auto. Wir wussten beide, dass es im Umkreis von mindestens zwei, drei Kilometern keine Häuser gab, aber was sollten wir schon tun? Wir marschierten auf ein dunkles Stück des Canyons zu, den sogenannten Red Rock, von dem die Jugendlichen von einem riesigen roten Felsen in den Fluss sprangen, als ich noch in der High School war. Hier war ich in einem Auto mit zwei

Jungs und meiner besten Freundin gesessen und hatte schluckweise billigen Idaho Silver-Wodka aus der Flasche getrunken. Während meine Freundin mit dem einen Jungen vorne rummachte, saß ich mit dem anderen unbehaglich auf dem Rücksitz. Damals war ich immer das Mädchen auf dem Rücksitz, mit dem die Jungs nicht rummachen wollten.

Meine Mutter und ich betraten den dunklen Canyon. Die Pappeln ragten hoch über uns auf, und durch ihre zitternden Blätter fiel kein Mondlicht. Auf einmal hörten wir einen Wolf heulen, und dann noch einen, und wenig später hallte das Wolfsgeheul von den Wänden der Schlucht wider. Meine Mutter blieb stehen. Sie legte mir die Hand auf den Arm. Ich war verunsichert, aber sie entschied resolut. »Wir drehen um«, sagte sie, nahm mich am Arm und ging mit flotten Schritten in die entgegengesetzte Richtung davon. Ich ließ mich von ihr mitziehen. Meine Mutter war stark. Und sie wusste immer, was zu tun war.

Wir schliefen in unserem Wagen, bis um 6 Uhr morgens ein Auto vorbeikam. Die Fahrerin kannte uns und brachte uns nach Hause. Mein Vater fuhr zum Auto und schleppte es in die Werkstatt, aber der Mechaniker konnte die Ursache der Panne nie finden.

Auf meiner Brautparty verbiss ich mir meine Müdigkeit und begrüßte meine Schwiegerfamilie. Ich mochte sie alle auf Anhieb, bis auf Joanne, die eine starre Miene zog. Vielleicht hatte sie genauso viel Angst wie ich, aber ich merkte schon damals, dass ich niemals ihre Anerkennung finden würde. Später saßen alle im Kreis beisammen und erzählten Geschichten von mir. Meine erste Chefin, Karen, erzählte, wie ich mit gerade mal fünfzehn Jahren in ihre Buchhandlung marschiert war und meinte, sie solle mich anstellen, weil ich nämlich ein Buch am Tag las. Sie beschrieb mich als mutig und klug, und sie meinte, sie hätte mich irgendwie immer als kleine Schwester betrachtet. Meine Freundin Sadie erzählte, wie ich auf Partys immer Kazoo gespielt hatte. Sie beschrieb mich als einen der lustigsten Menschen, die sie kannte. Sadie sah Joanne ins Gesicht und sagte: »Kelly ist was ganz Besonderes. Sie haben so ein Glück, dass sie in Ihre Familie kommt.« Ich hatte mich noch nie mehr geliebt gefühlt.

Nach der Party kam meine Schwieger-Großmutter zu mir und umarmte mich. Sie sagte: »Es war toll, diese ganzen Geschichten über dich zu hören. Du wirst Caleb so guttun. Du wirst noch rausfinden, dass unsere Familie ihre Geheimnisse hat. Wir haben so unsere Leichen im Keller, aber du wirst ihm guttun.«

Calebs beste Freundin aus West Virginia, die auch zu meiner Brautparty gekommen war, sagte: »Du bist genau die Richtige. Caleb braucht jemanden wie dich.«

Das schien ja ein Thema zu sein – Caleb braucht jemanden wie dich.

Ich fragte nicht näher nach. Es gefiel mir, gebraucht zu werden. Es wäre mir nie eingefallen, mich zu fragen, ob ich jemanden wie Caleb brauchte.

Als ich Caleb später auf die Leichen im Keller ansprach, die seine Großmutter erwähnt hatte, meinte er: »Sie hat einen Schlaganfall gehabt. Seitdem ist sie nicht mehr sie selbst. Sie weiß gar nicht, was sie redet.«

Ich plante die Hochzeit innerhalb von drei Monaten, und alles kam mir total überhastet vor. Caleb und ich kannten uns erst seit acht Monaten. Am Abend vor meiner Hochzeit, als mein Vater schon schlief und ich allein in der Küche saß, brach ich schluchzend zusammen. Meine Mutter kam herein und nahm mich zum ersten Mal seit langer Zeit in die Arme. »Hör zu. Es ist nie zu spät. Du musst das nicht durchziehen.«

»Doch«, sagte ich.

In dem Moment kamen Kelly M. und eine andere Freundin hereingeplatzt. Sie waren mit Caleb, seinen Freunden und seiner Familie im Owl Club gewesen. Während ich in der Küche meine Mutter vollheulte, hatte Caleb ein Lied gesungen, das er selbst geschrieben hatte, den »Song vom Dixi-Klo«, und seine Freunde lachten und applaudierten. Er war so lustig, aber ich konnte ihn noch so oft bitten, er wollte mir diesen Song nicht vorsingen – in den ganzen acht Jahren unserer Ehe nicht. Es gab vieles an Caleb, was er mich nicht sehen lassen wollte.

Kelly M. sah mein verschwollenes Gesicht und meine Tränen. »Oh Süße«, sagte sie, legte mir den Arm um die Schulter und führte mich in mein Zimmer. »Komm, wir gehen schlafen.«

Am nächsten Tag, auf dem Empfang, hielt Megan ihre Brautjungfern-Rede. Diesmal erzählte sie ihre eigene Geschichte. Sie beschrieb, wie ich als Kind oft einfach auf die Straße rannte, ohne auf Autos zu achten. Sie erzählte, wie sie mich dann immer festhalten musste.

Ihre Stimme brach, als sie Caleb anschaute. »Das ist ab jetzt dein Job«, sagte sie. »Lass sie nicht auf die Straße rennen, ohne nach links und rechts geschaut zu haben. Es ist jetzt deine Aufgabe, für ihre Sicherheit zu sorgen.«

Am Tag von Megans eigener Brautparty verbrachte ich den Vormittag damit, das Haus eilig durchzuputzen. Megan hatte Reed nicht mehr gesehen, seit er auf die Welt gekommen war, und sie wollte vorbeikommen und uns besuchen, bevor wir zusammen auf die Party gingen. Ich freute mich schon furchtbar, ihr unser Haus zu zeigen, und Reed, der mittlerweile ein ganz bezauberndes zehn Monate altes Baby war.

Während ich putzte, verfinsterte sich Calebs Laune zusehends. »Warum musst du denn so viel putzen?«, fragte er. »Es ist doch bloß Megan. Der ist doch egal, wie das Haus aussieht.«

»Ich möchte aber, dass es hübsch aussieht«, sagte ich. Er war mürrisch, aber ich wusste, dass das sofort vergehen würde, sobald Megan kam. Wenn andere Leute da waren, war er immer fröhlich.

Dann bekam ich einen Anruf von Megan, sie steckte mit einer anderen Freundin im Verkehr fest.

»Macht nichts«, sagte ich. »Passt schon, kein Problem.« Trotzdem fing ich an zu weinen, nachdem ich aufgelegt hatte. Ich war nicht böse auf sie, aber ich war so enttäuscht, und ich hatte schon immer nah am Wasser gebaut.

Caleb hasste es, dass ich so schnell anfing zu weinen. »Warum weinst du denn?«, schrie er. »Hier geht's doch gar nicht um dich. Hier geht's um Megan. Und du drehst es mal wieder so hin, als würde es um dich gehen.«

Seine Wut überwältigte mich, und ich begann zu schluchzen. Ich konnte nicht in Worte fassen, was ich fühlte, warum ich enttäuscht war und auch ein bisschen eifersüchtig auf diese andere Freundin, dass es aber weiter nicht schlimm war und ich bis zur Party meine Gekränktheit wieder überwunden hätte. Das Gewicht von Calebs Zorn hinderte mich daran, all das zu sagen. Ich konnte nur noch schluchzen.

Er stieß einen lauten, kehligen Schrei aus, und ich fuhr zitternd zurück. Sein Schrei wirkte, ich hörte auf zu schluchzen. Aber er war noch nicht fertig. Er hob Reeds Babywippe vom Boden auf und schmetterte sie gegen die Wand. Reed schlief gerade in seiner Wiege. Die Wippe war sein Lieblingsspielzeug. Ich starrte Caleb an. Von all meinen Organen schienen Schauer auszugehen. Ich bekam einen Schluckauf und konnte nicht sprechen.

»Du bist doch total hysterisch«, schrie Caleb mich an.

Er zeigte auf die Uhr. Es war fast schon Zeit für die Party.

»Ich kann so nicht fahren«, keuchte ich durch meinen Schluckauf.

»Mach dich fertig, dann fahr ich dich hin«, brüllte er. »Gott, ich muss aber auch alles für dich machen.«

Ich ging ins Bad und sah mein Gesicht. Ich sah immer so hässlich aus, wenn ich weinte. Die Tränen kamen erneut. Ich ging wieder hinaus. »Ich geh nicht hin«, sagte ich.

Caleb hatte sich inzwischen wieder beruhigt.

Ich rief Megan an. Ich wusste nicht, was ich sagen sollte, also erzählte ich, dass Caleb und ich gestritten hatten und ich nicht in der Form für eine Party war.

Sie klang besorgt. »Geht es dir gut?«, fragte sie.

»Ja, mir geht's gut«, sagte ich hastig, denn ich wollte das Telefonat beenden, bevor ich wieder in Tränen ausbrach. »Es tut mir leid.«

»Schon okay«, sagte sie. »Ich sag deiner Mutter Bescheid.«

Nachdem ich aufgelegt hatte, beobachtete ich, wie Caleb die Einzelteile von Reeds Wippe draußen in die Mülltonne warf. Ich schaute rüber zu den Nachbarn. Eine ältere Mormonenfrau schaute uns aus dem Fenster an. Ihr Blick war mitleidig.

Caleb kam wieder ins Haus. »Tut mir leid«, sagte er. »Ich hätte die Wippe nicht kaputt machen dürfen.«

»Du hättest mir einfach nur zuhören müssen«, sagte ich. »Dann wäre alles gleich wieder gut gewesen, aber du hast mir richtig Angst eingejagt.«

»Ich weiß, und dafür gibt es keine Entschuldigung. Ich hab mich schrecklich aufgeführt«, sagte er. »Ich weiß auch nicht, was da über mich gekommen ist. Ich hätte dir einfach zuhören sollen. Natürlich warst du gekränkt, weil deine Freundin dir einen Strich durch die Rechnung gemacht hat, und das, nachdem du dich so angestrengt hast, das Haus auf Hochglanz zu bringen. Und ich weiß auch, dass du dich bis zur Party wieder eingekriegt hättest. Ich hab's echt verbockt. Kannst du mir verzeihen?«

Ich hatte keine Angst mehr, und sein Mitgefühl fühlte sich so wunderbar an, ich brauchte es so sehr. »Du bist so eine gute Freundin«, sagte er. »Und so eine gute Frau und Mutter. Ich hab dich gar nicht verdient.«

»Natürlich hast du mich verdient«, sagte ich.

Und ich meinte es auch so. Natürlich hatte er mich verdient. Oder ich hatte ihn verdient. Vielleicht hatten wir uns einfach gegenseitig verdient.

Am Abend kam meine Mutter vorbei. Sie stellte keine Fragen. Sie sagte einfach, sie würde Reed sitten, und wir sollten uns einen freien Abend nehmen und schön essen gehen. Caleb und ich gingen in unser Lieblingslokal. Wir lachten und amüsierten uns, aber ich war immer noch dünnhäutig. Caleb trank drei Bier zum Essen, und auf dem Heimweg erwähnte ich im Auto noch einmal, dass es mich traurig machte, Megans Brautparty versäumt zu haben. »Warum kannst du es nie einfach gut sein lassen?«, brüllte er. »Ich dachte, wir hätten das jetzt hinter uns gelassen.«

Ich konnte nicht glauben, dass er mich schon wieder anbrüllte. Es fühlte sich so an, als hätte er seine Entschuldigung überhaupt nicht ernst gemeint.

Als wir nach Hause kamen, marschierte ich ins Haus und vorbei an meiner Mutter zum Kühlschrank. Ich holte Calebs Bier heraus und ging hinters Haus. Dort ließ ich die vollen Flaschen eine nach der anderen auf den zementierten Hof fallen. Sie zerbrachen, und dann ging ich wieder ins Haus. Ich schaute Caleb an und dann meine Mutter. »Ich bin durch«, sagte ich. »Ich kann das nicht mehr.«

Meine Mutter schickte Caleb ins Schlafzimmer. Sie ging mit mir auf den Hof, und ich erzählte ihr: »Er ist so gemein zu mir, Mom. Er verliert die Beherrschung, und dann hab ich furchtbare Angst vor ihm. Er lügt mich an, und ich vertraue ihm nicht mehr. Mir ist in meinem ganzen Leben noch nicht so elend zumute gewesen.«

Ich wollte, dass meine Mutter mir versprach, alles wieder in Ordnung zu bringen. So wie sie auch vorher immer alles wieder in Ordnung gebracht hatte, aber das hier konnte sie eben nicht in Ordnung bringen.

Sie schaute mir in die Augen und sagte: »Hör mir gut zu: Auf der anderen Seite ist es auch nicht besser. Ich hab gesehen, wie es da ist. Streng dich an. Streng dich ganz gewaltig an, bevor du aufgibst.«

Ich starrte durch die Glastür ins Haus. Ich wusste, dass dort drinnen mein Baby schlief. Ich wusste, dass ich mir dieses Haus allein nicht leisten konnte. Ich dachte an die Freundinnen meiner Mutter, die ihre Ehemänner verlassen hatten und »auf der anderen Seite« lebten. Ich dachte daran, wie sie in die Armut abgerutscht waren oder, noch schlimmer, in Beziehungen, die noch hässlicher waren als die, die sie verlassen hatten.

Ich wusste, dass Caleb Reed und mich liebte, dass er Reue empfand, und damals fand ich, dass ich selbst auch nicht unbedingt die Traumpartnerin war. Hatte ich nicht auch schon Sachen kaputt geschmissen? War ich nicht total hysterisch geworden, als mich meine beste Freundin ein ganz kleines Bisschen enttäuscht hatte? Ich hatte mich in meinem ganzen Leben noch nicht so unzulänglich gefühlt, als hätte ich überhaupt keine Liebe verdient.

Meine Mutter nahm mich in den Arm. »Geh schlafen«, sagte sie. »Ich räum das hier auf.«

Ich ging ins Bett, schlüpfte neben Caleb, und er nahm mich in den Arm. Auch wenn ich sauer war, mochte ich es, wie mein Körper an seinen passte. Ich liebte es, wie er mich immer in den Arm nahm.

Selbst wenn Caleb sauer auf mich war und mir den Rücken zuwandte, gestattete er, dass ich meinen Körper an seinen schmiegte. Ich konnte auch immer spüren, wie er in meiner Umarmung weicher wurde. Er konnte nie lange böse sein, genauso wenig wie ich. Wir passten zu gut zusammen, um böse zu bleiben.

Als ich am nächsten Morgen aufwachte, war meine Mutter weg.

Ein paar Tage später klopfte es an der Tür. Zwei junge Mormonenmissionare standen auf der Treppe. In der High School hatte ich manchmal zum Spaß mit den Missionaren geredet, aber ich hatte noch nie unangekündigte Besucher bekommen. Ich sagte ihnen, was ich meine Mutter immer zu den Zeugen Jehovahs hatte sagen hören: »Ich habe schon eine Religion.«

Die Männer sahen mich an. »Wir dachten, hier könnte vielleicht jemand wohnen, der jemanden zum Reden braucht«, sagte einer von beiden.

»Nein, danke, mir geht es gut.«

Jetzt meldete sich der andere zu Wort. »Hier wohnt also niemand, der jemanden zum Reden braucht? Vielleicht eine junge Mutter in Not?«

Ich schaute zu Reed, der auf dem Boden spielte, und begriff. Die Nachbarin hatte sie gerufen. Ich sah die Missionare an mit ihren schwarzen Hosen und weißen Hemden.

Ich zögerte, bevor ich sagte: »Nein, hier wohnt keine junge Mutter in Not.«

Als sie davongingen, überlegte ich kurz, ob ich ihnen nachlaufen sollte, aber stattdessen machte ich die Tür zu.

Ich musste mir nur mehr Mühe geben.

12 Playlist für ein gebrochenes Herz

Ich wusste, dass sich etwas ändern musste, aber ich wusste nicht recht, was dieses Etwas war. Wir hatten nicht viel Geld. Ich ging noch aufs College, und Caleb unterrichtete fünf Kurse als Hilfsdozent an der Boise State University. Immer, wenn wir unsere Rechnungen nicht bezahlen konnten, sammelte Caleb unsere Bücher und CDs ein und versetzte sie. Mir tat das Herz weh, wenn er mit einer Papiertüte voller Bücher auf dem Arm aus der Tür ging. Gott sei Dank war Reed über das Children's Health Insurance Program versichert, und da meine Freundin uns ihr Haus für nur 550 $ vermietete, kamen wir so gerade eben durch mit dem, was wir hatten.

Nach dem Tag von Megans Brautparty wuselte Caleb die ganze Zeit ängstlich um mich herum und heischte nach beschwichtigenden Gesten von mir. Wenn ich ein Sandwich aß, nahm er mir den schmutzigen Teller aus der Hand, bevor ich aufstehen konnte. Er machte lange Spaziergänge mit mir und kochte mir wunderbare Gerichte. Er wechselte Reed die Windeln und staubsaugte. Diese plötzliche Veränderung verwirrte mich, und ich bekam Schuldgefühle, weil er so hilfsbereit war.

Trotzdem war er noch reizbar. Wenn ich versuchte, etwas zur Sprache zu bringen, das mich störte, schrie er mich sofort an: »Schau dir doch mal an, was ich alles für dich tue! Zählt das denn überhaupt nicht?« Manchmal jagte er mir solche

Angst ein, dass ich in Tränen ausbrach und anfing zu zittern. Das Zittern war zu dem Zeitpunkt schon normal geworden. Ich begriff nicht, was mit mir geschah – wann war ich so schwächlich und hysterisch geworden?

Manchmal sagte Caleb: »Jetzt hab ich mich wegen dir so grässlich verhalten, dass *ich* mich bei *dir* entschuldigen muss.« Verwirrung und Schuldgefühle befielen mich. Hatte ich seinen Zorn hervorgerufen? Hatte ich ihn so weit getrieben, dass er nicht anders konnte, als mich zu attackieren? War ich irgendwie für sein Verhalten verantwortlich? Ich wusste nur, dass ich nicht mehr richtig ich selbst war. Ich war weinerlich und gereizt. Vielleicht hatte er recht, und ich hatte ihn zu der Person gemacht, die er geworden war.

Ich begann zu Kelly M. zu gehen, wenn Caleb und ich gestritten hatten. Reed schlief damals schon so gut, dass er jeden Abend um sechs ins Bett gelegt wurde und bis sechs Uhr morgens durchschlief, ich wusste also, dass ich ihn friedlich schlafen lassen und wieder nach Hause kommen konnte, bevor er aufwachte.

Und man kann nicht leugnen, dass Caleb ein toller Vater war. Obwohl mir gegenüber unberechenbar, war er mit Reed immer geduldig und liebevoll. Ich war in einer Kultur aufgewachsen, in der die Männer nicht viel am Leben ihrer Kinder teilnahmen, wenn es nicht gerade um Sport ging, aber so ein Vater war Caleb gar nicht. Er stand morgens mit Reed auf und ließ mich ausschlafen. Wenn ich ins Wohnzimmer kam, fand ich die beiden zusammen auf dem Sofa, Reed an Calebs Brust gekuschelt oder Caleb machte irgendwelche Albernheiten, bis Reed vor Lachen quietschte.

Caleb war kein Teilzeitvater. Er war genauso präsent für Reed wie ich.

Im Innersten meines Herzens wusste ich, dass Caleb in mancherlei Hinsicht sogar präsenter für Reed war als ich. Er spielte mit ihm und brachte ihn zum Lachen, während ich oft zu traurig war, um Lust zum Spielen zu haben. Ich wusste, dass Caleb nicht mit Traurigkeit oder Misstrauen zu kämpfen hatte, und sich nicht mit der Frage herumschlug, ob er die richtige Entscheidung für sein Leben getroffen hatte.

Ich wusste, dass ich schlecht für Reed da sein konnte, wenn ich mich weinend im Bett zusammenrollte.

Wenn ich zu ihr kam, machte Kelly M. mir ein Bett auf der Couch, lieh mir einen Schlafanzug und schlüpfte dann neben mich. Ich weiß nicht mehr viel von diesen Abenden. Aber ich weiß noch, dass Kelly M.'s Wohnung kalt und klein war und sich nicht wie ein Zuhause anfühlte. Und ich weiß noch, dass ihre Pyjamas mir nicht richtig passten.

Jahre später erzählte mir Kelly M., dass ich bei diesen Gelegenheiten stundenlang darüber sinnierte, was mit Caleb los war, dass ich Entschlossenheit äußerte, ihn zu verlassen, aber irgendwann kam immer der Punkt, an dem ich müde wurde und weich, und dann sagte ich auf einmal: »Ich will einfach bei meinem Mann sein.«

Sie sagte auch, dass ich ihn nie Caleb nannte. Ich nannte ihn immer nur »meinen Mann« und hatte diese Vorstellung von der Unantastbarkeit der Ehe, obwohl Kelly mir erzählte, ihre eigenen Eltern hätten sich Jahre zu spät scheiden lassen. Sie hatte den Schmerz gesehen, den eine unglückliche Ehe verursachen konnte, aber sie merkte auch, dass ich noch nicht bereit war, das zu hören.

Am Ende stand ich immer von Kelly M.'s Sofa auf, zog mich wieder an und ging nach Hause zu »meinem Mann« und meinem Baby. Ich schlüpfte in unser warmes Bett, Caleb zog mich an sich, und ich entspannte mich in seiner Vergebung. Vergebung war so viel einfacher als wütend zu bleiben. Wütend zu bleiben, hätte bedeutet, dass ich gehen musste, und dazu war ich einfach nicht in der Lage.

Trotzdem hatte sich etwas verändert. Ich empfand nicht mehr dasselbe für Caleb, und obwohl ich das ihm gegenüber nicht aussprach, spürte er, wie ich mich zurückzog. Irgendwann wurde er verzweifelt. Wir konnten es uns zwar nicht richtig leisten, aber er sagte: »Du brauchst mal ein Mädelswochenende. Das hast du dir verdient. Warum fragst du nicht Jeannie, ob sie mit dir wegfahren will?«

Ich dachte über seine Worte nach. Vielleicht hatte er recht. Vielleicht brauchte ich einfach mal Urlaub. Und ich dachte, dass Jeannie mir Rat geben könnte, mir helfen könnte zu begreifen, wie ich meine Situation verbessern konnte.

Außerdem war ich dankbar, einen Mann zu haben, der mit Freuden das Kind hütete, während ich übers Wochenende wegfuhr. So einen Mann haben nicht viele Frauen, dachte ich. Ich hab echt Glück, dachte ich.

Aber warum war ich dann nicht glücklich?

Ich rief Jeannie an, und wir beschlossen, für ein langes Wochenende nach Seattle zu fahren. Ich flog einen Tag vor Jeannie, buchte ein Bett in einem Hostel, deponierte meine Sachen und ging dann zum Pike Place Market. Ich kaufte mir einen Teller Muschelsuppe und streifte durch die Läden. Ich war immer unabhängig gewesen – ich hatte keine Angst, allein zu reisen –, aber die Ehe hatte mich verändert.

Seattle war schön, und die Reise fühlte sich an wie ein Abenteuer, aber ich musste dauernd daran denken, wie gern ich Caleb an meiner Seite gehabt hätte. Und ich musste auch dauernd daran denken, wie sehr ich mir wünschte, ihn verlassen zu können.

Ich fragte mich, wie es möglich war, zwei so völlig entgegengesetzte Gedanken gleichzeitig zu haben. Überdies merkte ich, dass ich auf ungeahnte Art abhängig von Caleb geworden war. Da stand ich nun in einer schönen Stadt wie Seattle und war unfähig, es zu genießen, weil ich einfach nicht mehr wusste, wie ich ich selbst sein konnte. Abends sperrte ich meine Sachen in ein Schließfach und kletterte in mein Stockbett in einem Zimmer voller Leute. Als ich in dem dunklen Zimmer lag, hörte ich all das rhythmische Atmen um mich herum, aber ich hatte mich noch nie so einsam gefühlt.

Ich dachte, es würde besser werden, wenn Jeannie dazukäme, und zu Anfang war das auch so. Jeannie hatte so eine starke Persönlichkeit und eine fröhliche Ausstrahlung. Sie wusste immer, wie sie meine Laune heben konnte, aber als ich ihr gestand, dass es mir mit Caleb ganz elend ging, gestand sie mir, dass es ihr mit Jay ebenfalls ziemlich schlecht ging. Zwei Frauen in unglücklichen Ehen – das ist kein Rezept für einen lustigen Wochenendtrip.

Jeannie und ich aßen Fish and Chips am Kai und nahmen die Fähre nach Bainbridge Island, aber Caleb fehlte mir. An unserem letzten Abend rief ich eine alte Freundin vom College an. Wir gingen alle zusammen in den Pub und teilten uns eine Flasche Wein, und dann gingen Jeannie und ich zurück ins Hostel. Wir hatten jetzt ein privates Zimmer für uns zwei, und sobald wir alleine waren, fing sie auf dem Bett an zu weinen. Ihr Körper bebte von ihren Schluchzern.

Ich war schockiert. Ich kannte Jeannie seit Kindertagen, und ich glaube, ich hatte sie noch nie weinen sehen.

In dieser Nacht erzählte sie mir Geheimnisse von ihrem Leben, ihrer Ehe – dunkle Geheimnisse, die ihr über die Zunge purzelten wie Steine, die ich nie weitererzählte, die mich an die Geheimnisse meiner eigenen Ehe erinnerten. Ihre Verzweiflung war so massiv, dass ich sie beschützen wollte. Ich versicherte ihr, dass alles wieder gut werden würde, und mir versicherte ich dasselbe, aber ich glaubte es nicht.

Als Caleb mich am Flughafen abholte, umarmte ich ihn, aber ich spürte eine Distanz in mir. Ich überlegte, ob ich so lange unglücklich sein würde wie Jeannie. Ich überlegte, wie die Dinge sich jemals zum Besseren wenden könnten. Ich überlegte, wie ich Reed und mich versorgen könnte, wenn ich Caleb verließe.

Caleb schien enttäuscht über meine mangelnde Begeisterung, ihn zu sehen. »Ich dachte, dieses Wochenende könnte dir neue Lebensgeister einhauchen«, meinte er.

Ich vertraute ihm an, dass ich erschöpft und enttäuscht war, weil Jeannie mich nicht aufgebaut hatte, sondern ich das Gefühl hatte, in ihr meine eigene Zukunft zu sehen, und das war eine Zukunft voller Traurigkeit. Er schien so gekränkt von meiner Aussage, dass ich den Arm ausstreckte und seine Hand drückte. Ich wusste nicht, was ich sonst tun sollte.

Als wir nach Hause kamen, setzte er sich neben mich aufs Sofa. Er war nervös. Er holte einen Umschlag hervor und gab ihn mir zusammen mit einer Mix-CD, die er für mich gebrannt hatte. Ich dachte an die Mix-CD, die ich für ihn gemacht hatte, als wir gerade zusammen waren, und wie er sie in Endlosschleife in seinem Auto angehört hatte. Und wie Cory mir erzählt hatte, dass Caleb die CD mit ihm gehört und gesagt hatte, ich sei die Richtige – die Frau, die er heiraten wolle.

Er hatte einen Brief dazu geschrieben, eine Playlist mit Anmerkungen. Er hatte Songs aus unserer gemeinsamen Zeit ausgesucht und die Momente beschrieben, für die diese

Songs standen. Damit wollte er mir in Erinnerung rufen, was für eine besondere Verbindung wir hatten.

Er schrieb, dass er »Harvest Moon« ausgesucht hatte, weil er mich im Herbst kennengelernt hatte und der Herbst seine Lieblingsjahreszeit war. Eines Tages wollte er im Herbst mit mir nach West Virginia fahren, schrieb er, damit die schönste Frau der Welt am schönsten Ort sein konnte.

Er hatte meinen Lieblingssong aus High-School-Zeiten ausgesucht, Depeche Modes »Personal Jesus«, und beschrieb, wie er mich unter den ganzen Hipstern im Neurolux zum ersten Mal gesehen hatte. Er fragte sich, wie es möglich war, dass er ausgerechnet dort so einen über die Maßen einfühlsamen Menschen kennengelernt hatte.

Er hatte »Gold to Me« ausgesucht, weil ich für ihn ausgesehen hatte wie Gold, als wir uns begegneten.

Zum Song »Hey, Good Lookin'« beschrieb er, wie er auf meinem Sofa saß, als ich ihn am ersten Abend mit zu mir nahm. Er schrieb, als er damals den Arm um mich legte, waren das die Worte, die ihm in den Sinn kamen. Außerdem schrieb er, dass er es mochte, wenn ich Reed dieses Lied vorsang. Ich wechselte ihm die Windel und küsste ihn auf den Bauch, wenn ich fertig war, und dann – weil Caleb nie weit weg war – drehte ich mich um und hob Reed zwischen meinen weichen Körper und Calebs festen Brustkorb. In diesen Augenblicken war Calebs Blick nie hart, und wenn er die Arme um uns beide schlang, beugte ich mich vor, um ihn zu küssen, und flüsterte Caleb zu: »Hey, Good Lookin'«.

»Simply Irresistible« erinnerte ihn daran, wie er am ersten Abend unserer Bekanntschaft mit mir geschlafen hatte. Ich hatte ein dünnes, rot-weiß-gestreiftes Spaghetti-Top angehabt, und obwohl wir uns die ganze Nacht küssten und berührten, zog ich mein Top nicht aus. Er schrieb von dem Song »Can I Sleep In Your Arms?« und wie er mich gebeten hatte, mein Top auszuziehen, damit er meine Haut auf seiner spüren konnte.

Er schrieb, dass ihn »God's Gonna Cut You Down« daran erinnerte, wie er zu Beginn unserer Bekanntschaft den Alkohol gar zu sehr geliebt und mich deswegen unschön behandelt hatte. Er schrieb, dass er mit Gott gesprochen und ihn um Vergebung gebeten hatte. Er bat mich, ihm nicht zu schnell zu verzeihen, denn er wollte sich meine Vergebung verdienen.

»Lay, Lady, Lay« erinnerte ihn daran, wie er stundenlang aus dem Fenster nach mir Ausschau hielt, als er noch in seiner Hütte im Wald wohnte. Er beschrieb, wie wir nebeneinander auf seinem Sofa schliefen und er nie ein beengtes Gefühl hatte, weil wir so perfekt aneinanderpassten.

Er schrieb, dass er »Windfall« oft gespielt hatte, als er in mich verliebt war, es mir aber noch nicht sagen konnte. Dieses Lied hatte er gehört, wenn er in die Berge hochfuhr, und es war so fröhlich und unbekümmert, dass er dabei immer an mich denken musste. Er schrieb, er hoffe, dass der Wind meinen Kummer für immer von mir nehmen würde.

Er schrieb, dass er sich für mich das gute Leben wünschte, das ich verdient hätte.

Bei »Glory Box« musste er an den letzten Valentinstag denken, an dem wir uns Hummer gekocht hatten, nachdem Reed im Bett war. Wir hatten die Scheren geknackt, das Fleisch aus der Schale gelutscht und uns die fettige Butter von den Fingern geleckt. Dann tanzte ich für ihn, und ich trug eben jenes Spaghetti-Top unserer ersten gemeinsamen Nacht. Ich hatte mich noch mit keinem anderen Mann so wohlgefühlt, aber während ich so tanzte, fühlte ich mich *wie eine Frau*. Später grub ich ihm die Finger in den Rücken, als er in mir kam, immer und immer wieder.

Er hatte »Conceived« ausgesucht, weil wir am Valentinstag ein Kind gezeugt hatten. Er schrieb: »Siehe Anmerkung zu Glory Box.«

»Never Tear Us Apart« erinnerte ihn daran, wie er mir betrunken erklärt hatte, er wolle mich heiraten. Ich war noch nicht schwanger, und wir waren nur zwei verliebte junge Menschen. Er schrieb, er habe solche Angst gehabt, weil er wusste, dass ich die Richtige war, und er schrieb, dass ich seine Liebe zu mir niemals infrage stellen dürfe. Ich konnte mich erinnern, dass ich Angst gehabt hatte, dass ich dachte, das geht alles zu schnell, aber seine Augen und seine Sanftheit hatten mir die beruhigende Gewissheit gegeben, dass es okay war.

Er schrieb, dass er wünschte, er hätte »Mystifies Me« für mich geschrieben.

»Give a Man a Home« ließ ihn daran denken, wie ich ihm ein Zuhause gegeben hatte, als er gar keines verdient hatte. Er wusste, dass ich den Glauben an ihn verloren hatte, aber er wollte ihn mir zurückgeben.

Er schrieb, dass er wünschte, er könnte noch mal Teenager sein und sich mit einem Ghettoblaster unterm Arm unter mein Fenster stellen, während er »In Your Eyes« spielte, so wie John Cusack in *Teen Lover*. In der High School hatte ich von so einer großartigen romantischen Geste geträumt, hätte aber nie gedacht, dass ein Mann jemals so etwas für mich tun würde.

Bis Caleb kam.

Schließlich schrieb er, dass der Song »Standing in the Doorway« ihn daran erinnerte, wie er sich in jener Nacht in Salmon gefühlt hatte, als ich ihn ins Hotel ausquartierte. Er schrieb, er habe nicht gewusst, ob er unsere Ehe retten könnte, und er gebe mir nicht die Schuld daran, was aus uns geworden war, aber er flehte mich an, ihm zu verzeihen.

Als ich den Brief zu Ende gelesen hatte, war ich in Tränen aufgelöst. Er hatte die Verantwortung für seine Taten übernommen, und seine Aufrichtigkeit war nicht zu übersehen. Er wollte das, was er zerbrochen hatte, wieder heil machen.

Außerdem hatte er den Glanz unserer frühen Beziehung perfekt beschrieben, einer Zeit, die sich angefühlt hatte wie ein wunderschöner Hauch.

Er sah mich mit Tränen in den Augen an und sagte: »Ich meine es ernst«, und ich betete innerlich, dass das stimmte. Ich wusste nicht, ob ich jetzt noch viel mehr Traurigkeit ertragen konnte.

Als ich ein paar Tage später mit Jeannie sprach, versicherte sie mir, dass ihre depressive Anwandlung in Seattle nur ein Ausrutscher gewesen sei und sie glücklich sei in ihrer Ehe und in ihrem Leben.

Ich wollte ihr so gerne glauben. Alle Welt sagte mir, dass Beziehungen harte Arbeit sind. Meine eigene Mutter hatte mir geraten, mir gewaltig Mühe zu geben, und das würde ich auch tun. Ich erinnerte mich an den Glanz dieser frühen Tage. Ich war niemand, der davonlief, wenn es schwierig wurde. Und ich wollte diesen Glanz einfach nicht loslassen.

13 Sein Geist in ihren Knochen

Das Rosebriar Inn, ein ehemaliges Kloster, war ein Bed & Breakfast am nördlichen Stadtrand von Astoria, Oregon, der Stadt, in der der Columbia River in den Pazifik mündet. Wegen der tödlichen Mischung der Strömungen beim Zusammentreffen der zwei Gewässer ist Astoria eine Stadt der Schiffswracks und auch als Der Friedhof der Meere bekannt.

Caleb und ich machten hier Urlaub, um unser Zweijähriges zu feiern. Meine Eltern passten für uns auf Reed auf, und wir genossen tatsächlich eine ganze Woche Urlaub in unseren Frühjahrssemesterferien. Das hatte zwei Gründe. Erstens war die Boise State University darauf gekommen, dass ein paar Assistenzdozenten zu viele Kurse gaben, und sie hatten gemerkt, dass sie diese Dozenten befördern mussten, und boten ihnen Zusatzleistungen und rückwirkende Zahlungen an. So war Caleb völlig unerwartet zu 11 000 $ gekommen, aber das wurde nicht zum Dauerzustand. Als sein neuer Vertrag begann, war er wieder beim Hilfsdozentengehalt von 2500 $ pro Kurs, ohne Zusatzleistungen, und sie würden ihm nie wieder erlauben, so viele Kurse zu unterrichten.

Und damit waren wir beim zweiten Grund, warum wir diesen Urlaub machten: Caleb und ich hatten beschlossen, nach West Virginia zu ziehen.

Für den Umzug gab es viele Gründe. Zum ersten Mal überhaupt hatten wir Geld. Calebs Eltern hatten ein Haus, das sie vor der großen Immobilienblase gekauft hatten und uns jetzt billig verkaufen wollten. Caleb konnte überall als Assistenzdozent arbeiten, auch an der West Virginia University, also hätte er auch hier einen Job. Er wollte näher bei seiner Familie sein, und ich war zu guter Letzt zu der Erkenntnis gekommen, dass mein Abschluss in Englisch angesichts unserer finanziellen Bedürfnisse wenig praktisch war. Die West Virginia University bot einen Masterstudiengang für Englisch als Fremdsprache an, und ich dachte mir, das könnte gut passen. Caleb hatte mich überzeugen können, dass wir uns in West Virginia aufrappeln konnten, uns beruflich etablieren und dann wieder in den Westen ziehen.

»Wir werden maximal fünf Jahre dort bleiben«, sagte er.

Der wichtigste Grund für unseren Umzug war, dass unsere Beziehung einfach nicht funktionieren wollte. Ich hatte alles versucht – Einzeltherapie, Paartherapie, Sport, Antidepressiva – und fühlte mich doch immer noch hundeelend. Wir stritten, versöhnten uns wieder, und dann stritten wir wieder. Ich war noch nie so erschöpft gewesen. Caleb schien nie müde zu werden. Er konnte stundenlang streiten.

Irgendwann knickte ich dann ein, entschuldigte mich und flehte ihn an, mir zu verzeihen.

Aber Reed war so ein Sonnenschein. Er hatte ein Stofftier, den Tigger von Winnie Puh, den er immer mit sich herumschleppte, und ich nannte Reed meinen eigenen kleinen Tigger, weil er so gerne rannte und hüpfte und dann so lachen musste, dass es seinen ganzen Körper schüttelte. Wenn ich mit ihm einkaufen ging, bezauberte er alle mit seinen großen Augen und seinem breiten Grinsen. Abends kuschelten wir im Bett und lasen *Brauner Bär, wen siehst denn du?*, und obwohl er noch nicht gut sprechen konnte, versuchte er, alles mitzuplappern. Sein Kopf lag auf meiner Schulter, den Daumen hatte er in den Mund geschoben.

Er war eigentlich kein Kuschelkind, meistens war er zu beschäftigt für so etwas, aber wenn er müde war, streckte er mir die Arme entgegen und sagte: »Trag mich. Trag mich.«

Jahrelang glaubte ich, seine Stimme zu hören, die *Trag mich, trag mich* rief, auch wenn er nirgendwo in der Nähe war.

Als Kelly M. einmal zu Besuch war, krabbelte Reed im Flur herum, und ich stürzte mich auf ihn und küsste ihn von oben bis unten ab. »Er ist einfach so süß«, sagte ich. »Ich hab nie zu den Leuten gehört, die sich alberne Lieder für Babys ausdenken, aber ich kann einfach nicht anders.«

Caleb vergötterte Reed genauso, und das war etwas, worin wir uns einig waren: Reed war unser größtes Glück.

Die unverhoffte Finanzspritze und der Umzug nach West Virginia waren aufregend, und auf einmal verstanden Caleb und ich uns prima. Wir fuhren nach Portland, Oregon und lachten die ganze Fahrt über. In Portland aßen wir lecker und bummelten durch die Geschäfte, aber meistens hatten wir Sex. Wir hatten so viel Sex, dass es mir vorkam, als wäre mein Brustkorb offen und Caleb in mich hineingekrochen. Wenn ich gekonnt hätte, ich hätte ihn unter meine Haut gelassen. Ich fühlte mich ihm so verbunden wie in den glanzvollen frühen Tagen unserer Beziehung.

Von Portland aus fuhren wir die Küste hoch nach Astoria, wo wir im Rosebriar Inn landeten. Wir gingen zum Abendessen aus und aßen Lachs, dann zurück in unser Zimmer, wo wir Wein tranken, wieder Sex hatten und dann *General Hospital* anschauten, eine Schwäche von mir.

Als die Titelmelodie einsetzte, kam Caleb aus dem Bad ins Zimmer getanzt und tat so, als würde er auf einem Luftsaxofon mitspielen. Ich lachte, dann breitete ich die Arme aus, damit er sich in meine Arme kuscheln und den Kopf auf meine Brust legen konnte. So schliefen wir auch ein.

Und dann wachte ich auf einen Schlag auf. Ich fühlte

mich, als hätte mir eine Faust auf den Kopf geschlagen. Ich konnte den Schmerz richtig spüren. Ich war wach, konnte mich aber nicht rühren. Eine Frau saß auf meinem Brustkorb. Sie hatte Angst.

Es war nicht das erste Mal, dass ich in der Nacht aufwachte und mich nicht bewegen konnte. Eines Nachts, nach einem schrecklichen Streit mit Caleb, war ich aufgewacht und überzeugt gewesen, dass mich ein großer Holzstock auf dem Bett aufgespießt hatte. Irgendwann konnte ich doch schreien, und Caleb nahm mich in den Arm und hielt mich ganz fest.

»Du bist in Sicherheit«, sagte er, als ich an seiner Brust zitterte. »Du bist in Sicherheit.«

In dieser Nacht in Astoria hatte ich Angst, aber ich schrie nicht. Als Kind hatte ich immer bei brennendem Licht geschlafen, weil meine nächtlichen Angstträume so schlimm gewesen waren. Im Rosebriar Inn stand ich auf, als ich mich endlich wieder bewegen konnte, und ging ins Bad, wo ich das Licht anknipste.

Ich redete mir ein, dass Geister kein Licht mögen.

Aber ich war nicht mehr das kleine Mädchen, das bei brennendem Licht schlief, und dann störte mich das Licht im Badezimmer beim Einschlafen. Irgendwann weckte ich Caleb: »Kannst du bitte ins Bad gehen und das Licht ausmachen?«, bat ich. Ich hatte zu große Angst, um es selbst zu tun.

Er knurrte: »Warum hast du es denn überhaupt erst angemacht?« Aber dann stand er doch auf und machte das Licht aus.

Und ich sagte nicht: »Weil ich Angst hatte.«

Am nächsten Morgen zog Caleb mich beim Frühstück auf, und irgendwann sagte ich: »Ich hab gedacht, ich hätte einen

Geist gesehen, okay? Ich hatte eben Angst.« Er lachte mich aus, und ich erklärte ihm: »Es war eine Frau, und ich glaube, sie war von ihrem Mann misshandelt worden. Ich weiß, dass das verrückt klingt, aber es fühlte sich total real an.« Er reagierte nicht auf den Umstand, dass die Frau, von der ich geträumt hatte, misshandelt worden war.

Ich erzählte ihm nicht, dass ich den Faustschlag auf meiner eigenen Stirn gefühlt hatte, dass ich ihren Schmerz gefühlt hatte.

Caleb war meine Geister schon gewöhnt. In unserer ersten Wohnung hatte ich von dieser Frau geträumt – aufgequollen und voll blauer Flecken –, die in der Ecke des Schlafzimmers schwebte. Aber im Rosebriar Inn zog er mich auf, und danach hatten wir Sex in der Dusche. Als ich kam, spürte ich, dass mich jemand durch die Glastür beobachtete, und später sagte Caleb, dass er genau dasselbe gespürt hatte.

Als wir uns angezogen hatten, gingen wir die Stadt erforschen. Wir setzten uns in einen Coffeeshop und lasen nebeneinander sitzend unsere Bücher, dann gingen wir hinunter zum Kai und schauten uns die Seelöwen an. Danach kauften wir uns ein Mittagessen zum Mitnehmen, um damit ein Picknick zu machen, und fuhren die Küste hinunter bis zum Ecola State Park, wo wir unsere Wanderung zum Meer begannen. Als wir auf halbem Wege waren, machten wir eine Pause und aßen zu Mittag, während wir zuschauten, wie das Meer auf die Küste brandete.

Ich war im Binnenland aufgewachsen und war hingerissen von der immensen Weite des Wassers.

Als wir an den Strand kamen, waren wir allein. Es war früher Abend, und die Sonne schimmerte golden auf dem Wasser. Wir gruben Seeigel aus dem Sand, die aussahen wie zarte Blüten. Wir spielten Fangen am Strand. Wir machten ein Selfie von uns, das bis heute mein Lieblingsbild von uns beiden ist: mein Kopf an seinen geneigt. Wir beide relaxed. Und hinter uns erstreckt sich der Ozean.

Gleich daneben war eine Höhle, und ich starrte sie an – die faszinierende Dunkelheit darin. Ich wollte hineingehen, tat es aber nicht.

Die Flut kam, und ich hatte Angst, ich könnte ertrinken.

In der letzten Nacht in Astoria konnte ich die Präsenz dieser Frau immer noch im Zimmer spüren, doch ich hatte meinen Frieden mit ihr gemacht und schlief tief und fest. Am nächsten Morgen, als ich nach dem Frühstück gerade in die Dusche steigen wollte, kam Caleb ins Zimmer gerannt. »Komm, wir gehen«, sagte er und warf unsere Sachen in die Koffer.

»Ich wollte gerade duschen«, sagte ich.

»Dusch zu Hause«, sagte er. »Ich will jetzt los.«

Wir gingen nach unten, um auszuchecken, und während die Frau am Empfang unsere Rechnung fertig machte, sagte Caleb: »Ich muss dir was zeigen.«

Er führte mich zu einem Tisch in der Lobby. Dort lag ein kleines Buch mit dem Titel *Spuk in Astoria*. Es war von einer Geisterjägeragentur herausgegeben.

»Schau dir mal das Kapitel übers Rosebriar Inn an«, sagte Caleb. Ein Medium, das ins Hotel gebracht worden war, um Nachforschungen anzustellen, hatte behauptet, dass in dem Zimmer, in dem wir übernachtet hatten, der Geist einer Frau spukte, die »Angst hat, wenn er nach Hause kommt«.

Ich lachte. »Dann bin ich wohl hellsichtig«, meinte ich und warf das Buch zurück auf den Tisch.

»Ganz im Ernst, mir gruselt es«, sagte Caleb.

Mir wurde klar, dass er deswegen so überstürzt hatte abreisen wollen.

»Schatz«, sagte ich. »Wenn da wirklich ein Geist war, dann war er die ganze Zeit da. Ich glaube nicht, dass es einen

Unterschied macht, wenn wir früher abfahren. Aber es ist eine tolle Geschichte zum Weitererzählen.«

Es war tatsächlich eine tolle Geschichte, und in den nächsten Jahren dachte ich oft an diese Frau. Damals hatte ich noch nicht gewusst, wie sich ein Faustschlag auf den Kopf anfühlt, aber Caleb sollte es mir noch zeigen.

Ich erfuhr vom »Alte-Hexe-Syndrom«, bei dem man mit dem Gefühl aufwacht, dass einem eine Frau auf dem Brustkorb sitzt. Es ist einfach ein anderes Wort für Schlaflähmung, aber man hat das Gefühl, einen Spuk zu sehen. Ich wusste, dass das, was ich erlebt hatte, ein Traum gewesen war, aber die Vorstellung dieser Frau blieb in mir. Wenn sie nun wirklich ein Geist gewesen war? Wenn sie gekommen war, um mich zu warnen? Wenn sie ein Geist aus meiner eigenen Zukunft gewesen war?

Als ich aufgewacht war und die Präsenz dieser Frau auf der Brust spürte, wusste ich noch nicht, dass die Erinnerung an Calebs Faust ein Geist in meinen Knochen werden würde.

Caleb und ich fuhren die Küste weiter hinunter nach Corvallis, Oregon, wo wir ein paar Tage mit Megan und ihrem Mann verbrachten. Unterwegs hielten wir bei einem Schiffswrack. Caleb machte ein Bild von mir vor dem ausgehöhlten Skelett des Schiffes. Als ich das Foto sah, fand ich, dass ich traurig aussah, obwohl ich lächelte.

Wir fuhren zurück nach Boise, wo meine Eltern sich gut um Reed gekümmert hatten. Er streckte seine Arme nach mir aus, und ich vergrub meinen Kopf an seinem warmen weichen Babykörper.

Ich war noch nie sentimental gewesen, was meine Eltern anging. Diese Art von Beziehung hatten wir einfach nicht, aber diesmal weinte ich, als ihr Auto davonfuhr. In nur einem Monat würden Caleb, Reed und ich sie zurücklassen, wenn wir uns nach West Virginia aufmachten.

Ich dachte, dass wir das Richtige taten.

Meine Schwiegereltern kamen, um uns beim Umzug zu helfen. Wir packten all unsere Habseligkeiten in Kisten und mieteten einen Umzugswagen, der sie quer durchs Land fahren sollte. Caleb und sein Vater fuhren unser Auto nach West Virginia, und Joanne und ich flogen zusammen.

Nachdem Caleb gefahren war, waren Joanne und ich an diesem letzten Tag allein im Haus mit Reed. Joanne unterhielt Reed, während ich alles sauber schrubbte. Ich wusste nicht, worüber ich mit ihr reden sollte, und das machte mich so traurig. Irgendwann ging sie mit Reed raus zum Einkaufen, und ich setzte mich mitten ins leere Wohnzimmer und weinte.

Am nächsten Tag stiegen wir ins Flugzeug. Reed saß auf meinem Schoß, als wir abhoben, und Joanne saß ein paar Reihen hinter uns.

Ich wünschte, ich hätte meine eigene Mutter dabeigehabt. Als das Flugzeug immer höher stieg, sah ich unter mir erst die braune Wüste der Gebirgsausläufer um Boise, dann die Gipfel der Rocky Mountains, und wenig später dehnten sich schon die Ebenen des Mittleren Westens vor mir aus.

»Auf Wiedersehen, Idaho«, flüsterte ich. »Ich bin bald wieder zu Hause.«

14 Weihnachtsbaby

An einer eisigen weißen Weihnacht in Idaho – gleich hinter der Grenze zu Wyoming, in derselben verschneiten Stadt, in der mein Vater seinen ersten Job beim US Forest Service angetreten hatte, meine Mutter in ihrem VW Käfer in eine Schneewehe geschlittert war, und mein Bruder, damals noch ganz klein, in Panik geriet und aus dem Auto in diese Schneewehe sprang – wurde ich geboren. Damit war die fünfte Weihnacht meines Bruders nachhaltig ruiniert, und obwohl meine Eltern mich als das beste Weihnachtsgeschenk bezeichneten, das sie jemals bekommen hatten, hatte ich immer im Hinterkopf: Ich war kein Geschenk, ich hatte Weihnachten ruiniert.

In der Astrologie sind die Kinder, die im Zeichen des Steinbocks zur Welt kommen, strenge Menschen. Winterbabys werden in die Dunkelheit geboren.

In der ersten oder zweiten Klasse brannte ich so sehr darauf, endlich zu erfahren, was ich zu Weihnachten bekommen würde, dass ich jedes Päckchen unter dem Baum aufriss. Erst meine eigenen, und dann – als die Enttäuschung einsetzte, weil mir nämlich klar wurde, dass ich jetzt nichts mehr hatte, worauf ich mich freuen konnte – auch die Geschenke von allen anderen. Meine Mutter raste vor Wut. Ich kauerte mich im Kinderzimmer in die Ecke, während sie mich anschrie, und ich wusste, dass ich böse war.

Ich war immer böse.

In diesem Jahr bekam ich eine Plastiktüte mit Kohle in meinen Strumpf. Mein Vater schaute meine Mutter an und lachte. Es hatte lustig sein sollen, es *war* auch lustig, aber ich war gekränkt. Ich glaubte noch an den Weihnachtsmann, und nun dachte ich, dass ich nicht nur meine Eltern enttäuscht hatte, sondern auch den Weihnachtsmann. Mein Vater hörte auf zu lachen, als er mein Gesicht sah. Er schaute meine Mutter an, als wollte er sagen: *Vielleicht sind wir doch zu weit gegangen.* Meine Mutter nahm mir sanft den Strumpf aus der Hand und sagte: »Schau dir den Rest an. Du hast trotzdem noch alles gekriegt, was du dir gewünscht hast.« Doch mehr als alles andere hatte ich mir gewünscht, ein braves Mädchen zu sein.

2004 starb der Bruder meiner Mutter zu Weihnachten, und sie flog nach Texas. Mein Vater, mein Bruder und ich verbrachten die Feiertage allein. Ich hatte im Oktober angefangen, mit Caleb auszugehen, und er war in West Virginia, bei seiner Familie.

Bevor er abreiste, fragte ich ihn: »Darf ich dich meinen Freund nennen?«

Er küsste mich rasch. »Ja«, sagte er.

»Das heißt, wir gehen nicht mit irgendwelchen anderen Leuten aus?«

»Nein, ich will nur dich.«

Ich fuhr ihn im Morgengrauen zum Flughafen. Die Sonne ging auf, und die Gebirgsausläufer hinter Boise badeten in Licht. Auf dem Heimweg dachte ich mir, ich glaube, ich liebe ihn. Aber dann: Irgendwie fühlt es sich auch komisch an.

Doch als ich zu Hause wieder unter die Decke kroch, um noch ein paar Stunden Schlaf zu kriegen, konnte ich nur noch daran denken, wie viel wärmer mein Bett gewesen war, als er mit mir drinlag.

Während er weg war, schickte Caleb mir eine Geburtstagskarte. Er schrieb: »Meine Mutter hat den Witz nicht kapiert, aber ich weiß, du wirst ihn verstehen.« Und ich verstand ihn auch. Es war ein Insiderwitz. Auf der Karte war eine Honigbiene abgebildet. Innen stand: »Ich liebe dich, HONEY.« Der Witz stammte aus der Zeit, als ich Caleb von einem Liebesroman erzählte, den ich in der achten Klasse gelesen hatte. Da sagte ein Pirat zu seiner Liebsten: »Ich habe deine Milch gekostet. Jetzt will ich deinen Honig kosten.« Ich las meinen Freundinnen mitten im Chemiesaal die Zeile laut vor, und wir heulten vor Lachen. Damals las ich so viele Liebesromane, dass meine Mutter irgendwann zur Leihbibliothek ging und das Personal bat, mir keine mehr auszuhändigen. Sie meinte, diese Romane würden nur »unrealistische Erwartungen« an die Liebe in mir wecken.

Meine Mutter hatte recht. Sie weckten tatsächlich unrealistische Erwartungen an die Liebe in mir.

Nachdem ich Caleb die Geschichte erzählt hatte, beugte er sich vor, küsste mich auf den Hals – sein Bart kitzelte mich dabei – und knurrte mir ins Ohr: »Ich will deinen Honig kosten.«

»Gott, bist du eklig!«, rief ich, aber dann musste ich lachen und wandte ihm mein Gesicht ganz zu, damit er mich richtig küssen konnte. Das wurde unser Ritual. Er kuschelte sich von hinten an mich und flüsterte mir zu, dass er »meinen Honig kosten« wolle. Sein Bart an meinem Hals ließ mich jedes Mal schaudern, aber auf eine höchst angenehme Art.

An diesem Weihnachten 2004, als mein Onkel starb, rief Caleb an. Mein Vater sagte: »Da ist ein Mann für dich am Telefon«, und er warf mir einen neugierigen Blick zu, weil ich meinen Eltern noch nichts von einem neuen Freund erzählt hatte. Caleb erzählte, wie peinlich es ihm gewesen war, seine Mutter zu bitten, ihn in den Ort zu fahren, damit er mir eine Geburtstagskarte besorgen konnte. Ich fragte: »Wieso musste sie dich denn fahren? Warum bist du nicht selbst gefahren?« Damals wusste ich noch nicht, dass er in West Virginia gerade Fahrverbot hatte, weil man ihn betrunken am Steuer erwischt hatte. Das erzählte er mir erst nach unserer Hochzeit. Damals lenkte er rasch vom Thema ab, indem er sagte: »Meine Familie wollte alles über dich wissen. Ich hab ihnen gesagt, dass du schön und klug und lustig bist.« Ich erzählte ihm vom Tod meines Onkels, und mir wurde klar, wie wenig wir voneinander wussten.

Nach Weihnachten fuhr ich wieder nach Boise zurück. Caleb war immer noch in West Virginia. Eines Abends begleitete ich ein paar Freunde ins Neurolux. Ein attraktiver Mann – kantiges Gesicht, dunkle Brille und dunkles Haar, grüblerisch und etwas älter als ich – fiel mir ins Auge. Ich hatte ihn schon mehrmals dabei ertappt, wie er mich ansah, und ich hatte meinen Freundinnen gesagt, wie süß ich ihn fand. An diesem Abend kam er und setzte sich zu mir.

Wir unterhielten uns, und er war interessant – ein Künstler und Musiker. Er schien nett zu sein. Ich erwähnte Caleb nicht. Ich ließ mich von ihm nach Hause begleiten. Ich nahm ihn mit in meine Wohnung.

Er sagte: »Du hast einen guten Musikgeschmack.«

Er sagte: »Du bist mir schon länger aufgefallen.«

Ich erzählte, dass er mir auch schon aufgefallen war. Dann küsste er mich, und ich küsste ihn zurück.

Nicht lang, aber doch einen Augenblick.

Dann löste ich mich von ihm und sagte: »Es tut mir leid, aber ich gehe gerade mit einem Mann aus. Es ist noch ziemlich frisch, aber wir haben gerade erst beschlossen, dass wir jetzt keine anderen Dates mehr haben wollen. Ich hätte es dir schon eher sagen sollen.«

Er zog sich zurück, schaute auf seinen Schoß, dann sah er mich wieder an und sagte: »Du bist wirklich ein guter Mensch.« Er schaute weg, dann fuhr er fort: »Manchmal klappt es ja doch nicht so, wie man meint. Für den Fall, dass es nicht klappen sollte mit euch – dann weißt du, wie du mich findest, okay?«

»Okay«, sagte ich.

»Ich meine es ernst«, sagte er.

Dann stand er auf und ging. Ich blieb auf dem Sofa im Dunkeln sitzen. Ein Teil von mir hoffte, dass ich diese Chance kriegen würde.

Ich erzählte Caleb von dem Mann, und auch, dass ich ihm erlaubt hatte, mich zu küssen.

Caleb fragte: »Warum erzählst du mir das?«

»Ich möchte ehrlich sein«, erwiderte ich.

»Danke«, sagte er, und ich beglückwünschte mich, wie ehrlich wir miteinander waren. Ich wusste in dem Moment nicht, dass er genau zum selben Zeitpunkt Sex mit einer alten Bekannten von der High School gehabt hatte.

Ein Jahr später waren Caleb und ich verheiratet. Reed war gerade auf der Welt. Wir schliefen in meinem Kinderzimmer. Reed schlief in einem Körbchen neben dem Bett. Er seufzte. Er machte schmatzende Geräusche. Ich wachte auf, und meine Brüste schmerzten. Die Milch tropfte mir von den Brustwarzen. Caleb und ich überstanden diese Zeit, indem wir darüber lachten. Wir witzelten, wie lange wir keinen Sex mehr gehabt hatten. Ich weiß nicht, wie das Thema darauf kam, aber einmal sagte ich: »Ich hab mit keinem anderen mehr Sex gehabt, seit wir angefangen haben, miteinander auszugehen.«

Schweigen von Caleb.

Ich wandte mich in der Dunkelheit zu ihm. »Du etwa schon?« Ich war eher neugierig als wütend.

Caleb schwieg weiter.

»Nein«, sagte er irgendwann. »Natürlich nicht.«

Erst als Reed über ein Jahr alt war, erfuhr ich tröpfchenweise von den anderen. Die Geheimnisse kamen immer über längere Zeiträume heraus. Nie alle auf einmal. Ich bohrte immer weiter nach. Irgendwann knickte er ein. Das Problem war weniger die Tatsache, dass er was mit anderen Frauen gehabt hatte, als wir schon zusammen waren, als die Grausamkeit, mit der er die Frauen beschrieb.

Wir saßen im Auto in der Auffahrt zum Haus meiner Eltern. Ich starrte auf die erleuchteten Fenster. Rauch zog aus dem Kamin in die Dunkelheit. Ich wollte davonrennen. Ich wollte schreien.

Er entschuldigte sich.

Bettelte.

Weinte vielleicht sogar.

Ich konnte ihn gar nicht anschauen.

Ich ging ins Haus.

»Da ist ja mein Baby«, flüsterte ich, als ich den kleinen Reed hochnahm und ihm mit den Lippen fest auf den Bauch pustete.

Und dann, an Heiligabend 2009 – fünf Jahre nach jenem Weihnachten 2004 – geschah es.

Und *es* ist ja das, worum es in dieser Geschichte eigentlich geht, nicht wahr?

Caleb schlug mich. Faust traf auf Kopf. Das Essen wurde kalt, während Caleb mich in der Küche anschrie, und dann landete seine Faust auf meinem Kopf. Ich spürte keinen Schmerz, nur Erleichterung. Jetzt, dachte ich mir, jetzt hat er es endlich mal ganz rausgelassen, und *jetzt wird er endlich aufhören*. Aber er hörte nicht auf. Er hörte nie auf. Am Ende aßen wir den Lammbraten und die Risottoküchlein, die ich gemacht hatte.

Mein Gesicht war von Tränen und seiner Faust geschwollen, als ich aß.

Ich fragte: »Ist das nicht lecker?«

Er sagte: »Frohe Weihnachten.«

Ich sagte: »Danke.«

Weihnachten bei Calebs Familie genoss ich überhaupt nicht, und das wusste er auch. Seine Familie war groß und in sich geschlossen, und ich hatte nie das Gefühl dazuzugehören. Ich hatte das Gefühl, seiner Mutter war es wichtiger, aus dem Fest eine schöne Seite für ihr Erinnerungsalbum rausholen zu können, als wirklich ein schönes Fest zu haben.

Caleb und ich hatten unsere private kleine Feier am Heiligabend geplant, weil wir am ersten Feiertag zu seiner Familie fahren wollten. Ich hatte einen mit Feigen gefüllten Lammbraten gemacht, Risottoküchlein und Rosenkohl.

Kelly M. hatte eigene Pläne geschmiedet, von denen ich nichts wusste. Sie hatte heimlich meine ganzen Freunde angerufen und ihnen erzählt, dass ich am 25. Geburtstag hatte, weshalb ich im Grunde nie eine ordentliche Geburtstagsfeier gehabt hätte und natürlich auch nie Cupcakes für meine Schulklasse hätte mitnehmen können. Sie erzählte ihnen, dass ich an meinem Geburtstag bei meiner Schwägerin auf dem Fußboden schlafen musste, und dass sie Geld sammeln wollte, um mir ein Zimmer im schicksten Hotel der Stadt zu spendieren. Unsere Freunde legten also zusammen, und an Heiligabend rief Kelly M. mich ganz aufgeregt an und erzählte mir, dass sie genug Geld gesammelt hatte, um Caleb und mir ein Zimmer im Blennerhassett Hotel zu spendieren. Ich war ganz gerührt.

Caleb hatte die ganze Zeit davon gewusst. Er meinte: »Das ist ja total süß von Kelly M.« Und: »Das ist ja super, Schatz.«

Aber am Abend, als ich in der Küche herumwerkelte, merkte ich, wie er immer wütender wurde. Ich wusste nicht, was los war, also wurde ich nervös. Ich machte ihm Komplimente, gab ihm zu essen und Wein. Ich nahm ihn in den Arm und merkte, wie seine Schultern sich unter meiner Berührung versteiften. Ich wusste mittlerweile schon, was sein Schweigen und sein verspannter Körper zu bedeuten hatten.

Schließlich explodierte er: »Wie konntest du mich so demütigen?«

Ich war verwirrt, weil ich keine Ahnung hatte, wovon er redete. »Was meinst du?«, fragte ich.

»Wie konntest du Kelly sagen, dass du nicht im Haus meiner Schwester übernachten willst?«

»Hab ich doch gar nicht«, protestierte ich. »Das hab ich nie gesagt. Ich bin total gern bei deiner Schwester, das weißt du doch.«

Und dann fauchte er mich an: »Du respektierst mich nicht!«

Ich lief ins Wohnzimmer, um ihm aus dem Weg zu gehen. Er folgte mir. Er drückte mich gegen eine Wand.

»Ich hab überhaupt nichts zu Kelly gesagt«, flüsterte ich.

Aber er war so nah, so wütend.

Schließlich hielt ich es nicht mehr aus. Ich rief: »Tu's doch endlich. Du weißt doch, dass du es willst.«

Er warf mich zu Boden. Und war auf mir. Immer wieder schrie er: »Das hier willst du also? Das hier willst du also? Das hier willst du also?«

Und dabei schlug er jedes Mal zu.

In dem Moment war es tatsächlich das, was ich wollte.

Als er fertig war, rollte ich mich zusammen. Vielleicht hört er jetzt endlich auf, mir ständig solche Angst zu machen, dachte ich. Vielleicht wird ihm jetzt endlich klar, dass er zu weit gegangen ist.

Als ich noch ein Kind war, war ich immer eifersüchtig auf meinen Bruder. Ich hatte das Gefühl, dass er der Liebling war. Einmal zählte ich seine ganzen Weihnachtsgeschenke und dann meine. Er hatte doppelt so viele wie ich, und ich warf es meinen Eltern vor. Sie legten mir ganz rational die Gegenargumente dar: Mein Bruder und ich waren nicht nur verschieden alt, es hatten auch nicht alle Geschenke den gleichen Geldwert.

Trotzdem glaubte ich aus irgendeinem Grund, dass sich Liebe in Geschenken messen ließ. Ich wusste nicht, wie ich Liebe in weniger greifbarer Form messen könnte.

Einmal, als wir zu Weihnachten meine Familie besuchten, gingen mein Bruder, Caleb und ich auf eine Party bei einem Freund. Caleb verließ das Fest früher, und mein Bruder und ich gingen gemeinsam nach Hause. Er wusste nicht, wie unglücklich ich in meiner Ehe war. Wir unterhielten uns über unsere Kindheit, und mein Bruder sagte: »Ich glaube nicht, dass wir da dasselbe erlebt haben.« Mir kamen aus heiterem Himmel die Tränen, und er nahm mich auf dem dunklen Gehweg in den Arm. Ich schluchzte an seiner Brust. Ich wusste, dass ich nicht nur wegen meiner Kindheit weinte, aber ich konnte nicht in Worte fassen, was ich fühlte. Ich sagte: »Du warst immer ihr Liebling.«

»Das stimmt«, sagte er. »Aber du warst immer die Kluge. Wärst du lieber der Liebling gewesen?«

Ich dachte eine Weile darüber nach, dann schniefte ich. »Nein«, sagte ich.

»Siehst du?«, sagte er.

Ich wischte mir das Gesicht mit dem Ärmel ab, und wir gingen durch die kalte Dezemberdunkelheit nach Hause.

Caleb machte mir immer die besten Geschenke, er überlegte sich immer genau das Richtige. Er schenkte mir Dinge, von denen er einfach wusste, dass sie mir gefallen würden. Wenn mir etwas gefiel, landete es früher oder später in Geschenkpapier gewickelt vor mir. Ich hatte kein Interesse an Trends oder teuren Sachen. Ich wollte keine Diamanten oder schicken Handtaschen. Ich wollte Ohrringe von einem Kunsthandwerker bei uns am Ort, Lederohrringe mit Perlen. Eine Kette mit einem großen roten Steinanhänger. Drei Drucke von einem Künstler, den wir kannten. Oder ein Buch meines Lieblingsautors.

Feiertage mit Caleb waren nervenaufreibend – eine Mischung aus Freude und Anspannung. Er war ein toller Schenker, ein wunderbarer Koch, ein aufmerksamer Vater, aber der Stress des Reisens in Verbindung mit den Erwartungen der Familie weckte Aggressionen in ihm. Wenn ich ihn bat, mir etwas im Haus zu helfen oder Reed für die Fahrt fertig zu machen, schrie Caleb mich an, dass ich ja gar nicht zu schätzen wüsste, was er alles für mich machte. Dann zählte er auf, was er alles gekocht und was für Geschenke er mir gekauft hatte. Und er schrie: »Ich geb dir alles, was du willst, aber es ist nie genug.«

Ich erinnerte mich an das kleine Mädchen, das seine Geschenke nachgezählt hatte. Ich sah mich als gierig, jemand, der immer zu viel wollte. Im Laufe der Jahre begann ich Weihnachten richtig zu fürchten.

Nachdem Caleb mich am Heiligabend geschlagen hatte, musste ich im Haus seiner Eltern lange Ärmel tragen. Einmal vergaß ich es kurz und schob mir in der Küche die Ärmel hoch. Meine Schwägerin griff nach meinem Arm. »Was ist passiert?« Ihre Stimme war sanft und leise. Wie hätte ich ihr das sagen können? Ich weiß nicht mehr, was ich geantwortet habe. In den folgenden Jahren sollten noch so viel mehr Fragen dieser Art kommen.

Weihnachten 2005 führten Caleb und ich unseren Hund in Salmon am Fluss spazieren. Der Hund rannte aufs Eis, brach ein und rutschte ins Wasser. Ich schrie auf. Caleb legte sich auf das dünne Eis, streckte die Arme aus, packte unseren Hund bei den Pfoten und zog ihn heraus.

Reed war fünf Wochen alt.

Als Caleb sich auf dem Eis ausstreckte, dachte ich, ich muss mein Kind alleine großziehen. Aber obwohl das Eis bebte und sich bog, brach es nicht. Das schwarze Wasser floss darunter hin – schnell und kalt und gnadenlos.

15 Was ich nicht geschrieben habe

Ich folgte der Weihnachtstradition, einen Brief in einem Familienblog zu schreiben, den wir mehrere Jahre führten. Die schlimmen Sachen unterschlug ich in meinen Posts natürlich immer. Da war so viel, was ich nicht schrieb.

Was ich geschrieben habe.

Ich schrieb, wie gerne Reed in der Nähe seiner Cousins und Cousinen wohnte. Ich schrieb, dass Reed alle nach seiner Beziehung zu ihm benannte. Sein Cousin war »der beste Freund von Reed«.

Ich schrieb, ich sei die »Mommy von Reed«.

Ich schrieb, dass ich wusste, dass Reed wahrscheinlich ein Einzelkind bleiben würde. Ich schrieb, wie viel älter mein Bruder war als ich – wie ich mich oft wie ein Einzelkind gefühlt hatte –, und dass meine Cousins und Cousinen im ganzen Land verteilt aufwuchsen, zu weit weg von mir. Ich schrieb, dass ich Reed eine andere Kindheit schenken wollte, als ich sie gehabt hatte.

Ich schrieb, so sehr ich Morgantown liebte, ich vermisste den Westen und wollte in meine Heimat zurückkehren.

Ich schrieb, dass ich einen Preis bekommen hatte, weil ich im Kurs für Kreatives Schreiben die Beste gewesen war, und dass ich langsam anfing, mich als Schriftstellerin zu sehen.

Ich schrieb, dass wir unser erstes Haus gekauft hatten.

Ich schrieb, dass Calebs Freund, ein Polizist, oft bei uns vorbeikam, wenn er Dienst hatte. Ich schrieb, dass die Nachbarn sich offenbar ihren Teil dachten, weil ständig die Polizei bei uns vorfuhr. Ich schrieb, dass ich das lustig fand.

Ich schrieb über unsere Rekordernte an Tomaten – wie leicht es war, im üppigen Boden von West Virginia Tomaten zu ziehen. Ich schrieb, dass der Herbst sich dem Ende zu neigte, und wie ich mich davor fürchtete, dass die Blätter fallen würden, nachdem sie doch erst so schön bunt geworden waren – wie die Schönheit dieses Herbstlaubs den Beginn des langen Winters bedeutete.

Ich schrieb, dass die Winter in West Virginia einsam waren.

Ich schrieb, dass Caleb zu viel unterrichtete, dass er über die verschneiten Straßen pendeln musste und ich mir Sorgen um ihn machte.

Ich schrieb, dass wir meine Eltern nicht oft genug sahen.

Ich schrieb, wie wir in einem Versuch, den letzten Rest von Sommer zu genießen, in ein familienfreundliches Bluegrass-Hotel in Thomas, West Virginia, gefahren waren. Wir zeigten Reed eine Bluegrass-Band, und hinterher schauten wir *Charlie und die Schokoladenfabrik* auf dem alten Videorekorder in unserem Zimmer. Reed hatte sein eigenes kleines Doppelbett, und er setzte sich auf und winkte uns und rief: »Hallo Mommy! Hallo Daddy!« Dann grinste er von einem Ohr zum anderen, schob sich den Daumen in den Mund und legte sich wieder hin.

Ich schrieb, dass wir auf demselben Ausflug auch einen Abstecher in den Dolly Sods Wilderness-Park gemacht hatten, für eine Wanderung und ein Picknick. Es war so hoch gelegen, dass ich mir fast einreden konnte, in Idaho zu sein. Ich schrieb, dass wir eine ganze Sumpfwiese voll Heidelbeeren gefunden hatten. Wir pflückten so viele wir konnten, ohne den Pfad zu verlassen, denn die Dolly Sods war im

Zweiten Weltkrieg militärisches Übungsgebiet gewesen, und es lagen immer noch scharfe Bomben herum.

Ich schrieb, dass Reed so viele Heidelbeeren aß, wie er pflücken konnte, dass er lachend den Pfad hin und her lief und ich auf ihn aufpassen musste, weil er nicht ahnte, dass unter dieser ganzen Schönheit solche Gefahr verborgen lag.

Ich schrieb, dass Kelly M. Geld gesammelt hatte, um mir für meinen Geburtstag ein Hotelzimmer zu spendieren, aber dass Caleb und ich uns diesen Gutschein für später aufgespart hatten und stattdessen für ein Wochenende nach Pittsburgh gefahren waren. Ich schrieb, dass wir ins Andy-Warhol-Museum gegangen waren, in einem Brauhaus in einer umgebauten Kirche gegessen und uns mit Calebs Freunden zum Dinner getroffen hatten.

Ich schrieb, dass die Universität uns eine Woche in Griechenland bezahlte, damit Caleb sich auf den Kurs über Griechenland vorbereiten konnte, den er demnächst geben sollte. Ich schrieb, dass wir uns verliefen, als wir die Höhle suchten, in der Sokrates gefangen gehalten worden war.

Ich schrieb, dass ich beschlossen hatte, praktische Überlegungen in den Wind zu schlagen und lieber meine Träume zu verfolgen, statt meinen Abschluss in Englisch als Fremdsprache zu machen. Ich schrieb, dass mich die West Virginia University in ihr Creative Writing-Programm aufgenommen hatte. Ich schrieb, dass der Direktor bei unserem Telefonat gesagt hatte, ich sei ihre Top-Kandidatin gewesen.

Ich schrieb, dass ich Angst hatte zu versagen.

Ich schrieb, dass Caleb und ich ein paar gemeinsame Studenten hatten, und sie ihn alle zu lieben schienen. Ich schrieb, dass eine meiner Studentinnen in meinem Büro gewesen war, als Caleb mir mein Mittagessen vorbeibrachte. Als er ging, meinte sie: »Ich find das so super, dass ihr verheiratet seid. Ihr seid meine Lieblingslehrer.«

Ich schrieb von meinen gesundheitlichen Problemen – von der Gewichtszunahme, der Insulinresistenz, den Schlafproblemen, dem Bluthochdruck.

Ich schrieb, dass es mir schwerfiel, Freunde in Morgantown zu finden, dass ich Kelly M. und meine anderen Freunde vermisste und mich isoliert fühlte.

Und dann hörte ich auf, in diesem Blog zu posten.

Ich hörte auf zu schreiben, weil das, was ich nicht schrieb, zu groß wurde, als dass ich es noch hätte ignorieren können. Ich hörte auf zu schreiben, weil es unmöglich wurde, die Geschichte auf eine Art umzuschreiben, dass sie sich immer noch authentisch anfühlte.

Ich hörte auf zu schreiben, weil ich schreiben wollte: »Ich weiß nicht mehr, wo er aufhört und ich anfange.«

Ich hörte auf zu schreiben, weil ich schreiben wollte: »Er hört auf.«

Ich hörte auf zu schreiben, weil ich schreiben wollte: »Ich fange an.«

16 Ein hartes Herz

Meine Ehe war nicht wie die der Liebesromane, die ich in der Achten gelesen hatte – wo die Männer zu Anfang grimmig und reserviert waren, am Ende aber immer sanft und fürsorglich wurden. Es war eher wie in einem Problemfilm, in dem die Männer zuerst sanft und fürsorglich waren, am Ende aber grimmig und reserviert.

Es brach mir das Herz, aber in erster Linie lehrte mich Calebs Zorn, selbst hart zu sein. Meine Wut erfüllte das Haus und wurde unser viertes Familienmitglied. Wenn ich mit Reed spielte, war ich Happy Mommy. Happy Mommy will Verstecken spielen. Happy Mommy möchte sich deine Geschichte anhören. Happy Mommy mag mit dir spazieren gehen. Happy Mommy möchte mit dir kuscheln, bis du einschläfst.

Aber in mir trug ich ein Monster. Nachts schmiegte ich mich an Caleb, mein Körper folgte seinem Umriss, meine Hand streichelte seinen Kopf, wie immer, wenn wir einschliefen. Doch mein Herz sagte: *Ich werde nicht verzeihen.*

Als Caleb mich zum ersten Mal schlug, wusste ich nicht mehr, wo Richtig endete und Falsch anfing. Damals ging es mir im Studium ganz hervorragend – ich hatte einen tollen Draht zu meinem Studienberater und gewann Wettbewerbe – und mit dem Schreiben lief es super.

Caleb arbeitete auch hart daran, Anerkennung als Schriftsteller zu gewinnen. Vielleicht lag eine unausgesprochene Konkurrenz zwischen uns in der Luft, aber ich war immer stolz auf seine Bemühungen, und das wusste er auch. Als wir zu Anfang miteinander ausgingen, war ich zu einer Studentenlesung von ihm in einem Coffeeshop gegangen. Seine Geschichte handelte von Jungen in den Wäldern der Appalachen-Region. Es kam ein grimmiger Pfarrer darin vor, der dem Protagonisten ein Gefühl von Scham einimpfte, und am Ende der Geschichte brannten die Jungen den Wald nieder. Der Protagonist – ein Junge, der sich sehr nach Caleb anhörte – steht in der Mitte des Feuers und schaut ihm beim Brennen zu.

Er sah so jung und zart aus mit seinem glatt rasierten Gesicht, als er seine brutale Geschichte vorlas. Jahrelang erzählte er mir, dass er sich so stark gefühlt hatte, als er vor diesen ganzen Zuschauern las und mein Gesicht in der ersten Reihe vor Stolz glühte.

Er reichte diese Erzählung bei mindestens hundert Zeitschriften ein. Jahre später wurde sie in einer ganz anständigen Zeitschrift veröffentlicht, die seine Mutter gut sichtbar im Wohnzimmer auslegte. Aber als wir alleine waren, vertraute sie mir an: »Diese Geschichte ist so düster … so hab ich ihn gar nicht erzogen.«

Ich dachte nur: Du verstehst ihn nicht.

Dieses Verhalten war einer der Gründe, warum ich mich im Haus meiner Schwiegereltern in all den Jahren meiner Ehe nie wohlfühlte. Wenn wir zu Besuch waren, war ich total erschöpft von diesen ganzen Unternehmungen und dem Druck. Manchmal flüchtete ich mich ins Bad im ersten Stock. Einmal sah ich die Bibel von Calebs Mutter auf dem Waschtisch liegen. Ich schlug sie ganz willkürlich auf einer Seite auf und las eine Passage.

… wo sie dem Herrn
kein Trankopfer vom Wein
noch etwas zu Gefallen tun können.
Ihr Opfer soll sein wie der Betrübten Brot,
an welchem unrein werden alle, die davon essen;
denn ihr Brot müssen sie für sich selbst essen.

Ich hörte diese Worte in meinem Kopf widerhallen, und später schrieb ich einen Essay über Liebe, Scham, Versagen und Vergebung. Ich spürte, wie die Härte in meinem Herzen weicher wurde. Ich nannte den Essay »Wie der Betrübten Brot«.

Ich sprach darin größtenteils ehrlich darüber, wie Caleb mich behandelte, aber die körperlichen Misshandlungen waren noch selten, und ich dachte, so würde es auch bleiben.

Das Ende handelte von der Bedeutung der Vergebung. Ich glaubte selbst, was ich da schrieb. Ich glaubte, dass meine Vergebung der Schlüssel zu unserer Heilung war. Ich glaubte, dass mein verhärtetes Herz unser Elend immer nur verlängerte.

Als Caleb »Wie der Betrübten Brot« las, sagte er: »Das ist schön. Es tut weh, es zu lesen, aber ich weiß, dass es wahr ist. Ich weiß, dass ich dich nicht gut behandelt habe, und du hast allen Grund, diese Geschichte zu erzählen.«

Ich fühlte mich wertgeschätzt. Als Schriftstellerin. Als Ehefrau. Als Mensch.

Ich dachte: Wie viele Frauen haben einen Ehemann, der ihre Karriere so hundertprozentig unterstützt, dass sie schmerzliche Wahrheiten über ihn schreiben können und er damit einverstanden ist?

Ich dachte daran zurück, wie oft meine Mutter mir gesagt hatte: »Caleb und du, ihr habt etwas Besonderes. Ihr habt so viel gemeinsam. So etwas findet man nicht so leicht. Gib das nicht auf.«

Als ich die prestigeträchtige Auszeichnung in meinem Studiengang gewann, waren Caleb und ich über Weihnachten bei meinen Eltern, und meine Mutter sagte zu mir: »Dein Vater ist immer so überrascht, wie leicht du schreiben kannst!«

Wir saßen alle zusammen im Wohnzimmer – meine Mutter, mein Vater, Caleb und ich. Im Kamin brannte das Feuer, und der Weihnachtsbaum leuchtete in der Ecke. Caleb meldete sich prompt zu Wort und sagte: »Es ist nicht leicht. Sie arbeitet wirklich hart. Kelly hat erreicht, was sie erreicht hat, weil sie hart dafür gearbeitet hat.«

Ich dachte, dass Caleb mein bester Verbündeter war. Selbst wenn wir irgendwo unter Leuten waren, sagte Caleb stolz: »Wenn irgendjemand in unserer Familie jemals Geld mit seiner Schriftstellerei machen wird, dann Kelly. Und damit komm ich gut klar.«

Um die Zeit, als ich »Wie der Betrübten Brot« schrieb, sah ich eine Anzeige für eine Konferenz für angehende Schriftsteller, veranstaltet von einer vielversprechenden neuen New Yorker Literaturzeitschrift. Sie war nicht sehr teuer, außerdem gab es einen Wettbewerb, an dem nur Leute teilnehmen konnten, die auch an der Konferenz teilnahmen, und der Gewinner würde veröffentlicht werden und einen kleinen Geldpreis erhalten. Ich hatte ein Stipendium von meiner Fakultät bekommen, das mir die Reise zur Konferenz bezahlte, und ich schlug Caleb vor, dass wir zusammen hinfahren sollten. Er besorgte sich ebenfalls ein Reisestipendium, und wir fuhren hin.

Wir nahmen beide an dem Wettbewerb teil, aber ich gewann ihn.

Nachdem wir die Nachricht bekommen hatten, lud Caleb mich zum Tacos-Essen ein. Wir tranken Margaritas. Ich sah ein Paar richtig schöne Stiefel in einer Boutique in Brooklyn, und er sagte: »Warum kaufst du dir die nicht von deinem Preis?« Obwohl ich wusste, dass wir es uns nicht leisten konnten, kaufte ich die Stiefel. Er erzählte jedem, wie stolz er auf mich war, und ich glaubte ihm.

Als wir nach Hause kamen, zehrte ich noch von meinem High, aber Caleb wurde depressiv. Er jammerte, dass er nie Erfolg haben würde mit seiner Kurzgeschichtensammlung. Ich versuchte ihn zu trösten, aber nichts wirkte. Unterdessen wurden meine Essays reihenweise angenommen.

Bald schlug er mich. Jedes Mal, wenn ein Brief kam, in dem mir mitgeteilt wurde, dass wieder etwas von mir angenommen worden war, dauerte es in der Regel ein, zwei Tage, und dann fand er einen Grund, mich zu schlagen. Ich stellte gar keine Verbindung zwischen den beiden Ereignissen her, weil ich seinen Aussagen Glauben schenkte. Doch mein Körper wusste es besser. Ohne es mir richtig bewusst zu machen, hörte ich auf, irgendetwas von mir einzureichen.

Eines Abends, nachdem Caleb ins Bett gegangen war, ich aber wegen meiner Schlaflosigkeit noch wach war, hatte ich einen Zusammenbruch. Ich schrie – innerlich, denn Caleb und Reed schliefen ja – *dass ich alles aufgeben würde, wenn Caleb nur einen einzigen Erfolg haben konnte*. Ich meinte es ernst. Zu dem Zeitpunkt hätte ich alles gegeben, damit er glücklich wurde, denn dass er unglücklich war, zerbrach mich.

Als ich mein Studium abschloss, hielt die Fakultät eine letzte Lesung ab, zu der die Absolventen ihre Familie und Freunde einluden. Ich hatte weder Freunde noch Familie in Morgantown, also lud ich meine Schwiegereltern ein. Erst lehnten sie ab, aber dann kam Caleb zu mir und sagte: »Meine Mutter kommt für den Abend hochgefahren und fährt dann wieder zurück. Sie möchte bei der Lesung dabei sein.«

»Hast du sie darum gebeten?«, fragte ich.

»Nein«, sagte er. »Das wollte sie selber.«

Aber ich wusste, dass er ihr gesagt hatte, wie gekränkt ich gewesen war. Ich wusste, dass er sich für mich einsetzte, denn er war ja mein größter Verbündeter.

Ich versuchte, für die Lesung einen Essay zu finden, der nicht zu persönlich und schmerzlich daherkam. Am Ende entschied ich mich für einen Auszug, aber ich genierte mich, als ich sah, wie sichtlich unwohl Joanne sich im Publikum fühlte. Sie war ein sehr privater Mensch, wie meine Mutter. Wie kam ich eigentlich dazu, meine ganzen Geheimnisse mit einem Publikum zu teilen?

Meine eigenen Eltern kamen zur Abschlussfeier. Meine Mutter machte ein Foto von mir, wie ich mit Doktorhut und Talar neben Caleb stehe. Ich hatte meine Eltern noch nie so stolz auf mich gesehen. Ich hatte das Gefühl, dass ich mir vielleicht endlich ihre Anerkennung verdient hatte, ihnen endlich bewiesen hatte, dass ich etwas zu Ende bringen konnte.

In der Woche vor meinem Abschluss hatte Caleb sich auf eine Stelle als Fakultätsbetreuer in einem Studentenwohnheim auf dem Campus beworben. Es war eine ziemlich prestigeträchtige Position, und da Caleb derzeit keine feste Anstellung hatte, würde sich unsere finanzielle Situation komplett ändern, wenn er diese Stelle bekäme. Allerdings war es Bedingung, dass man in das Studentenwohnheim zog, und ich wusste nicht, wie ich das finden sollte.

Sobald meine Eltern gefahren waren, fingen Caleb und ich wieder an zu streiten. Wegen allem. Wegen nichts. Eine unserer Auseinandersetzungen war so schlimm, dass ich in meiner Wut eine Kaffeetasse an die Wand schmiss. Caleb hob sie auf und holte mit dem Arm aus. Er warf mit der Tasse nach mir, und sie landete auf meinem Bein. Der Schmerz war so heftig, dass ich aufs Sofa plumpste und nicht wieder aufstehen konnte. Caleb hob die Tasse wieder auf.

Ich zog die Beine an und schlang die Arme um meine Beine. Ich flehte ihn an aufzuhören.

Nein. Das tut weh.

Er lächelte leise. Holte mit dem Arm aus, als würde er einen Baseball werfen. Er war in seiner Jugend ein All-Star-Spieler gewesen.

»Nein!«, schrie ich. Er warf die Tasse, und sie zerschellte an meinem Ellbogen. Einen Augenblick lang war ich weggetreten vor Schmerz. Als ich wieder aufwachte, sah ich, dass mein Ellbogen zur Größe eines Softballs angeschwollen war.

Ich weiß nicht mehr, was danach passierte.

Wir gingen zu einem gemeinsamen Vorstellungsgespräch mit der stellvertretenden Hochschulleiterin und der Wohnheimleitung. Es war ein heißer, feuchter Tag, und ich trug einen leichten Pullover, der mir bis zu den Ellbogen ging. Ich lächelte. Ich plauderte. Ich sah, wie der Wohnheimleiter neugierig meinen Ellbogen betrachtete, der immer noch dick geschwollen und fast schwarz war.

Am Ende des Interviews fragte die stellvertretende Hochschulleiterin den Wohnheimleiter, wie er über eine Zusammenarbeit mit uns dachte, und der antwortete: »Ich denke, das würde sehr gut gehen.« Er ging, und dann machte sie uns ein offizielles Angebot.

Sie sagte: »Ich mochte Caleb schon, aber nachdem ich Sie getroffen habe, Kelly, weiß ich, dass ich die richtige Entscheidung treffe. Ich sehe Sie als ihm ebenbürtig. Sie sind die perfekten Partner für diese Position.«

Ich freute mich, hatte aber auch Angst. Ich musste immer wieder an diese Kaffeetasse denken, die an meinem Ellbogen zerbrochen war. Aber wie hätte ich gehen können? Ich hatte gerade erst meinen Abschluss gemacht. Ich hatte nicht mal einen Job, und ich wusste, dass ich Reed nie und nimmer allein ernähren könnte. Ich musste versuchen, mich mit Caleb wieder zusammenzuraufen, und er hatte mir auch versprochen, dass er sich ändern würde.

Er hatte eine Aggressionstherapie begonnen, und er hatte eine Liste von verschiedenen Typen aggressiver Männer mit nach Hause gebracht. Einer von ihnen war Der Held. Der Held war von seiner Familie so hoch geschätzt worden, dass er ihren Erwartungen nie gerecht werden konnte. Die Wut kam daher, dass man ihm erzählt hatte, vor ihm liege ein wunderbares Leben – das dann allerdings keinerlei Ähnlichkeit mit dem Leben hatte, das er tatsächlich lebte. Der Held lebte in beständiger Angst, seine Lieben zu enttäuschen. Vielleicht war die Wohnheimbetreuung ja eine Helden-Stelle. Vielleicht konnte Caleb endlich glücklich werden.

Bevor wir ins Studentenwohnheim zogen, saßen Caleb und ich in unserem Garten und beobachteten eine Mondfinsternis. Der Mond bewegte sich so langsam, dass ich ihn mit den Augen verfolgen konnte, Calebs zärtlichen Blick neben meinem.

Ich ergab mich ganz dieser Schönheit.

Ich betete.

Ich flehte.

Rette mich.

Ich hatte Angst, dass es eine schlechte Idee war, ins Wohnheim zu ziehen, aber war es nicht die schlechtere Idee, es nicht zu tun? Vielleicht wäre ich dort ja endlich sicher.

Während ich betete, wanderte der Mond hinter den Erdschatten, und Caleb überbrückte den Abstand zwischen uns mit seinem Arm. Seine Finger ergriffen meine, und die Dunkelheit löschte jedes Licht.

17 Der Archivar

In einer Stadt auf einem Hügel, in einem Staat voll abgesägter Berge, in dem sich matschige Straßen an verdreckten Flüssen entlangschlängelten, metallische Ablagerungen im Wasser glänzten wie stählerne Regenbogen und das gedämpfte Sonnenlicht durch schattige Bäume fiel, lebte einmal ein Archivar. Sein Job war das Erinnern.

Mein Job war das Vergessen.

Caleb hatte angefangen, auf seinem Telefon eine Reihe von Selfies zu sammeln. Darauf starrte er in die Kamera. Düster. Fast furchterregend. Er erklärte, dass er diese Bilder machte, um seine Schande zu katalogisieren. Wenn diese Fotos ein Archiv seiner Schande waren, dann archivierten sie auch meine Schande.

Als ich sein Elend auf einem Foto nach dem anderen dokumentiert sah, fragte ich mich, wie der Mensch, den ich liebte, so unglücklich mit mir sein konnte. Als würde seine Gewalttätigkeit, die meine Schuld war, ihm mehr Schmerz bereiten als mir.

Wir waren ins Studentenwohnheim gezogen – ein elegantes zwölfstöckiges modernistisches Gebäude, das erst kurz zuvor renoviert worden war. Die Wohnung, in der wir lebten, war größer als das Haus, das wir besaßen. Sie hatte dunkelbraune Massivholzböden, Ledermöbel, einen langen Mahagonitisch, an dem problemlos zwölf Leute Platz hatten, und eine Küche mit glänzenden Geräten aus rostfreiem Stahl, mit Granitarbeitsplatte und kleinen tropfenförmigen Lampen, die die Arbeitsplatten beleuchteten. Der Rest der Wohnung war genauso glamourös, mit dickem, weichem Teppich und frisch gestrichenen Wänden.

Die stellvertretende Hochschulleiterin hatte uns ermuntert, die Wohnung ganz zu unserer zu machen – unsere eigenen Bilder aufzuhängen und unsere eigenen Bücher in die Regale zu stellen –, aber alles, was wir besaßen, nahm sich hier so billig aus. Die Bücherregale konnten wir leicht füllen, und wir hängten ein paar Bilder auf, die ich von einer Reise nach Vietnam mitgebracht hatte, wo Kelly M. ihre Hochzeit gefeiert hatte. Wir hängten auch die goldenen vietnamesischen Hochzeitsglocken auf, die ich geschüttelt hatte, als Kelly M. und ihr Mann ihr Ehegelübde sprachen.

Kellys Mutter hatte mein Flugticket nach Vietnam bezahlt, damit ich bei der Zeremonie dabei sein konnte, die am Ufer eines tiefblauen Bergsees in den vietnamesischen Bergen abgehalten wurde. Kelly hatte mich gebeten, ein Zitat von bell hooks vorzulesen, in dem es darum ging, dass »lieben« ein Verb ist. Ich musste mit den Tränen kämpfen, als ich die Worte las, denn ich glaubte nicht mehr daran, dass meine eigene Ehe halten würde.

Ich hatte also gehofft, in der Wohnung im Studentenwohnheim sicher zu sein, aber wie sich herausstellte, war das nicht der Fall. Calebs Wutanfälle setzten sich fort, und die Erinnerung an seine Gewalttätigkeiten wurde ein Teil meines Körpers, den ich zu vergessen versuchte.

Einmal besuchte uns der Wohnheimleiter in unserer Wohnung. Er war ein netter, aber temperamentvoller Mensch, und einmal schlug er mit der Hand auf die Granitarbeitsplatte, um seinen Worten Nachdruck zu verleihen. Das laute

Geräusch schreckte mich so auf, dass ich anfing zu zittern. Ich sah den Wohnheimleiter an, doch der merkte gar nicht, wie sehr er mich erschreckt hatte. Die Worte *Helfen Sie mir* schwollen mir im Munde an, aber meine Lippen blieben verschlossen.

Die Gewalt hatte so langsam begonnen, aber auf einmal wurde sie immer schneller.

Als wir noch in unserem eigenen Haus wohnten, konnte ich gehen, wenn Caleb mir Angst machte. Ich war Stammgast im Travelodge, aber ich kam immer nach Hause, bevor es Morgen wurde, behielt vorsichtshalber noch die Magnetkarte für mein Hotelzimmer, schlüpfte ins Bett und legte Caleb die Arme um den Rücken. Ich wollte nicht, dass Reed aufwachte und ich war nicht da, und ich liebte Caleb ja immer noch. In Krankheit und Gesundheit. So hatte mein Gelübde gelautet, in der kleinen Kirche in Idaho, wo wir uns an den Händen hielten, während das Sonnenlicht durch die Buntglasfenster fiel und draußen der Flieder blühte. Ich sagte mir, dass Caleb krank war, aber auf dem Wege der Genesung.

Sobald wir im Studentenwohnheim wohnten, konnte ich nicht mehr ins Travelodge flüchten. Das hätte jemand bemerkt. Die Leute hätten sich gefragt, was da los war. Ich konnte nicht mehr vor Calebs Schlägen flüchten.

In unserem Schlafzimmer gab es einen begehbaren Schrank, in dem ich mich versteckte, wenn er in Raserei geriet. Ich kletterte hinter die Koffer, die in einer Ecke standen. Ich wusste, er würde mich finden, aber ich versteckte mich trotzdem. Wenn ich mich unter dem Bett versteckte, zog er mich an den Knöcheln wieder heraus. Normalerweise schlug er mir auf den Kopf – und da ich meine Arme hochhob, um mich zu schützen, hatte ich manchmal sichtbare blaue Flecken an den Armen. Sie waren leicht zu verstecken. Aber einmal vergaß ich, etwas Langärmliges anzuziehen. Die Studenten waren zu einem Schreibworkshop in unsere Wohnung gekommen, den meine Freundin Rebecca leitete. Ich griff nach etwas, und Rebecca berührte meinen Arm – ganz sanft. Ihr Blick war entsetzt. »Was ist denn da passiert?«, fragte sie und deutete mit einem Nicken auf den großen schwarzen Bluterguss an meinem Unterarm. Caleb stand daneben und passte auf. Ich geriet in Panik. Ich konnte nicht gut lügen.

»Ich weiß nicht«, sagte ich. »Ich glaube, das ist mir im Schlaf passiert.«

Ein andermal ging ich mit Rebecca Mittag essen, und meine Hand war schwarz und geschwollen. »Die hab ich mir in der Tür eingeklemmt«, sagte ich. »Ich bin echt so ein Tollpatsch.« Sie stellte mir keine Fragen. Niemand hätte angezweifelt, dass Caleb mich abgöttisch liebte. Alle dachten immer, dass wir glücklich waren.

Nur einmal schlug er mir ins Gesicht. Wir waren im Badezimmer, und er schrie mich an. Ich hatte mein Zolpidem auf der Ablage stehen. Er nahm den Behälter und drückte ihn mir an die zusammengepressten Lippen. Er fuhr mir mit sägenden Bewegungen über die zarte rote Haut, ritzte meine Lippen mit dem rauen Plastik der Öffnung auf. Schließlich gab ich nach. Machte den Mund auf und ließ zu, dass er mir die Tabletten hineinschüttete. Ich war bereit, sie zu schlucken, wenn er das wollte. Ich war bereit aufzugeben.

Ich behielt die Tabletten in meinen Wangentaschen. Ich hatte nicht mehr viel, wofür es sich zu leben lohnte, aber ich wollte nicht sterben. Wollte mein Kind nicht verlassen. Ich schaute Caleb flehend an, und er schlug mir so hart ins Gesicht, dass ich die Tabletten über den ganzen Boden spuckte.

»Du bist so was von gestört«, sagte er.

Ich fühlte mich auch so was von gestört.

Dann war er ruhig. Wir saßen erschöpft auf dem Badezimmerboden. Auf meiner Wange blühte ein roter Bluterguss auf, und meine Lippe war aufgeschnitten von dem Tablettenbehälter. Am Auge hatte ich auch eine schmerzhafte Platzwunde.

»Jetzt hast du mich so weit getrieben, dass ich dir ins Gesicht geschlagen habe«, sagte Caleb bekümmert. »Jetzt werden es alle wissen.«

»Ich weiß«, sagte ich. »Es tut mir leid.«

Ich dachte, mir geht das Haar durch den Stress aus. In der Dusche schwammen die roten Büschel im Wasser neben meinen Füßen. Es war mir egal. Ich hatte mich ohnehin seit Jahren nicht mehr hübsch gefühlt.

Als ich mir das Shampoo in die Kopfhaut massierte, war die Haut wund, und in dem Moment wurde mir klar, dass mir die Haare nicht einfach nur ausgingen. Caleb hatte sie mir ausgerissen, und ich hatte es nicht einmal gespürt.

Ich zog mich in eine Höhle zurück, wenn er mich schlug. Ich schlang die Arme um den Körper und *ging*.

Ich *ging* immer nur. Ich *ging*, wenn er mich schlug. Ich *ging*, wenn er schrie: »Du bist so eine Scheißfotze!« Ich *ging*, wenn er die Kaffeetasse nach mir warf. Ich *ging*, wenn er mich von einem Zimmer ins andere jagte. Ich *ging*, wenn ich in Reeds Zimmer rannte, weil ich wusste, dass Caleb mich nie vor seinem Sohn schlagen würde. Reed, der scheinbar nichts mitbekam, wusste, dass er in sein Zimmer gehen musste, wenn Caleb in Raserei geriet.

Ich *ging*, aber ich ging nie wirklich weg.

Doch wenn wir im Bett lagen, mit Reed zwischen uns, wenn ich den Kopf an Calebs Schulter legte, sein Kopf auf meinem lag und Reed sagte: »Die ganze Familie hat sich zusammengekuschelt« – wenn das passierte, dann wir ich da. Ich spürte diese Liebe. Ich spürte das alles.

Ich musste noch mehr ausprobieren.

Eine unvollständige Liste der Dinge, die wir ausprobiert haben:

1. **Visualisierung** (*ich*). Ich habe einmal eine Sondersendung von *Oprah* gesehen, in der es hieß, dass man so tun müsste, als wäre etwas bereits eingetreten, wenn etwas passieren sollte. Das konnte man tun, indem man zum Beispiel seinen Dank ans Universum aussprach, also fing ich an, Dankeslisten zu schreiben.
   Danke für meinen wundervollen Sohn. Danke für Reeds Gesundheit. Danke dafür, dass Caleb mich so gut versteht. Danke für Calebs Humor. Danke dafür, dass Calebs Buch veröffentlicht wird. Danke dafür, dass Caleb eine unbefristete Anstellung bekommt. Danke dafür, dass Caleb so glücklich ist.
   Mir kam gar nicht in den Sinn, dass ich mich für mich selbst bedanken konnte, denn damals dachte ich, der Weg zu meinem eigenen Glück führe über Calebs Glück.
2. **Achtsamkeit** (*ich*). Ich las ein Buch, das mir erklärte, ich müsse mich auf den Augenblick konzentrieren. Litt ich in diesem Moment? Wenn nicht, dann sollte ich meine Sorgen einfach loslassen.
   Das mit der Achtsamkeit funktionierte. Einmal saß ich in meinem Auto an einer Kreuzung, und plötzlich drang die Erinnerung an Calebs Faust in mein Bewusstsein. Mein Atem ging schneller, und ich dachte mir, dass ich ihn verlassen musste. Doch dann spürte ich in meinen

gegenwärtigen Körper hinein. Litt ich in diesem Augenblick? Hier an dieser Kreuzung? Nein. Nicht wirklich. Den Thesen dieses Buchs zufolge grübelte ich zu viel über Vergangenes. Ich schuf mir mein eigenes Leid und musste es einfach loslassen. In dieser Lesart kam es mir sehr leicht vor, mein Leid loszulassen, denn die meiste Zeit schlug Caleb mich ja nicht.

Und wenn er mich gerade schlug, war ich sowieso nicht präsent genug, um mich auf die Achtsamkeitsmethode zu konzentrieren.

Dasselbe Buch behauptete, dass wir alle einen »Schmerzkörper« haben – eine autonome Manifestation unseres seelischen Schmerzes –, der ständig gegen die Schmerzkörper anderer Menschen kämpfen will. Ich las Caleb diese Theorie vor, und später, als wir wieder stritten, winkte er ab und meinte: »Das ist jetzt nur dein Schmerzkörper, der einen Streit vom Zaun brechen will.«

Wenn er mich schlug, sagte ich mir: *Das ist nicht Caleb. Das ist nur sein Schmerzkörper, der sich da ausdrückt.*

3. **Pornos schauen** (*Caleb*). Caleb schaute ständig Internetpornos. Ich fuhr auf eine Schriftsteller-Konferenz, und als ich weg war, meldete er sich krank, um stundenlang Pornos anschauen zu können. Ich fand es heraus, weil wir bei meiner Heimkehr Sex haben wollten und er nicht konnte. Ich drang in ihn, mir zu sagen, was los war, und schließlich gestand er es.

   Als ich meinen Freundinnen davon erzählte – nicht in allen Details, denn das hätte ihn zu sehr herabgewürdigt –, meinten sie: »Das ist normal. Jeder schaut Pornos.« Ich wusste, dass das stimmte. Ich hatte das Gefühl, dass mit mir etwas nicht stimmte. Ich war einfach nur unsicher. Eifersüchtig. Ich war diejenige, die das Problem hatte. Manchmal wachte Caleb mitten in der Nacht auf und verließ unser Schlafzimmer – er sagte mir, er könne nicht schlafen und ging nach unten, um Pornos zu schauen. Damals wusste ich nicht, was er tat, aber das Bett fühlte sich so leer an ohne ihn. Manchmal schaute ich spätnachts in den Computer, und da waren sie: diese Frauen. *Eine Frau, die im Fahrstuhl vergewaltigt wird. Eine Frau, die weinend auf dem Boden liegt, während eine Gruppe Männer im Kreis um sie herumsteht und auf sie ejakuliert. Eine Frau, die ein Mann an den Haaren gepackt hält, während er ihr Gesicht zwischen seine Beine rammt und schreit:* Na, gefällt dir das? Gefällt dir das? *Eine Frau, die wimmert:* Das gefällt mir, das gefällt mir.

4. **Einzeltherapie** (*ich*). Ich erzählte ihr nicht, dass Caleb mich schlug, weil ich nicht glaubte, dass seine Gewalttätigkeit das Problem war. Ich redete über Calebs Pornokonsum, und sie verwies mich an einen Therapeuten für Caleb. Es schien besser zu werden, als Caleb zu seinem Therapeuten ging, also ging ich nicht mehr zu meiner.

   Einzeltherapie (*Caleb*): Calebs Therapeut hatte eine private Praxis in seinen Kellerräumen. Der Therapeut benutzte gerne Requisiten, unter anderem hatte er einen winzigen Kinderstuhl. Wenn ein Patient anfing, sein Verhalten zu rationalisieren oder kleinzureden, setzte er ihn auf den Kinderstuhl, bis sein erwachsenes Selbst wieder bereit war zu sprechen. Caleb berichtete, dass er in manchen Sitzungen die ganze Zeit auf dem Kinderstuhl sitzen musste.

5. **Paartherapie** (*wir beide*). Caleb nahm mich mit zu seinem Therapeuten. Am Ende des Termins sah der Therapeut ihn an und sagte: »Caleb, Ihre Frau ist aber nicht so, wie Sie sie mir geschildert haben.« Ich fragte mich, was das bedeuten sollte. Ich fragte Caleb nicht, weil ich die Privatsphäre seiner Therapiestunden nicht verletzen wollte.

6. **Zu viel trinken** (*Caleb*). Trinken war schon immer ein Problem für ihn gewesen, aber wenn er Alkoholiker war, dann ein funktionierender. Aber im Sommer vor dem letzten Jahr meines Studiums fuhr ich in eine Tiefgarage und rief Jeannie an, die zu diesem Zeitpunkt die einzige von meinen Freundinnen war, die sich hatte scheiden lassen. Ich weinte. »Ich glaube, ich muss ihn verlassen«, sagte ich.
   Sie meinte, vielleicht sei es wirklich Zeit, und ich fuhr nach Hause. Caleb sah, wie ernst ich war, als ich durch die Tür kam. »Ich gehe«, sagte ich. »Ich ruf meine Eltern an, damit sie mir helfen.«
   Doch als ich sie anrief und erklärte, dass ich meine Ehe verlassen wollte, schwieg meine Mutter. Ich interpretierte ihr Schweigen als Missbilligung. Sie bot mir keine Hilfe an. Wenig später versprach Caleb, sich in jeder Hinsicht zu ändern und hörte tatsächlich auf zu trinken.
   Er ging eine Weile zu den Anonymen Alkoholikern. Als er seinen 30-Tage-Chip bekam, machte er sich eine Flasche Bier auf.
7. **Zu viel trinken** (*wir beide*). Einmal sah Caleb mich an und sagte traurig: »Wir mögen uns nur, wenn wir trinken.«
8. **Anti-Aggressionstraining** (*Caleb*). Caleb fand, dass sein Therapeut ihm nicht genug weiterhalf, was seine Wut anging. Er brauche jemanden, der auf Wut spezialisiert sei. Er fand einen Mann namens Dan, der in einer Methadon-Klinik arbeitete. Calebs Verhalten mir gegenüber wurde noch schlimmer. Und dann fing er an, mir Artikel mitzubringen über Frauen mit Persönlichkeitsstörungen, die ihre Männer absichtlich bekämpften und bis aufs Blut reizten, weil sie süchtig nach dem Chaos waren. Einmal kam Caleb von einem Termin bei Dan zurück und ließ einen Wutanfall über mich niedergehen. Ich

weinte: »Warum wird das bei dir schlimmer, seit du zu Dan gehst?«

Caleb funkelte mich mit kalten Augen an. »Weil Dan mir Selbstvertrauen zurückgibt. Er hat mir beigebracht, dass ich mir von dir keine Scheiße mehr reinziehen muss.«

9. **Medikation** (*wir beide*). Ich nahm Escitalopram (gegen meine Angststörungen) und Zolpidem (gegen meine Schlafstörungen). Nachts nahm ich das Zolpidem und spürte, wie mein Körper sich entspannte und einschlief. Manchmal wachte ich morgens auf und merkte, dass Caleb und ich Sex gehabt hatten, aber ich konnte mich nicht mehr daran erinnern.

   Ein Psychiater verschrieb Caleb Sertralin, und zu Anfang schien es auch zu helfen. Doch als die Misshandlungen häufiger wurden, flehte ich ihn an, dem Psychiater davon zu erzählen. Der Psychiater erhöhte die Dosis bis zum Maximum. Caleb schlug mich immer weiter.
10. **Zu viel arbeiten** (*wir beide*). Ich unterrichtete, schloss mein Studium ab, schrieb eine komplette Essay-Sammlung. Die Arbeit war meine Befreiung. Caleb unterrichtete fünf oder sechs Kurse pro Semester. Die Arbeit war sein Gefängnis.
11. **Meditation** (*Caleb*). Dan hatte Caleb empfohlen zu meditieren, um seine Aggression in den Griff zu bekommen. Caleb legte ein Kissen in die Ecke und setzte sich im Schneidersitz darauf, legte die Hände auf die Knie und drehte die weichen Handflächen himmelwärts.
12. **Ins Studentenwohnheim ziehen** (*wir beide*). Eines Morgens kam ich aus dem Schlafzimmer und entdeckte Caleb, wie er unter einem sonnigen Fenster meditierte. Ich sah, wie die Sehnen an seinem Hals hervortraten. Wie stocksteif er seine Arme hielt. Den Rücken kerzengerade. Ich wusste, was jetzt kommen würde, und

begann zu zittern. Er meditierte nur, wenn er wütend war.

Morgantown lag im Schatten des Gebirges, und sonnige Tage waren die Seltenheit. Ich dachte an Idaho, an die Hochlandwüste, an den weiten blauen Himmel, ans Bergsteigen mit meinem Vater, der mich immer nur sanft behandelt hatte, an die Ringkämpfe mit meinem Bruder, der mich immer hatte gewinnen lassen. An Danny und sein Messer. An den Mann im Pick-up. An den Mann, der mich festgehalten hatte, als ich ganz bestimmt nicht festgehalten werden wollte.

Caleb schlug die Augen auf und starrte mich an. Ich wusste, dass die Meditation ihn nicht retten konnte, und mich konnte sie auch nicht retten. Ich wusste, dass mich nur eines retten konnte: davonlaufen.

Caleb und ich gingen ein letztes Mal gemeinsam zu seinem Therapeuten. Caleb ging meistens zu Dan, und ich wusste, dass er beiden nicht aufrichtig erzählt hatte, was er mit mir machte. Wir saßen auf dem Sofa, und die Worte purzelten mir durch den Kopf, aber ich ließ sie nicht hinaus.

Schließlich sagte Calebs Therapeut: »Wir sind jetzt fast am Ende. Gibt es noch irgendetwas, worüber wir reden sollten?«

Ich begann zu schluchzen und platzte heraus: »Er ist einfach so gemein zu mir.« Selbst in dem Moment brachte ich es nicht über mich, die Gewalt zur Sprache zu bringen, denn wenn ich die Gewalt gestand, bedeutete das, dass ich ihn verlassen musste.

Calebs Therapeut richtete sich gerade auf. Er schaute Caleb an. »Caleb«, sagte er, »stimmt das?« Caleb saß stocksteif da und nickte.

Der Therapeut lehnte sich zurück. »Das ist eine ernste Sache«, sagte er. »Heute haben wir keine Zeit mehr, aber wir werden in der nächsten Sitzung darüber reden.«

Als wir gingen, hielt ich Calebs Therapeuten noch einmal kurz auf. »Können Sie mir einen Therapeuten empfehlen, zu dem ich gehen kann?«, fragte ich.

»Aber Sie kommen doch zu mir«, sagte er.

»Ja«, sagte ich, »aber ich möchte auch noch einen Therapeuten für mich allein.«

»Okay«, sagte er. »Ich werde darüber nachdenken und Ihnen ein paar Namen schicken.«

Am nächsten Tag schickte er mir eine Mail mit dem Namen einer Therapeutin namens Liz. Er schrieb: »Ich glaube, sie wird Ihnen mit Ihren Problemen mit Ihrer Mutter helfen können.« Als ich seine Nachricht las, wurde mir klar, dass er keine Ahnung hatte, was meine wahren Probleme waren.

Ich mailte Liz, und wir vereinbarten einen Termin. Ein paar Abende vor dem Termin schlug mich Caleb spätabends. Nachdem er eingeschlafen war, schlüpfte ich aus dem Bett. Ich setzte mich an die Granitarbeitsplatte in der Küche und machte mein Notebook auf.

Ich schrieb Liz eine Mail. Ich erklärte, dass ich nicht mehr wusste, was ich tun sollte, und ich ihr etwas sagen müsste, bevor mir wieder der Mut verging. Ich schrieb ihr, dass mein Mann mich misshandelte und dass ich Angst hatte. Als ich aufwachte, hatte ich eine Mail von Liz mit dem schlichten Text: »Kommen Sie heute bei mir vorbei.«

Ich ging zu Liz, die ihre Stunden im Sprechzimmer von Calebs Therapeut abhielt. Ich saß auf demselben Sofa, auf dem ich mit Caleb gesessen hatte, und ich schob die Ärmel meines Sweatshirts hoch. Ich zeigte ihr die Blutergüsse auf meinen Armen. Sie saß neben mir. Sie berührte die Stellen sanft – fuhr mit den Fingerspitzen die Schatten entlang – und ich keuchte auf und schnappte nach Luft.

Sie nahm mich in den Arm, und ich weinte an ihrer Schulter. Als ich schließlich aufhörte zu weinen, sagte sie: »Das haben Sie gebraucht, nicht wahr?«

Ich erzählte ihr, dass ich noch nicht bereit sei, ihn zu verlassen – dass ich nur lernen wolle, mich zu schützen, während ich versuchte, meine Ehe zu retten. Sie nickte. »Gut«, sagte sie. »Wir werden daran arbeiten, Ihre Ehe zu retten, aber wichtiger ist erst mal, dass wir an Ihrer Sicherheit arbeiten.«

»Okay«, sagte ich.

Ich wollte in Sicherheit sein. Ich wollte nicht, dass die Erinnerung an seine Fäuste zu einem Geist in meinen Knochen wurde. Ich wollte, dass die Erinnerungen einfach nur Erinnerungen waren.

Mit der Zeit, dachte ich, werde ich sie dann schon vergessen können.

18 Es wird aussehen wie ein Sonnenuntergang

Es war an Reeds siebtem Geburtstag – es sollte eine Superheldenparty werden –, und so wie Caleb wütete, konnte ich schon absehen, was auf mich zukam. Diesmal rannte ich weg. Ich duckte mich unter seinem Arm durch, riss die Wohnungstür auf und rannte davon, so schnell ich konnte.

Ich war in Sicherheit.

Nur leider war er mir gefolgt. Er war mir gefolgt, obwohl die Aushilfskräfte da waren. »Ruft die Polizei«, schrie ich, aber sie waren junge Erwachsene, die verunsichert waren und gar nichts machten.

Caleb jagte mich auf Strümpfen bis auf die Straße. Später weinte er im Keller des Studentenwohnheims an meiner Schulter. Mit den Aushilfen hatte ich schon gesprochen.

Ich hielt den schluchzenden Caleb im Arm. »Ich hab es in Ordnung gebracht«, sagte ich. »Ich hab es in Ordnung gebracht.«

Reed hatte ruhig auf seinem Bett gespielt. Das tat er immer bei diesen Wutausbrüchen. Er blieb so lange in seinem Zimmer, wie es nötig war. Ich ging auf den Flur, und Reed folgte mir. Er stellte sich vor mich, und ich schaute zu ihm herab. Zögernd streckte er die Arme aus, legte mir die Hände auf den Bauch und schaute mir auf eine so forschende Art in die Augen, wie er es noch nie zuvor getan hatte. Er wurde groß, und sein Blick verrieten mir, dass er Bescheid wusste. Er wusste, was hier vor sich ging.

»Mom?« Er hielt mich immer noch sanft fest und nahm die Augen nicht von mir.

»Alles gut, mein Schätzchen«, sagte ich und beugte mich zu ihm herab, um ihm das dicke Haar auf der Stirn glatt zu streichen. »Mir geht's gut.«

»Ich mag es nicht, wenn die Hunde zu mir ins Bett kommen, weil sie so dolle Angst haben«, sagte er.

Er hatte eine so starke Ähnlichkeit mit mir als Kind: dasselbe rotblonde Haar und die großen blauen Augen. Ich erinnerte mich an mich selbst als kleines Mädchen in Idaho, ein sensibles kleines Mädchen, das die Traurigkeit der Erwachsenen in seiner Umgebung wahrnahm, sich aber nie vorgestellt hätte, dass seine eigene Zukunft so herzzerreißend aussehen würde. In diesem Moment wusste ich es. Ich wusste, dass wir gehen mussten.

Ich machte mich im Badezimmer frisch, legte Eis auf meine geschwollenen Augen und veranstaltete die beste Geburtstagsparty, die Reed jemals gehabt hatte. In unserer Wohnung drängten sich die kleinen Superhelden, und ich fütterte sie mit Pizza und Cupcakes. Wir veranstalteten eine Schnitzeljagd für sie, die durchs ganze Haus ging. Calebs Großmutter Joanne und seine Tante waren extra für die Party nach Morgantown gekommen, und Joanne schaute mich an, als spürte sie, dass etwas nicht in Ordnung war.

Später fragte meine Mutter: »Warum hast du Joanne nichts gesagt?«

Ich antwortete: »Ich konnte nicht. Sie hätte es nicht verstanden.«

Doch Calebs Großmutter, die Frau, die mir einmal erzählt hatte, ich würde noch herausfinden, dass die Familie »eine Menge Leichen im Keller« habe, hätte es verstanden.

Joanne wollte mehr als jeder andere so tun, als wäre ihre Familie perfekt, aber in den Geschichten, die mir die anderen Familienmitglieder erzählten, lag so viel Dunkelheit. Die Lösung für einen Konflikt oder ein Problem lag nie in dem Versuch, dem Betreffenden zu helfen, sein Verhalten zu ändern. In Krisen schloss diese Familie die Reihen. Ich hätte Joanne nichts sagen können, ohne gegen diesen Code zu verstoßen. Sie hätte den Rest der Familie informiert, und dann hätten sie mich ausgeschlossen.

Die Geburtstagsfeier fand an einem Samstag statt, und obwohl Caleb sich nach einem Gewaltausbruch normalerweise beruhigte, spürte ich, dass es diesmal anders war. Seine Wut war nicht verraucht.

Ich war nach dem ersten Termin weiter jede Woche zu Liz gegangen. Sie schlug vor, dass Caleb und ich, wenn wir wütend wurden, nicht miteinander reden, sondern ein Notizbuch benutzen sollten, in das wir abwechselnd reinschrieben. Aber auch diese Art der Kommunikation war verwirrend.

Ich schrieb ihm, was ich für ihn empfand, und er reagierte wütend, um sich dann einen Tag später reuevoll zu geben und alles zu entkräften, was er in seiner Wut gesagt hatte.

Der Rasende Caleb schrieb »Fick dich doch«, aber der Reuevolle Caleb schrieb »Ich habe deine Vergebung nicht verdient« und »Du kannst mir nicht vorhalten, was ich sage, wenn ich wütend bin. Das meine ich alles nicht so.«

Der Rasende Caleb erklärte mir, er sei nicht glücklich mit mir, Reed, seiner Karriere, seiner Familie oder sogar der Sonne und dem Wetter.

Der Reuevolle Caleb erklärte, er schäme sich für sein Verhalten und wisse sehr gut, was er angerichtet habe.

Der Reuevolle Caleb erklärte, was er getan habe, sei unverzeihlich, aber er bitte mich trotzdem um Verzeihung.

Auf seinen letzten Brief, in dem er mich nur noch anbettelte, antwortete ich nicht mal mehr.

Ich war es alles schon so leid.

Eines Sonntagabends, am Tag nach Reeds Party, skypte ich mit Kelly M., als Caleb im Bett war, und begann zu schluchzen.

»Er ist so gemein zu mir«, sagte ich. »Er beschimpft mich furchtbar. Er schreit mich die ganze Zeit an. Ich hab Angst vor ihm.« Nicht mal da erzählte ich ihr, dass er mich geschlagen hatte.

Kelly M. schaute mich entsetzt an. »Oh Gott, Süße«, sagte sie. »Das geht so nicht. So darf er dich nicht behandeln. Ich glaube, du musst ihn verlassen.«

Ich wusste, dass sie recht hatte, aber ich glaubte nicht, dass ich fähig war, ihn zu verlassen. Ich glaubte nicht, dass ich alleine jemals überleben würde.

Ich beendete den Anruf, dann legte ich mich neben Caleb ins Bett, aber diesmal schlang ich die Arme nicht um ihn. Ich wandte ihm einfach nur den Rücken zu.

Am Montagmorgen wachte ich wütend auf. Ich hatte ein T-Shirt an, hatte aber in der Nacht meine Unterhose ausgezogen, weil sie die ganze Zeit rutschte und mich am Schlafen hinderte.

Caleb hatte Reed schon zum Bus gebracht, und ich ging in die Küche, um ihn zur Rede zu stellen. Er aß gerade Cornflakes aus einer schweren Keramikschüssel. Ich erzählte ihm, dass ich mit Kelly M. gesprochen hatte und sie mir zu der Erkenntnis verholfen hatte, dass ich ihn verlassen musste.

Er fing an mich anzuschreien, und ich wandte mich zum Gehen.

»Dreh mir nicht deinen Arsch zu, wenn ich mit dir rede!«, rief er, und weil ich so wütend war, zeigte ich ihm kurz meinen nackten Hintern. Da warf er die Schüssel nach mir. Sie zerbrach auf meinem Fuß, und ich fiel zu Boden. Ich landete in Milch und Keramikscherben.

Ich wusste, dass ich ernsthaft verletzt war.

Ich wusste auch, dass es noch nicht überstanden war, und ich mich beeilen musste. Ich stand auf und humpelte ins Schlafzimmer, wo ich nach meinem Telefon griff. Ich hatte früher schon gedroht, die Polizei zu rufen, aber Caleb hatte mir jedes Mal das Handy weggenommen und kaputt gemacht. Pro Jahr hatte er ungefähr drei, vier Handys von mir zerstört.

Er kam ins Zimmer und ich sagte: »Wenn du mich nicht in Ruhe lässt, ruf ich die Polizei.«

»Ruf sie an und erzähl ihnen, was für eine Scheißfotze du bist!«

Und dann tat ich es. Ich rief sie an.

Ab da veränderte sich alles.

Caleb machte auf, und zwei Polizisten vom Campus standen vor der Tür. Der jüngere ging mit mir ins Wohnzimmer, während der ältere im Flur mit Caleb redete.

Die erste Frage, die der Polizist mir stellte, war: »Ist so etwas schon früher vorgekommen?«

Ich weinte und sagte: »Ja«, aber das schien nicht die Antwort zu sein, die er hören wollte.

Er erklärte: »Das ist schon okay. Meine Frau und ich streiten uns auch ab und zu. Dann laufen die Dinge aus dem Ruder. Manchmal muss man einfach mal eine Weile getrennt verbringen.«

Ich nickte, aber ich hätte gern gefragt: *Schlagen Sie Ihre Frau auch?*

Der junge Polizist ging nach vorne und sagte zu Caleb: »Fahren Sie zu Ihren Eltern. Bleiben Sie ein paar Tage weg, damit sich die Dinge beruhigen können.«

Caleb ging, und der junge Polizist bat mich um meinen

Führerschein, doch als ich aufstand, um ihn zu holen, merkte ich, dass ich nicht mehr auftreten konnte, dass mein Fuß auf die Größe eines Footballs angeschwollen war und blutete. Als der ältere Polizist die Schwellung sah, das Schwarz und Blau und die Zehen, die aussahen wie kleine Würste, verwandelte sich sein Gesichtsausdruck in Bestürzung.

»Das ist ja übel. Der sieht gebrochen aus«, sagte er. »Madam, hat Ihr Mann eine Handynummer, über die wir ihn erreichen können? Er muss zurückkommen.«

Sie warteten draußen, und ich rief Caleb an. »Es tut mir leid«, sagte ich. »Sie werden dich verhaften.«

Er sagte, das wisse er schon.

Er ließ sein Handy an, während sie ihn festnahmen, sodass ich zuhören konnte. Ich wollte nicht, aber ich konnte nicht anders als zuhören.

»Hat sie Sie auch geschlagen?«, fragte einer der Polizisten – ich glaube, es war der ältere. »Wir können sie nämlich auch festnehmen.«

Caleb antwortete aufrichtig. Er sagte Nein.

Während der ältere Polizist Caleb abführte, wartete der jüngere mit mir auf den Notarzt.

»Verliert er jetzt seinen Job?«, fragte ich.

»Nein, wahrscheinlich nicht«, sagte er.

»Wird er mich verlassen?«, fragte ich.

»Sie haben nichts Verkehrtes getan«, sagte er.

Ich hätte mir gewünscht, dass er mich in den Arm nahm, damit ich mein Gesicht in den Stofffalten seiner schwarzen Uniform vergraben konnte. Stattdessen schmiegte ich mich in den Schaukelstuhl.

»Er wird mich verlassen«, sagte ich.

Der Polizist hatte einen Krankenwagen gerufen, und die Sanitäter schauten sich meinen Fuß an. Sie fragten nicht, was passiert war. Sie meinten nur, das sehe nicht gut aus, und es könnte gebrochen sein. Sie fragten mich, ob sie mich in die Notaufnahme mitnehmen sollten, aber ich lehnte ab, also wiesen sie mich an, zum Arzt zu gehen, und ließen mich einen Zettel unterschreiben, auf dem stand, dass ich sie von aller Verantwortung entband, wenn ich keinen Arzt zur weiteren Behandlung aufsuchte.

Und dann war ich allein zu Hause.

Ich rief meine Mutter an, und ich kann mich nicht erinnern, was sie sagte. Dann rief ich Kelly M. an und erzählte ihr von den Gewalttätigkeiten. Danach rief ich Megan an und erzählte ihr, das Caleb mich schon seit Langem schlug. Ich weiß nicht mehr genau, was sie zu mir sagten, aber ich weiß, dass sie beide sagten, ich solle *gehen*.

Ich blieb trotzdem, und Caleb kam wieder nach Hause. Der Richter hatte darauf verzichtet, ihn zu inhaftieren, und nicht erlassen, dass er überhaupt keinen Kontakt mehr zu mir haben durfte, sondern dass er keinen gewalttätigen Kontakt mehr zu mir haben durfte. Was bedeutete, dass Caleb zu mir nach Hause kommen konnte, solange er mich nicht schlug. Auf dem Heimweg rief er seine Eltern an und erzählte ihnen, dass er wegen häuslicher Gewalt verhaftet worden war. Ich weiß nicht, ob er das Telefonat wahrheitsgemäß wiedergab, aber er sagte, er hätte ihnen erzählt, dass es nicht das erste Mal gewesen war, und er wollte nicht, dass sie auf mich böse waren. Er sagte, Joanne habe ihm geraten, wir sollten unsere Eheprobleme »dem Kreuz darbringen«.

Wie es aussah, schien außer Kelly M. und Megan niemand zu glauben, dass ich wirklich in Gefahr war, aber in meinem Kopf liefen immer wieder die Bilder von allen möglichen Vorfällen ab.

Das eine Mal, als ich versucht hatte, zurückzuschlagen und Caleb mich festgehalten und mir ins Gesicht gespuckt hatte, nicht einmal, sondern viermal.

Der Tag, an dem Caleb mir erzählt hatte, dass er sich in die Psychiatrie einweisen wollte, denn er müsse einem Arzt erzählen, dass er seine Frau ermorden wollte. Ich hatte Todesangst. Ich fragte ihn, warum er das erzählen müsse – wollte er mich denn wirklich ermorden?

Die Nacht, in der er mir erst Haare ausriss und mir dann mit solcher Wucht auf die Wirbelsäule schlug, dass sich mein Körper bog, als hätte ich einen elektrischen Schlag bekommen. Das riss mich aus meiner Höhle heraus. Und dann tat er es ein zweites Mal. »Nein!«, schrie ich. Aber ich konnte mich nicht schützen.

Mein einziger Schutz war die Dunkelheit – und die Dissoziation. Ich hatte nicht gespürt, wie er mir die Haare ausriss, aber als er mir auf die Wirbelsäule schlug, war der Schmerz zu intensiv. Dieser Teil meines Körpers war zu empfindlich. Ich konnte mich nicht einrollen. Ich konnte ihn nicht mit den Armen umschlingen.

Ich war auf einen Schlag ganz präsent und wusste sehr gut, was gerade geschah. Ich hielt für einen Augenblick den Atem an. Caleb hielt auch inne.

Es war, als würde er ebenfalls spüren, dass ich präsent war, und er hörte auf.

Ich wusste, dass er mich in solchen Momenten nicht als Mensch gesehen haben konnte.

Ich verbrachte zwei Tage damit, Caleb bei der Suche nach einem Anwalt zu helfen, um einen Weg zu finden, damit die Anklage fallen gelassen würde.

Ich hoffte, dass unsere Ehe sich ändern würde, aber mittlerweile hatte meine Mutter mir eine SMS geschickt und mir das Versprechen abgenommen, dass ich in ein Frauenhaus ging, in dem ich vor häuslicher Gewalt geschützt war. Kelly M. mailte mir einen Fluchtplan, den sie für mich ausgearbeitet hatte, und Megan, die selbst psychologische Beraterin war, half mir zu erkennen, dass sich die Dinge nicht ändern würden.

Ich log und erzählte Caleb, ich würde Arbeiten korrigieren, und dann ging ich zum Frauenhaus, wo ich mit einer Beraterin sprach. Sie schilderte mir den Teufelskreis der Misshandlung – Spannungsaufbau, gewalttätiges Ereignis, Versöhnung, Ruhe. Das kam mir alles so bekannt vor. Sie erklärte mir, dass die Misshandlungen zunehmend eskalierten, wir immer weniger Zeit im ruhigen Stadium verbrachten und immer mehr Zeit im Spannungsaufbau. Sie erklärte mir, dass das unvermeidliche Ende dieses Teufelskreises der Tod war. Mein Tod.

Ich spielte meine Situation immer noch herunter, weil ich das Gefühl hatte, nicht wirklich das Recht zu haben, ihre Zeit zu beanspruchen.

»Es tut mir leid«, sagte ich. »Sie haben hier wahrscheinlich Frauen, die wesentlich schlechter dran sind als ich. Mir ist klar, dass meine Situation nicht so schlimm ist wie die anderer Frauen.«

Sie schaute mich überrascht an, dann sagte sie: »Nein, Ihre Situation ist schlimm. Sie ist wirklich schlimm.«

Einmal würgte er mich. Er drückte mir die Hände um den Hals, bis der äußere Rand meines Blickfelds grell und neblig wurde. Als mir alles vor Augen verschwamm, blieb nur eines im Fokus – sein Gesicht vor meinem und seine Hände um meinen Hals.

Als ich nach Hause kam, sagte ich Caleb nicht, wo ich gewesen war, aber ich nahm mir sein iPad, um etwas zu recherchieren. Da entdeckte ich, dass er Pornos geschaut hatte, während ich weg war. Mir ging auf, dass ich die ganze Arbeit geleistet hatte, um unsere Ehe zu retten, für deren Zerstörung er verantwortlich war.

Ich schaute ihn an, und es überlief mich kalt. Als würde

mein Blut zu Eis gefrieren. Meine Fingerspitzen prickelten. Ich wusste, dass ich gehen musste.

Ein Fenster öffnete sich.

Und ich sprang.

Reed war im Kindergarten, und ich lief in der Wohnung herum und packte rasch so viel wie möglich zusammen. Caleb folgte mir und schrie: »Du provozierst es doch, dass ich dich misshandle.« Ich stieg ins Auto, verriegelte die Türen und fuhr davon.

An einer Tankstelle hielt ich und folgte dem Plan, den Kelly M. für mich gemacht hatte. Ich rief Rebecca an, die das Haus in Morgantown gemietet hatte, das Caleb und mir gehörte. Der Anruf fiel mir nicht leicht.

Ich stand an der Tankstelle, zapfte Benzin und telefonierte dabei mit Rebecca. Ich fragte sie, ob Reed und ich eine Weile bei ihr wohnen könnten. Der Wind pfiff zwischen meinem Ohr und dem Telefon, und nachdem ich aufgelegt hatte, ließ ich den Wind noch ein bisschen um mich herumwehen, bevor ich Reed aus dem Kindergarten abholte.

Wir gingen zum Abendessen zu McDonald's, und ich erklärte ihm, dass wir jetzt eine Weile nicht bei Daddy wohnen würden. Er schien nicht besonders überrascht. Wir fuhren zu Rebecca, und sie richtete uns ein Bett auf dem Boden des Gästezimmers. In der Nacht kuschelte ich mich an Reed, und er fragte mich, warum wir nicht bei Daddy sein konnten. Ich erklärte, das sei deswegen, weil wir nicht so gut miteinander auskamen, und dass wir alle ein bisschen Raum brauchten, um uns zu beruhigen.

Und dann verriet er mir: »Ich mochte es nicht, wenn Daddy und du gestritten habt, denn wenn ihr gestritten habt, hattet ihr nur für euch Zeit. Dann hattet ihr keine Zeit für mich.« Ich umarmte ihn und versprach ihm, dass ich in Zukunft immer Zeit für ihn haben würde.

Der nächste Tag war ein Donnerstag. Thanksgiving. Caleb fuhr mit Reed zum alljährlichen Thanksgiving-Dinner seiner Familie. Während sie Truthahn mit Soße an dem Eichentisch aßen, an dem ich auch so oft gesessen hatte, fuhr ich mit Rebecca in unsere Wohnung im Studentenwohnheim zurück und warf so viele Sachen wie möglich in Wäschekörbe, die ich dann auf den Rücksitz meines Autos stopfte. Ich packte Reeds Lego ein, genug Decken, dass wir damit auf dem Boden schlafen konnten, und meine Arbeitskleidung. Aber alles, was irgendwie sentimental war, ließ ich zurück. Unser Hochzeitsfoto stand auf dem Tisch, mit zerbrochener Glasabdeckung. Ich hatte es auf den Boden geworfen.

Nachdem wir gepackt hatten, aßen Rebecca und ich in einem chinesischen Selbstbedienungsrestaurant, das an ein Casino angeschlossen war. Es war das einzige Lokal in drei Countys, das an dem Tag geöffnet hatte.

Am Freitag humpelte ich herum und verdrängte alles für eine Weile, bis ich mit einer Freundin Mittag essen ging. Das Erste, was sie zu mir sagte, war: »Jetzt kannst du doch promovieren.« Das Zweite, was sie sagte, war: »Den Fuß solltest du dringend untersuchen lassen.«

In der Notaufnahme genierte ich mich. Ich sagte zum Pfleger: »Es ist okay, er ist schon verhaftet worden. Ich brauche nichts, ich bin in Sicherheit«, aber er schien mir nicht zu glauben. Er setzte mich in einen Rollstuhl, obwohl ich glaubhaft versicherte, dass ich gehen konnte, und der Arzt berührte und drehte meinen Fuß mit solcher Sanftheit, dass ich aus einem fehlgeleiteten Impuls heraus beinahe »Mom!« gerufen hätte. Aber ich war vierunddreißig Jahre alt, und auf der Distanz zwischen meiner Mutter und mir lagen so viele Berge, dass sie mich nicht hätte retten können.

Liz hatte zu mir gesagt: »Du nimmst alles, was er sagt, und

spielst es immer und immer wieder in deinem Kopf ab. Dieses Tape musst du anhalten.«

Aber ich konnte es nicht anhalten. Immer und immer wieder hörte ich:

Du bist eine Scheißfotze. Du bist eine Scheißfotze. Du bist eine Scheißfotze. Du bist eine Scheißfotze. Du bist eine Scheißfotze. Du bist eine Scheißfotze. Du bist eine Scheißfotze.

Und dann war seine Stimme zu meiner geworden:

Ich bin eine Scheißfotze.

In der Notaufnahme sagte der Arzt: »Das wird eine ganze Weile dauern, bis es verheilt ist. Es wird im Laufe der Zeit die Farbe wechseln. Es wird aussehen wie ein Sonnenuntergang.« Als ich zu Rebecca fuhr, waren es diese Worte, die ich wieder und wieder hörte:

Es wird aussehen wie ein Sonnenuntergang. Es wird aussehen wie ein Sonnenuntergang. Es wird aussehen wie ein Sonnenuntergang. Es wird aussehen wie ein Sonnenuntergang. Es wird aussehen wie ein Sonnenuntergang. Es wird aussehen wie ein Sonnenuntergang. Es wird aussehen wie ein Sonnenuntergang.

Ich wusste, dass es diesmal nicht reichte, wenn ich einfach nur *ging* – ich musste wirklich weg sein.

19 Eine unvollständige Liste der Gründe für seine Gewalttätigkeit

Nachdem ich Caleb verlassen hatte, begann ich Bücher, Blogs und Webseiten zum Thema häusliche Gewalt zu lesen. Abends, in der Dunkelheit, wenn ich im Bett wach lag, ging mir unablässig ein Wort durch den Kopf: *Warum?*

1. Vielleicht lag es an seiner Familie. Sein Vater hatte seine Mutter zwar nicht misshandelt, aber es gab diese ganzen »Skelette« in der Familie. Die Geschichten, die ich gehört hatte, waren so peinlich, dass ich sie nicht mal hier wiedergeben mag. *Vielleicht war das der Grund für Calebs Gewalttätigkeit.*
2. Vielleicht lag es an Joanne. Vielleicht lag es an der Art, wie sie Caleb zu *bestrafen* schien, wenn er ihren Anforderungen nicht entsprach. Vielleicht lag es an der Art, wie sie Caleb als *den Helden* behandelte. Vielleicht lag es daran, dass sie so eine Geheimniskrämerin war. Vielleicht lag es daran, dass Joanne mit ihrer Geheimniskrämerei nicht sich selbst schützte, sondern andere. Vielleicht lag es daran, dass Joanne sich zu viel Sorgen darum machte, wie andere die Familie sahen. Vielleicht lag es daran, dass Joanne ihre Liebe als eine Art Kontrollmethode einsetzte. *Vielleicht war das der Grund für Calebs Gewalttätigkeit.*
3. Vielleicht lag es an Calebs Kirche. Vielleicht lag es daran, dass die Kirche unterdrückte und mit Schuldgefühlen

arbeitete. Vielleicht lag es daran, dass der Pfarrer Caleb als kleinem Jungen Angst gemacht hatte, Giftschlangen angefasst und der Gemeinde erklärt hatte, dass sie in die Hölle kommen würden. Vielleicht hatte es etwas mit der Geschichte zu tun, die Caleb mir von der Pfarrerstochter erzählte, in die er verknallt gewesen war. Als der Pfarrer das mitbekam, schaute er Caleb in die Augen und erklärte ihm, dass er der Pfarrerstochter nicht würdig war. *Vielleicht war das der Grund für Calebs Gewalttätigkeit.*

4. Vielleicht lag es an den ganzen Mädchen, die Caleb in der High School zurückgewiesen hatten. Caleb war damals schon fast ganz kahl, und so sehr er sich bemühte, er fand keine Freundin. Vielleicht war es wegen diesem einen Mädchen, das *ihn wie Scheiße behandelt hatte und das er deswegen ficken wollte.* Dieses eine Mädchen, das er dann tatsächlich fickte, als er schon mit mir zusammen war. *Vielleicht war das der Grund für Calebs Gewalttätigkeit.*
5. Vielleicht lag es an Calebs Freunden – an dem, der mich fragte, *ob der Teppich zu den Vorhängen passte.* An dem, der mir seine Gabel vor die Füße warf und erklärte, es sei mein Job, sie sauber zu machen. An dem, der sich am Auto seiner Freundin festhielt, als sie versuchte wegzufahren. Vielleicht lag es daran, dass Calebs Freunde Frauen nicht respektierten, warum also sollte er es tun? *Vielleicht war das der Grund für Calebs Gewalttätigkeit.*
6. Vielleicht lag es an den ganzen Baustellenjobs, die Caleb gehabt hatte. An dem Typen, der sich dort immer hinter Caleb stellte und ihn pantomimisch vögelte. Vielleicht lag es daran, dass Caleb gelernt hatte, *wie ein Mann* zu handeln, als er damals die Grausamkeiten dieser Männer abwehren musste. *Vielleicht war das der Grund für Calebs Gewalttätigkeit.*

7. Vielleicht lag es daran, dass Caleb jähzornig war. Weil er schon so viele Schlägereien und Streitereien hinter sich hatte, dass er sie nicht mehr zählen konnte. Vielleicht lag es daran, dass Caleb als Teenager ein Kind in der Schule zusammengeschlagen hatte und sein Vater noch Jahre später damit geprahlt hatte, wie *stolz* er damals auf Caleb gewesen war. Vielleicht lag es daran, dass Caleb in einer Bar einmal eine Schlägerei angefangen hatte, bei der er eine unschöne Kopfverletzung davontrug. Vielleicht lag es daran, dass Caleb und Cory sich einmal bei Idaho City am Straßenrand im Schnee geprügelt hatten und beinahe von einer Klippe gefallen waren. *Vielleicht war das der Grund für Calebs Gewalttätigkeit.*
8. Vielleicht lag es daran, dass Caleb von seiner beruflichen Laufbahn enttäuscht war – weil er einfach nicht veröffentlicht wurde, weil er kein erfolgreicher Schriftsteller wurde, weil er keine Festanstellung bekam. *Vielleicht war das der Grund für Calebs Gewalttätigkeit.*
9. Vielleicht lag es daran, dass Caleb enttäuscht war, weil ich solchen beruflichen Erfolg hatte. *Vielleicht war das der Grund für Calebs Gewalttätigkeit.*
10. Vielleicht lag es an mir. Vielleicht lag es daran, dass ich unzulänglich und seiner Liebe nicht würdig war. Vielleicht lag es daran, dass ich ebenfalls jähzornig war. Vielleicht lag es daran, dass ich einmal zurückgeschlagen hatte – als er mich dann festhielt und mir ins Gesicht spuckte. Vielleicht lag es daran, dass ich nie komplett nachgab. Vielleicht lag es daran, dass ich versuchte, für mich einzustehen. Vielleicht lag es daran, dass ich mich in unserer Ehe ebenfalls verändert hatte – ich war depressiv, weinerlich und zornig geworden. Vielleicht lag es daran, dass ich ihn auf eine verzweifelte Art liebte, immer in dem Glauben, dass wir wieder zu dem Zustand zurückfinden könnten, den wir zu Anfang geteilt hatten. Viel-

leicht lag es daran, dass ich aufgehört hatte zu glauben, dass das möglich war. *Vielleicht war ich der Grund für Calebs Gewalttätigkeit.*

Aber so sehr ich auch nach Antworten suchte, ich landete immer wieder bei dieser Erkenntnis: *Vielleicht wurde es Zeit, dass ich aufhörte, mich zu fragen, was der Grund für Calebs Gewalttätigkeit war, und mich stattdessen auf meine eigene Heilung konzentrierte.*

20 Ich weiß einfach nicht, was ich glauben soll

Einen Monat, nachdem ich Caleb verlassen hatte, bestiegen Reed und ich zum ersten Mal allein ein Flugzeug. Er trug seinen kleinen Rucksack, ich trug den ganzen Rest. Wir hatten einen Zwischenstopp in Minneapolis, wo wir nebeneinander auf dem kalten Boden saßen. Ich hatte den Arm um seine Schultern gelegt, er seinen Körper an meine Brust gekuschelt.

Überall waren Familien – überall Väter –, und mir war das Fehlen meines Eherings sehr bewusst. Mir war bewusst, dass ich mich noch im Jahr zuvor an Calebs Brust gekuschelt hätte, wenn wir auf dem Boden gesessen wären. Mir war bewusst, dass noch im Jahr zuvor Caleb alles getragen hätte. Ich erinnerte mich, wie Reed als Kleinkind immer gerufen hatte: »Trag mich, trag mich.« Ich weiß noch, wie leicht es sich angefühlt hatte, ihn zu tragen.

Als unser Flieger bereitstand zum Einsteigen, rief mich die Stewardess nach vorn. »So ein süßer Junge«, sagte sie und nickte Reed zu. »Ich hab Ihnen ein Upgrade in die Business Class gegeben.« Ich überlegte, ob man mir meine Traurigkeit so angesehen hatte.

Im Flugzeug gab uns dieselbe Stewardess ein Getränk und einen verpackten Himbeer-Muffin. Ich hatte Reed erzählt, dass die Business Class *ganz schick* war. Ich versuchte, fröhlich den Umstand zu überspielen, dass wir unser erstes Weihnachten ohne seinen Vater verbringen würden.

Ich packte Reeds Muffin aus und drückte ihn ihm in die Hand. Er biss ab, dann schloss er die Augen und verkündete laut: »Hmm, das ist der allerbeste Muffin.« Er schaute mich an. »Ist das nicht der allerbeste Muffin, Mommy? Ich glaube, ich hab noch nie einen besseren Muffin gegessen. In der Ersten Klasse gibt es die allerbesten Muffins.«

Ich lächelte und strich ihm den dicken Pony aus dem Gesicht, bevor ich mich vorbeugte, um ihn auf die Stirn zu küssen. Die Stewardess kam zurück und legte Reed heimlich drei weitere Muffins hin. Er glühte vor Begeisterung, und ich schob sie in meine Handtasche.

Als wir in Missoula, Montana, landeten, tippte die Frau, die hinter uns gegessen hatte, Reed auf die Schulter. »Du warst so ein braver Junge«, sagte sie. »Ich hab alle Muffins eingesammelt, die die anderen Leute nicht gegessen haben. Nur für dich.« Sie gab ihm noch vier Muffins, die ich kaum mehr in meine Tasche bekam. Als wir aus dem Flieger stiegen, sagte Reed: »Mommy, ich war ein braver Junge.« Er schaute zu mir auf, mit großen blauen Augen und dem roten Haar, das mein eigenes widerspiegelte.

»Mein Schatz, du bist immer ein braver Junge«, sagte ich.

Als wir meine Eltern in der Ankunftshalle sahen, umarmten wir uns, und ich fragte: »Mögt ihr ein paar Muffins?«

Wir fuhren drei Stunden durch den Schnee und über die Kontinentale Wasserscheide, um es bis Weihnachten nach Salmon zu schaffen. Ich weiß nicht mehr, worüber wir uns unterhalten haben. Aber ich weiß noch, dass das Licht vom Schnee reflektiert wurde, und dass mir die Augen von dem blauen Himmel schmerzten, nach dem ich mich so gesehnt hatte. Ich weiß noch, wie ich meine Augen vor diesem ganzen Schmerz schloss.

Diese Weihnachten, als ich mit meinen Eltern in die Kirche ging, fragten mich alle, wo Caleb war. Mir wurde klar, dass meine Eltern niemand erzählt hatten, dass ich meinen Mann verlassen hatte. Ich schaute jedem in die Augen, der mich fragte, und sagte ganz ruhig: »Wir haben uns getrennt«, woraufhin meine Mutter zusammenzuckte und mein Vater den Blick abwandte.

Diese Weihnachten ging mein Vater mir aus dem Weg, während meine Mutter beständig um mich herum war. Ich telefonierte mit einer Anwältin von der West Virginia Legal Aid, die mir von der Beratungsstelle für misshandelte Frauen empfohlen worden war und mich kostenlos vertreten würde, wenn ich nachweisen konnte, dass mein Einkommen niedrig genug und die Misshandlungen gravierend genug waren. Sie sagte, ich solle sämtliche Belege für die Misshandlungen mitbringen, die ich hatte, und ich druckte Mails von Caleb aus, in denen er zugab, mich geschlagen zu haben. Ich benutzte den Fotodrucker meiner Eltern, um die Bilder der blauen Flecken, meines geschwollenen Fußes und der Beschädigungen im Haus auszudrucken, und ich spürte den Impuls, meinen Eltern alles zu zeigen.

Meine Mutter fragte mich: »Bist du sicher, dass du das wirklich machen willst? Meinst du nicht, dass du überstürzt handelst?«

Mein Vater hatte mir seit Tagen nicht in die Augen geschaut.

Als Reed und ich nach Morgantown zurückflogen, zogen wir wieder in das Haus, das Caleb und mir gehörte. Rebecca war netterweise ausgezogen, damit Reed und ich nicht mehr auf dem Boden schlafen mussten.

Caleb wohnte bei seinen Eltern und nahm Reed für ein paar Tage, also machte ich mich ans Auspacken. Ich war sehr effizient – ich hatte ja nichts anderes zu tun und keine

Freunde oder Familie in der Nähe –, also packte ich innerhalb von ein, zwei Tagen alles aus.

Ich wollte das Schlafzimmer, das ich mit Caleb geteilt hatte, ganz zu meinem eigenen machen, und strich den Boden schwarz.

Dann traf ich mich mit der Anwältin, Christine, einer ruhigen, schönen Frau, die ungefähr in meinem Alter war.

Das Erste, was sie sagte, war: »Ich muss Sie das fragen: Wollen Sie ihn wirklich verlassen? Ich habe Mandantinnen, die nicht bereit sind, ihre Männer zu verlassen, und ich muss sicher wissen, dass Sie bereit sind.«

Ich war nicht bereit, aber ich wusste, dass ich es trotzdem durchziehen würde, also nickte ich. Sie schaute sich die Beweise an, die ich dabeihatte, und ich kam mir blöd vor.

»Die Misshandlungen waren wahrscheinlich nicht schlimm genug«, sagte ich. »Und ich bin wahrscheinlich auch nicht arm genug.«

Sie schaute meine Steuerbescheide an. »Sie haben im letzten Jahr nur achtzehntausend verdient«, sagte sie. »Unsere Grenze sieht so aus, dass Sie unter zwanzigtausend im Jahr bleiben müssen, also haben Sie die Anforderungen ans Einkommen schon erfüllt.« Sie stand auf und ging hinaus, um kurz mit jemand anders über den Fall zu sprechen, dann kam sie zurück und nahm wieder mir gegenüber Platz. »Wir haben beschlossen, Ihren Fall anzunehmen«, sagte sie.

Ich saß schweigend da. Alles, was ich denken konnte, war: Ich habe mir das alles nicht eingebildet. Die Misshandlungen waren real.

Ich ging nach Hause und rief Megan und Kelly M. an, die beide erleichtert waren, dass ich diesen Schritt getan hatte. Dann rief ich meine Mutter an. Sie war zögerlich, unterstützte mich aber auch.

Mit meinem Vater sprach ich nicht, weil wir einfach nicht mehr miteinander sprachen. Bis wir es eines Tages doch wieder taten.

Eines Abends war ich allein zu Hause, und Reed war im Bett. Ich machte meine Küche sauber und telefonierte mit meinem Vater, denn er war an den Apparat gegangen, und ich wollte nicht so unhöflich sein aufzulegen. Ich erzählte ihm Details der Scheidung und meines Lebens. Ich redete mittlerweile ziemlich offen über die Misshandlungen, weil meine Freunde alle so positiv und mitfühlend reagiert hatten.

Mein Vater schwieg immer noch. Ich hielt inne und fragte: »Dad, glaubst du mir eigentlich überhaupt?«

»Kelly«, sagte er, »ich weiß einfach nicht, was ich glauben soll. Irgendwie warst du immer so jemand, bei dem alles blendend lief, bis es von einem auf den anderen Tag aus war. Weißt du noch, wie du von heute auf morgen nach Portland gezogen bist? Und dann bist du von heute auf morgen wieder aus Portland zurückgekommen? Weißt du noch, wie du mit deiner Freundin Kelly zusammengewohnt hast? Und alles war super, aber dann musstest du ganz plötzlich ausziehen?«

Als mein Vater sagte, er wisse einfach nicht, was er glauben solle, fühlte ich dasselbe Eis in den Händen wie in dem Moment, als ich Caleb verließ.

»Dad, das mit Portland war vor fünfzehn Jahren. Und Kelly M. ist übrigens immer noch meine beste Freundin.«

Er schwieg. Ich glaube, er wusste gar nicht, dass die Kelly, die meine beste Freundin war, die mich Caleb vorgestellt hatte, *die eine meiner Brautjungfern war*, dieselbe Kelly war, mit der ich damals zusammengewohnt hatte.

So wenig wusste er über mein Leben.

Als mein Vater sagte, er wisse einfach nicht, was er glauben solle, fing ich an zu schluchzen. Genauer gesagt, ich begann zu heulen. Ich legte auf und rief Megan an.

»Süße«, sagte sie, »ich versteh kein Wort von dem, was du sagst. Du musst dich jetzt so weit beruhigen, dass ich dich verstehen kann, okay?«

Und ich konnte mich so weit beruhigen, dass ich sagen konnte: »Mein Vater weiß einfach nicht, was er glauben soll.«

Als mein Vater sagte, er wisse einfach nicht, was er glauben solle, wusste ich in Wirklichkeit auch nicht so richtig, was ich glauben sollte. Ich wusste schon, dass ich Caleb diesmal wirklich verlassen würde, aber ich liebte ihn noch immer.

Ich wollte zu meinem Vater sagen: »Weißt du, wie schwer es ist, jemand zu verlassen, den man liebt?«

Als mein Vater sagte, er wisse einfach nicht, was er glauben solle, gab es Tage, an denen ich mir immer noch wünschte, Caleb möge mich anflehen, ihn zurückzunehmen, mir versprechen, dass er sich ändern würde, sich wirklich ändern.

Manchmal, wenn ich mir für mich alleine Essen kochte, konnte ich geradezu spüren, wie er mir den Kopf auf die Schulter legte, während ich im Topf rührte, wie er mich zu sich herumdrehte und küsste, mir erzählte, wie lecker er mein Essen immer fand, wie schön ich war, was für ein Glück er gehabt hatte.

Als mein Vater sagte, er wisse einfach nicht, was er glauben solle, malte ich mir immer noch aus, wie Caleb und ich wieder zusammenfinden könnten. Trotzdem wusste ich, dass mein Körper sich immer an diese Faust auf meinem Rücken erinnern würde, selbst wenn er mich nie wieder schlagen würde.

Als mein Vater sagte, er wisse einfach nicht, was er glauben solle, nahm Megan die Dinge in die Hand. Der Tod ihrer Mutter hatte sie meinen Eltern näher gebracht, und meine Eltern liebten sie. Megan war psychologische Beraterin, und sie mailte meinen Eltern erst Artikel und Statistiken, und als sie keine befriedigende Reaktion bekam, griff Megan, der am wenigsten konfrontative Mensch, den ich überhaupt kenne, zum Hörer, rief meine Eltern an und sagte: »Wenn ihr in dieser Sache nicht hinter eurer Tochter steht, werdet ihr sie verlieren.«

Als mein Vater sagte, er wisse einfach nicht, was er glauben solle, rief meine Mutter mich an.

Sie sagte: »Dein Vater will mit dir sprechen.«

Mein Vater entschuldigte sich, und er weinte. Meine Mutter erzählte mir später, es sei das einzige Mal in ihrer Ehe gewesen, dass sie ihn weinen sah. »Er hat nicht mal geweint, als seine eigene Mutter starb«, sagte sie.

Ich weinte auch, aber ich hatte so eine neue Härte in mir, die es nicht zuließ, dass ich meinen Vater, der einmal mein Held gewesen war, wieder ganz aufnahm. Ich dachte an den Mann, den ich so bewundert hatte, als ich heranwuchs – der Mann, der sich so für den Schutz der Wälder eingesetzt hatte. Ich dachte daran, wie mutig ich ihn immer gefunden hatte, und ich dachte: Warum warst du nicht mutig für mich?

Als mein Vater sagte, er wisse einfach nicht, was er glauben solle, war ich Hilfsdozentin und gab vier Kurse, und im Studentenwohnheim arbeitete ich auch noch. Als ich die vier Kurse annahm, fragte mich der Betreuer meiner Abschlussarbeit: »Warum nimmst du so viele Kurse an? Da kommst du doch nie zum Schreiben.«

Ich wich aus. »Ich glaube einfach, ich sollte so viele Kurse annehmen, wie ich kann«, sagte ich. »Für den Fall, dass es im Studentenwohnheim nicht so gut läuft.«

Er schaute mich forschend an. »Wieso sollten die Dinge dort nicht gut laufen?«

Ich ignorierte seine Frage.

Nachdem Caleb verhaftet worden war, kam die stellvertretende Hochschulleiterin zu uns. Sie erklärte, dass die Universität Gewalt in keinster Form duldete. Es dauerte nicht lang, bis mir klar wurde, dass sie mich mit ansprach, dass ich mehr als Mitschuldige denn als Opfer gesehen wurde. Wir wurden auf die Straße gesetzt, und sie sagte, bis zum Ende des Semesters seien wir bei Fortzahlung des Gehalts vom Dienst suspendiert.

Aber dann rief sie mich in ihr Büro. Sie meinte, Caleb würde weiterhin bezahlt werden, sie sehe aber keinen Grund, warum ich weiterhin mein Gehalt beziehen solle.

Ich starrte sie einen Augenblick lang an, dann sagte ich: »Sie haben keinen Grund, mich zu feuern, und ich kündige auch nicht. Ich brauche diesen Job, um mein Kind zu ernähren. Wir leben jetzt allein.« Bis zu diesem Augenblick war mir gar nicht bewusst gewesen, dass ich solche Courage besaß.

Sie sagte, das verstehe sie, aber dann müsste ich mir eben irgendeine andere Arbeit suchen, die ich hier machen konnte. Ich wusste, dass sie mich schikanieren wollte, aber ich schlug ihr Schreibworkshops und Verwaltungstätigkeiten vor. Das alles würde meine Anwesenheit im Studentenwohnheim erforderlich machen. Schließlich willigte sie ein, aber sie wollte, dass ich jeden Freitag mit den neuen Fakultätsbetreuern und dem Wohnheimleiter in die Meetings ging. Das waren Meetings, die mich überhaupt nicht betrafen, und es würde beschämend sein dabeizusitzen, ohne einen Ton zu sagen, doch ich versprach meine Teilnahme.

Am Ende unseres Termins sah ich, wie sie auf einen Zettel auf ihrem Schreibtisch schaute, auf dem handschriftlich »3000 $« stand. Sie sagte, da zu meinem ursprünglichen Vertrag ja auch Kost und Logis gehört hatten, finde sie, sie solle mir eine Gehaltserhöhung geben. Sie meinte, sie würde mir per Mail eine Summe vorschlagen.

»Das wäre schön«, sagte ich.

Dann stand ich auf, und sie schien einen mitleidigen Moment zu haben. »Hat er Ihnen das angetan?«, fragte sie und deutete mit einem Nicken auf den Stiefel an meinem Fuß. Plötzlich tat es weh. Sie sah meinen Schmerz, aber weil sie im Grunde nichts davon wissen wollte, wandte sie sich von mir ab, und ich *ging* wieder.

Später mailte sie mir, dass sie mir 1000 $ zusätzlich geben würde. Ich akzeptierte, weil ich inzwischen mein letztes bisschen Kampfgeist verpulvert hatte.

Als mein Vater sagte, er wisse einfach nicht, was er glauben solle, ging ich allwöchentlich zu den Meetings in der Wohnung, in der Caleb festgenommen worden war, nachdem er mich geschlagen hatte, und ich setzte ein Lächeln auf, unterhielt mich mit Studenten und redete mit dem Lehrkörper, aber ich *ging, ging, ging* die ganze Zeit, denn in dem Moment, in dem ich diese Wohnung betrat, zitterte ich genauso wie damals, wenn ich mich im Schrank vor Caleb versteckte.

Als mein Vater sagte, er wisse einfach nicht, was er glauben solle, waren meine beruflichen Perspektiven nicht gerade rosig, und ich wusste, dass ich Reeds Haupternährerin sein musste.

Sobald der Job im Studentenwohnheim auslief, hatte ich gar nichts mehr. Ich hatte kein Geld und keine Aussichten. Ich hatte nicht mal eine Krankenversicherung. In West Virginia wurde häusliche Gewalt gegen die Mutter nicht in die Sorgerechtsentscheidungen mit einbezogen, und es stimmte ja auch, dass Caleb seinen Sohn nie misshandelt hatte, deswegen hatte ich schreckliche Angst, Caleb könnte das Hauptsorgerecht zugesprochen bekommen, das er seiner Meinung nach auch haben sollte.

Und dann bekam ich eines Morgens einen Anruf. Ich war in ein Doktorandenprogramm in Ohio aufgenommen worden. Ich würde also immer noch arm sein, aber immerhin krankenversichert, und nach unserer vorläufigen Scheidungsvereinbarung wurde Reed von Calebs Versicherung abgedeckt. Ich nahm das Angebot an.

Caleb hatte mir gesagt, dass er mich unterstützen würde, wenn ich promovieren wollte. Einmal hatte er sogar vorgeschlagen, dass er an denselben Ort mitziehen würde, damit er Reed weiterhin mit großziehen konnte. Er meinte: »Du bist dann eine Postgraduierte, aber ich habe einen sicheren Job und ein stabiles Leben.« Ich wusste, dass das stimmte, aber ich konnte Reed nicht bei ihm lassen.

Ich hatte schreckliche Angst, das Gericht könnte bestimmen, dass ich in West Virginia bleiben musste und Reed ganz an seinen Vater verlieren würde, deswegen gestand ich Caleb fast alles zu, was er verlangte.

Ich ließ ihn das Haus behalten, unseren einzigen Vermögenswert. Ich gab ihm einen guten Teil der Sommerferien mit Reed. Ich ließ Caleb alles haben, was er wollte, nur mich nicht.

Wir hatten nur eine einzige Anhörung in unserem Scheidungsverfahren. Meine Kompromisse waren so groß, dass der Richter irgendwann mittendrin unterbrach und mich fragte: »Warum machen Sie das eigentlich alles?«

Mit der Frage hatte ich nicht gerechnet. »Weil ich eine Einigung ohne einen Riesenprozess möchte«, sagte ich.

Der Richter wandte sich an Caleb. »Stimmt das?«

Caleb war aus dem Tritt. Er gab zu, dass er sich bereit erklärt hatte, keinen juristischen Kampf gegen mich anzufangen, wenn ich ihm gab, was er wollte. Er erklärte dem Richter, dass ich eines Tages mehr Geld verdienen würde als er. Seine Verbitterung über diese Wahrscheinlichkeit war offensichtlich.

Das gefiel dem Richter gar nicht. Er warf seinen Stift hin und hob die Stimme. Er sagte: »Sie sollten sich wünschen, dass Ihre Frau glücklich ist. Was für Ihre Frau das Beste ist, ist auch das Beste für Ihr Kind.«

Aber Caleb wollte nicht das Beste für mich.

Caleb und ich verließen das Gerichtsgebäude zur gleichen Zeit, aber nicht gemeinsam. Christine, die Anwältin, blieb an meiner Seite. Ich dachte mir, hat sie Angst? Ich hatte keine Angst. Ich hatte schon lange aufgehört, Angst zu haben. Das Schlimmste war schon passiert.

Ich dachte, ich würde auf dem Rückweg von meiner Scheidung im Auto weinen. Ich versuchte sogar, ein paar Tränen herauszupressen. Aber sie wollten nicht kommen. Stattdessen fühlte ich etwas anderes in der Brust. Ein Gewicht, das von mir wich. Und dann, ganz unerwartet, Euphorie. Eine Euphorie, die sogar noch stärker war als das Grauen, das ich am Vorabend meiner Hochzeit empfunden hatte.

Ich *ging* nicht mehr, jetzt war ich wirklich weg.

Als ich im Haus ankam, das ich mit Caleb geteilt hatte, waren meine Eltern da und halfen mir beim Packen für den Umzug nach Ohio. Sie erwarteten, mich traurig und gebrochen zu erleben, aber das war nicht der Fall. Ich war fröhlich – fast schon manisch – und ich fing an, schwungvoll im Haus herumzuwerkeln und fertig zu packen. Meine Mutter putzte wie besessen, als würde ich aus einer Mietwohnung ausziehen. Ich winkte ab. »Das kann Caleb sauber machen.«

Er wollte wieder in das Haus ziehen, in dem wir zusammen gewohnt hatten. Und während der Tag dahinging, wurde die Stimmung meines Vaters immer düsterer.

Ich nahm das alles viel zu leicht, oder nicht?

Ich war schon immer ein Bruder Leichtfuß gewesen, oder nicht?

Am Tag meiner Scheidung hatten mein Vater und ich den schlimmsten Streit meines Lebens. »Na, du hast schließlich auch gesagt, dass deine Mutter dich misshandelt hat, und das hat nicht gestimmt.« Ich merkte, dass mein Vater immer noch nicht wusste, was er glauben sollte.

»Ich habe nie behauptet, dass das, was Mom mit mir gemacht hat, irgendwie mit dem vergleichbar wäre, was Caleb mit mir gemacht hat«, sagte ich.

Ich spürte eine so rasende Wut in mir wie nie zuvor. Ich schrie meinen Vater an, er solle gehen.

Schließlich sagte meine Mutter: »Hört auf, hier geht's doch gar nicht um euch beide.« Sie schaute auf ihren Schoß. »Ich muss zugeben, dass etwas vorgefallen ist, ihr müsst das beide von mir hören. Ich war nicht die beste Mutter, die ich hätte sein können, und es tut mir leid.«

Ich schaute meinen Vater an, damit er mir bestätigte, dass er ihr glaubte – dass er mir glaubte –, aber er schaute mir nicht in die Augen.

»Ich will, dass du gehst«, sagte ich noch einmal.

»Schätzchen, bitte nicht«, sagte meine Mutter. »Du brauchst doch unsere Hilfe.«

»Ich brauch euch nicht mehr«, sagte ich, und ich meinte es ernst. »Ich schaff das allein.«

Ich schaute meinen Vater an. »Ihr verzeihe ich, weil sie einfach nicht aus ihrer Haut konnte«, sagte ich. »Aber du warst ein Feigling.«

Und dann fuhren meine Mutter und er. Sie besorgten sich ein Hotelzimmer für die Nacht, und am nächsten Tag taten wir alle, als wäre nichts passiert.

Am nächsten Tag gingen wir zum Abendessen in ein Restaurant. Ich erwähnte die Möglichkeit, dass Reed eines Tages einen Stiefvater haben könnte.

»Ich hatte einen Stiefvater«, sagte meine Mutter. Mein Vater, der am Steuer saß, schaute sie an und sagte: »Das hast du mir nie erzählt.«

»Meine Mutter hat ihn nach dem Tod meines Vaters geheiratet«, erzählte meine Mutter. »Sie waren ungefähr ein Jahr verheiratet, dann starb auch sie. Er war so lieb zu mir. Er wollte mich behalten und großziehen, aber mein Bruder fand, es wäre besser, wenn ich bei ihm lebe.«

Ich schwieg. Es war mir ein Rätsel, wie sie uns das hatte verschweigen können. Ich wusste so wenig über meine Mutter, über die Trauer, die sie gespürt haben musste, als ihre Eltern starben, darüber, wie ihr Leben mit ihrem älteren Bruder als Elternersatz gewesen war. Ich dachte daran, wie viel sie in ihrem Leben gelitten hatte, wie still sie dieses Leiden getragen hatte, und wie ich selbst diesem Muster gefolgt war.

Ich wollte nicht mehr still leiden. Ich wollte nicht mehr von meiner Geschichte beherrscht werden. Ich wollte meine Geschichte selbst erzählen.

21 Auf Wiedersehen, liebes, kleines Mädchen

Ins Motel 6 gehen die Leute zum Sterben. Genauer gesagt ins Motel 6 in Avoca, Iowa. Aber ich war nicht zum Sterben nach Avoca gekommen. Wie die meisten Gäste des Motel 6 war ich auf dem Weg von einem Ort zum anderen, und ich musste irgendwo schlafen. Doch was den Schlaf anging, war mein Optimismus angesichts der zuckenden Blaulichter des Krankenwagens vor den doppelten Glastüren der Lobby eher begrenzt.

Es war jetzt neun Monate her, dass ich Caleb verlassen hatte. Als der Sommer kam, war mein Vater zu mir geflogen, und wir fuhren zusammen durch das lange, flache Landesinnere in die Berge von Idaho. Ich hatte meinen alten Sommerjob angenommen und arbeitete wieder für den US Forest Service, und ich tröstete mich mit Fantasien von Flüssen und schneebedeckten Berggipfeln, während ich beobachtete, wie der teilnahmslose Himmel von Iowa an mir vorbeizog. Mein Vater und ich hatten vier lange Tage im Auto vor uns, und Zeit war genau das, was wir jetzt brauchten.

Als ich Anfang zwanzig war, fuhren mein Vater, mein Bruder und ich nach Kansas, um meine Großmutter zu besuchen. Ich hatte noch nie Zeit mit meinem Vater verbracht, ohne dass meine Mutter dabei gewesen wäre, und während die Berge sich langsam zu Ebenen verflachten, unterhielten wir uns ruhig. Zum ersten Mal kam mir der Gedanke, dass er wie ein Freund für mich war.

Danach begannen mein Vater und ich gemeinsam auf Rucksacktouren zu gehen, manchmal mit meinem Bruder, manchmal auch nur zu zweit. Einmal wanderten wir in den Bob Marshall Wilderness-Park in Montana und bestiegen am ersten Tag einen hohen Berg. Als ich auf dem Gipfel stand, konnte ich unten die mit Bärengras bewachsenen Täler sehen, und ich war so stolz, dass ich diesen Anstieg geschafft hatte.

Jahre später, als ich mit Reed in den Wehen lag, schrie ich: »Ich schaff das nicht.«

Meine Mutter nahm meine Hand und sagte: »Doch, du schaffst das. Weißt du noch, wie du mit deinem Vater Bergsteigen warst im Bob Marshall Wilderness-Park? Er war so stolz auf dich. Er hat mir erzählt, er hatte keine Ahnung, dass du so stark bist. Du bist stark, und du schaffst das.«

Und ich schaffte es auch.

Ich weiß noch, wie ich mit den Wandertouren mit meinem Vater ganz aufhörte, als ich Caleb heiratete.

Ich weiß noch, wie ich am Ende unserer Ehe nicht mal mehr Auto fuhr. Caleb fuhr mich morgens zur Arbeit und holte mich abends wieder ab. Es war Kontrolle, unter dem Deckmäntelchen der Hilfe. Er fuhr mich buchstäblich überallhin, und das ging so weit, dass ich irgendwann Angst davor entwickelte, selbst zu fahren.

Aber hier saß ich nun, die Hände am Lenkrad, mein Vater auf dem Beifahrersitz, und lenkte uns über die gebührenpflichtigen Autobahnen bei Chicago. »Ich bin froh, dass du hier fährst«, sagte er. »Das ist so ein Chaos.«

Er wusste nicht, was ich für eine Angst vorm Fahren gehabt hatte, aber er wusste genug, um stolz auf mich zu sein.

Mein Vater hatte immer das Beste für mich gewollt. Er wusste nur nicht immer unbedingt, was das war. Ich war immer noch gekränkt, weil er mir nicht geglaubt hatte, aber ich war zu der Erkenntnis gekommen, dass mein Wohlbefinden meine eigene Angelegenheit war, und dass ich lernen musste, mich um mich selbst zu kümmern.

Mein Lehrvertrag in West Virginia war im Mai ausgelaufen, und im August zog ich nach Ohio. Unser Sorgerechtsarrangement gewährte Caleb im Sommer sechs Wochen mit Reed, und ich wusste nicht so recht, wie ich die Zeit füllen sollte. Irgendwie erschien es mir passend, mich in die Wildnis zurückzuziehen.

Als ich wieder in Idaho war, wohnte und arbeitete ich in einem Nurdachhaus am Ende einer langen unbefestigten Straße. Das Haus stand kurz vor dem Frank Church River an der Grenze zum No Return Wilderness-Park, am Fuße der großen Klippen aus schwarzem Fels, die den Salmon River umgaben. Der Fluss war an manchen Stellen so tief, dass prähistorische Fische hundert Jahre in diesen dunklen Becken überleben konnten. Es ist einer der letzten Orte auf der Welt, wo die Sterne nicht von elektrischem Licht getrübt werden.

Ich weiß noch, wie viel Spaß ich mit Anfang zwanzig hatte, als ich hier mit meiner Freundin Jen arbeitete. Es waren aufregende Zeiten gewesen damals, wir waren jung und umgeben von gut aussehenden Fluss-Guides und Outdoor-Typen. Seither hatte sich eine Menge verändert, aber Jen arbeitete immer noch für den Forest Service. Als ich sie anrief, um ihr mitzuteilen, dass ich Caleb verließ, sagte sie: »Komm nach Hause.« Und das tat ich auch.

Jen teilte mich zur Arbeit mit Emily ein – eine braun gebrannte Frau mit blond gebleichtem Kurzhaarschnitt, einer Sammlung von Kapuzensweatshirts, einem Schandmaul und einer Lache, die man bis ins nächste Zimmer hören konnte. Oberflächlich betrachtet, schienen wir überhaupt nichts gemeinsam zu haben. Aber Emily war traurig, genau wie ich, und ich mochte sie auf Anhieb furchtbar gern.

Ein paar Monate zuvor war der Zwillingsbruder von Emilys Mann im Schlaf an einem Aneurysma gestorben. Emily hatte ihren Mann mit sechzehn kennengelernt, und ihr Schwager hatte jahrelang bei ihnen gewohnt. Er stand ihr so nahe wie ein biologischer Bruder, und obwohl sie ordinär und auf eine raubeinige Art lustig war, wusste ich immer, woran sie dachte, wenn sie verstummte – was allerdings selten der Fall war.

Als Emily vom Verlust ihres Schwagers erzählte, wusste ich, dass ich Glück gehabt hatte. Caleb atmete noch, er lebte noch. Ihn zu verlassen war so gewesen, als hätte ich einen Drogenentzug gemacht. Ich musste mich durch die Nächte ohne ihn hindurchkämpfen, aber ich hatte die Entscheidung getroffen und ließ sie mir nicht mehr aus der Hand nehmen.

Emily und Jen meinten, dass es mich von meiner Traurigkeit kurieren würde, wenn ich mal wieder mit einem Mann zusammen wäre. Wir überlegten, was für Aussichten ich unter der neuen Truppe aus Fluss-Guides und Outdoor-Männern hatte. Der Yoga-Typ war ein ehemaliger Fluss-Guide, der jetzt als Wildhüter arbeitete, und wir teilten uns ein winziges Nurdachhaus. Auf einem Ausflug an den Fluss machten Jen, Emily und ich es uns mit einem Bierchen auf den Liegestühlen bequem, während er sein T-Shirt auszog und sich am Ufer ausstreckte.

»Der hat schon einen tollen Körper«, meinte Jen und nahm einen Schluck Coors Lite.

»Ja, aber er rettet so gern Insekten«, sagte ich. »Er fängt die und setzt sie dann raus.«

»Und er redet ständig darüber, was für ›ein netter Kerl‹ er ist«, sagte Emily. »Niemand, der wirklich ein netter Kerl ist, bezeichnet sich selbst so.«

Einen Monat später schlich sich der Yoga-Typ in mein Schlafzimmer und stahl die Spinnenfallen, die Jen für mich aufgestellt hatte, bevor ich einzog. Ich merkte erst, dass der Yoga-Typ die Fallen entfernt hatte, als ich Emily holte, damit sie eine Schwarze Witwe für mich töte. Das Viech verschwand, bevor sie es erwischte, und ich kriegte eine Woche kein Auge zu.

»Ich mag den Yoga-Typen nicht«, sagte ich. »Der kann seinen Buddhismus bitte für sich behalten.«

Dann war da der Bullige, ein stämmiger, fröhlicher Mann, der sich nach zehn Jahren noch an mich erinnern konnte. Der Bullige war ein Guide, den jede Gesellschaft mieten konnte, die etwas auf dem Fluss veranstaltete. Diese für alles offene Einstellung erstreckte sich höchstwahrscheinlich auch auf seine persönlichen Beziehungen.

»Er hat mit dir geflirtet. Und er konnte sich noch an dich erinnern«, sagte Emily. »Du solltest definitiv mit dem Bulligen schlafen.«

»Na ja, süß aussehen tut er ja«, meinte ich. »Und er ist so riesig, da komm sogar ich mir zierlich vor.«

Wir überlegten, wie wir die Sache einfädeln könnten. Am Ende einigten wir uns darauf, dass ich einfach zu ihm hingehen und sagen würde: »Wollen wir rein?« und mit einem Nicken auf das Nurdachhaus deuten.

Aber als der Bullige eine Woche später zurückkam und Emily mich drängte, ihn wirklich anzusprechen, konnte ich einfach nicht.

»Ich glaube, ich bin noch nicht bereit«, sagte ich. »Ich glaube nicht, dass ich mit jemand anders schlafen will.«

»Kell«, sagte sie, und ihr Gesicht war sehr freundlich, »ich wollte dich nicht unter Druck setzen. Ich dachte nur, dass du dir das wünschst.«

Ich wusste nicht, wie ich ihr erklären sollte, dass ich nicht mit jemand anders zusammen sein wollte, sondern dass ich mir wünschte, es *wollen* zu können, und noch schlimmer, dass ich Caleb immer noch jeden Augenblick vermisste.

Emily war religiös, und sie glaubte, dass Gott uns beide planvoll zusammengeführt hatte. Obwohl ich die Religion meiner Kindheit verloren hatte, glaubte ich ihr das beinahe. Ich hatte mich so allein gefühlt, bevor ich diesen Sommer mit ihr zusammen verbrachte. Wir waren in unserem Kummer vereint. Einmal erschien ihr der Zwillingsbruder ihres Mannes im Traum und sagte ihr, sie sollte nicht mehr traurig sein, und alles würde wieder gut werden.

»Der Traum war so lebhaft«, sagte sie und fing an zu weinen. »Es war so real, als wäre er wirklich bei mir gewesen. Ich glaube, es war sein Geist.«

»Oh, Em, da bin ich ganz sicher«, sagte ich.

Ich erzählte ihr nicht, dass Caleb manchmal in meinen Träumen erschien – so real, als wäre er mit mir im Zimmer – und mir auch sagte, dass ich nicht mehr traurig sein sollte und dass alles wieder gut werden würde. Aber Caleb war am Leben und passte am anderen Ende des Landes auf unseren Sohn auf. Es war nicht Calebs Geist, der mich in meinen Träumen tröstete. Es war der Geist des Mannes, wie ich ihn mir immer gewünscht hatte. Wenn ich aus diesen Träumen aufwachte, hatte ich überhaupt nicht das Gefühl, dass alles gut werden würde. Stattdessen wollte ich einfach nur die Augen schließen und wieder in meinen Traum zurückkehren.

Obwohl ich wusste, dass ich noch nicht bereit war, mit jemand anders zu schlafen, witzelten Emily, Jen und ich immer noch über die verschiedenen Männer, mit denen ich Sex haben könnte. Es machte Spaß, so derb daherzureden, und ich fühlte mich wieder normal.

Die beste Option war wahrscheinlich noch der Bärtige, ein anderer freier Guide. Er kannte Emily und Jen vom Fluss, und ich war früher mal sporadisch mit ihm ausgegangen.

»Waaas?«, kreischte Emily, als ich ihr davon erzählte. »Und was ist dann passiert?«

»Es war eine Fernbeziehung und hätte nicht funktioniert, und dann hab ich auch schon Caleb kennengelernt.«

»Kelly sagt, dass der Bärtige ganz schön gut im Bett ist«, zitierte Jen mich mit einem Augenzwinkern.

Ich erinnerte mich noch an lange, sportliche Nachmittage mit dem Bärtigen. Er hatte eine Körperlichkeit, die mich total anmachte. Wir legten ein Prince-Album auf, und Prince war fertig, bevor wir es waren.

»Dann wird es also der Bärtige!«, meinte Emily.

Und der wurde es auch.

Ich hatte es nicht geplant, aber es passierte.

Nach fast zehn Jahren Ehe zum ersten Mal Sex mit jemand anderem zu haben, fühlte sich ein bisschen so an, als würde ich meine Jungfräulichkeit noch einmal verlieren. Ich dachte, ich hätte mir im Laufe meiner Ehe einiges an Wissen erworben, aber wie sich herausstellte, war das nur auf uns zwei abgestimmt. Der Bärtige und ich kannten unsere Körper nicht mehr so wie in dem ersten Sommer, als wir zusammen waren.

Trotzdem war ein Teil von mir einfach froh, es jetzt hinter mir zu haben, genau wie bei meiner Entjungferung. Der Sex minderte meine Traurigkeit ein wenig, und ich dachte nicht mehr ganz so oft an Caleb. Aber der Sex mit dem Bärtigen konnte mir die Erinnerungen an meine Zeit mit Caleb nicht auslöschen. Sex mit Caleb war im besten Fall so gewesen, als wären wir zusammen in einer Schneekugel, geschützt von einer Glaskuppel, in der es nur Magie gab und keine Sorgen. Kurz bevor ich ihn verließ, sagte ich zu Caleb: »Ich werde niemals einen anderen lieben als dich.« Es klingt blechern und dünn in meiner Erinnerung, aber in dem Moment meinte ich es sowohl als Versprechen als auch als Hoffnung.

Der Bärtige und ich trafen uns noch ein paarmal, und der Sex wurde auch besser, aber dann musste ich fahren. Als wir uns zum Abschied umarmten, war ich ein wenig traurig, aber auch erleichtert. Ich liebte Caleb noch immer, und beim ersten Mal hatte es mit dem Bärtigen ja auch nicht geklappt. Es war gut, dass ich fuhr.

Im August packte ich mein Auto und trat die lange Fahrt allein von Idaho nach West Virginia an. Ich hatte keine Angst mehr vorm Fahren. Ich wollte erst Reed abholen und dann nach Ohio ziehen. Mein Brustkorb schnürte sich zusammen, als ich durch das Ödland von South Dakota fuhr. Das Fehlen der Berge fühlte sich an wie ein körperlicher Verlust, und als ich unterwegs im Motel 6 in Avoca, Iowa, hielt, überlegte ich, ob ich am Ende doch die falsche Entscheidung getroffen hatte. Ich checkte ein und sah mir meine Optionen fürs Abendessen an, und zwar ein Taco John's direkt bei einer Tankstelle, und eine Restaurantkette, die es nur in Iowa gab, und die auf eine Art Roastbeef-Sandwich spezialisiert war. Ich vermisste Emily und Jen, den Fluss und am allermeisten Caleb.

Doch es half alles nichts, mein Hund musste raus. Ich hatte den kleineren Hund behalten, weil ich in eine Wohnung ziehen würde, und Caleb hatte den größeren Hund behalten, weil er ja einen Garten hatte. Den ersten Hund aufzugeben, den Caleb und ich gemeinsam adoptiert hatten, war ein Verlust gewesen, aber ich war dankbar für den Hund, den ich hatte. Als ich ihn an der Leine durch den Flur führte, sah ich eine Zimmertür, die mit einem Abfalleimer offen gehalten wurde. Im Zimmer herrschte das totale Chaos. Die

Bettdecken lagen auf dem Boden, und ein Fuß in einer weißen Socke ragte über die Bettkante. Zwei Notärzte schoben sich mit einer Liege an mir vorbei.

»Was ist denn da passiert?«, fragte ich die Frau, die die Nachtschicht am Empfang machte.

»Da ist grade jemand an einer Überdosis gestorben«, sagte sie achselzuckend, als würden die Leute regelmäßig Selbstmord im Motel 6 in Avoca begehen.

Ich führte meinen Hund auf das Grasstück vor dem Motel, während die Autos auf dem Highway vorbeirauschten. Die Sonne ging unter, und der weite Himmel von Iowa erstreckte sich vor mir. Über die Skyline zogen sich Rot- und Blautöne, die beinahe den Farben der Lichter des Notarztwagens glichen, und es war so herzzerreißend schön und erinnerte mich gleichzeitig so sehr an einen Bluterguss, dass ich weinend auf dem Parkplatz zusammenbrach. Ein Trucker, der gerade an seinem LKW herumschraubte, huschte davon, als ich anfing zu schluchzen.

Ein paar Jahre zuvor hatte eine meiner Freundinnen aus der High School Ehemann und Kind durch einen tragischen Autounfall verloren. Später schickte Jeannie mir eine Facebook-Nachricht und sagte, ich sollte mal »Orchid Leona Sun« nachschauen.

Ich gab den Namen ein und sah das Gesicht meiner Freundin, die jetzt blonde Haare hatte, nicht mehr die braunen Haare, die ich von der High School in Erinnerung hatte. Sie hatte angefangen, Hippiekleider zu tragen, und war Hebamme geworden. Es sah so aus, als hätte sie ihren Namen und ihr Leben vollkommen geändert.

»Sie wirkt glücklich«, sagte ich, als Jeannie mich fragte, was ich von dieser Veränderung hielt.

Jeannie, die Psychologin war, zögerte, bevor sie antwortete. »Ich glaube nicht, dass das so gut ist«, sagte sie schließlich. »Ich meine – egal wo du hingehst, du bleibst doch immer du selbst. Man kann seiner Vergangenheit nicht entkommen.«

Sie hatte recht. Unsere Freundin hatte ihren Namen, ihren Kleidungsstil, ihren Job geändert, im Grunde ihr ganzes Leben, aber ein Teil von ihr war immer noch die Person, mit der ich auf die High School gegangen war, die Person mit dem braunen Haar, die sich an ihren Mann und das Kind erinnerte und um sie trauerte.

Egal, wo ich hinging, ich war immer ich. Ich war ich. Ich war ich. Ich war ich.

Kurz bevor ich im August nach Idaho fuhr, gingen Emily und ich an einen Strand, wo wir kleine aufblasbare Sitze ins Wasser legten und zusammen in die Sonne schauten. Wir redeten, als würden uns die Gesprächsthemen nie ausgehen. Es war unser letzter Abend zusammen, und unsere Worte hatten eine Dringlichkeit, als wüssten wir, dass wir nie wieder zu diesem Moment zurückkehren konnten, zu diesem Beginn unserer Freundschaft, zu der Magie dieser Verbindung, zu der Gemeinsamkeit unserer Trauer.

Ich erzählte ihr von der ersten Nacht, in der ich den Bärtigen wiedersah, wie ich mit ihm auf einem Anleger saß und in die Sterne schaute. »Ich weiß nicht, wann ich zum letzten Mal den Großen Wagen gesehen habe«, hatte ich zu ihm gesagt. »Ich weiß gar nicht, warum ich aufgehört habe, die Sterne anzuschauen.«

Er schnaubte ungläubig, und mir wurde klar, wie viel von mir selbst ich in den Jahren meiner Ehe verloren hatte.

Emily erzählte mir von ihrer Familie, der Scheidung ihrer Eltern und ihrem stillen Leiden, ihrer Liebe zu ihrem Schwager und ihrer Sorge, dass sie nicht nett genug zu ihm war, als er noch lebte. Sie erzählte mir auch von ihrem Gefühl, dass er ihr vergeben hatte. Dass er immer voller Liebe über sie wachte. Ich erzählte ihr, dass ich Caleb nicht mehr vermisste, zumindest nicht permanent. »Als ich herkam, war es wie eine offene Wunde«, sagte ich.

»Du bist ein ganz anderer Mensch als bei deiner Ankunft«, bestätigte sie. Sie schwieg kurz, dann fuhr sie fort. »Mein Mann hat mich gefragt, ob ich dir gesagt habe, wie viel du mir bedeutest. Du warst in diesem Sommer so wichtig für mich. Ich wollte nur, dass du das weißt.«

»Ich weiß«, sagte ich.

Wir trieben nebeneinander im Wasser, beobachteten, wie die Sonne hinter dem Canyon unterging, und ich versuchte, mir jedes Detail von diesem Augenblick einzuprägen. Ich wollte mich für immer an die kühlen dunklen Wasser des Salmon River erinnern, an den Kieferndurft, den weiten Sternenhimmel. Zum ersten Mal hatte ich das Gefühl, wieder glücklich sein zu können. Caleb war nicht in der Nähe, und er würde es nie wieder sein, aber meine Freundin war hier. Und ich war hier.

Als ich in der vierten Klasse war, charterte meine Lehrerin einmal ein kleines Flugzeug für uns. So viele Bewohner von Idaho, sagte sie, würden nie Gelegenheit haben, mit dem Flugzeug zu fliegen. Ich war überwältigt, als ich einstieg. Und ich war auch noch die Glückliche, die auf dem Vordersitz sitzen durfte. Als wir abhoben, beschrieb der Pilot einen großen Bogen übers Tal, die winzigen Häuser verschwanden in der Ferne, der dunkle Fluss schnitt durch grüne Weiden, gesäumt von steilen Bergen.

Ich wusste, dass ich nie wieder dieselbe sein würde, als ich in diese Weite glitt. Als könnte ich das Mädchen, das ich gewesen war, im Tal stehen und mir eifrig winken sehen. Auf Wiedersehen, liebes, kleines Mädchen, dachte ich.

Acht Jahre später, als ich das College abgebrochen hatte und nach Europa flog, schaute ich in die schattigen Tiefen des Ozeans und meinte, mein Spiegelbild auf dem Wasser zu sehen. Fünf Jahre danach umklammerte ich den Türgriff eines Zweisitzers, der den nackten Salmon River Canyon entlangflog und mich auf einer winzigen staubigen Landebahn am Indian Creek absetzte. Als das Flugzeug verschwand und ich mich darauf vorbereitete, zum ersten Mal Wochen allein in der Wildnis zu verbringen, war es, als könnte ich das Mädchen, das ich gewesen war, mit der kleinen Maschine davonfliegen sehen.

Noch fünf Jahre später flog ich mit Reed und Joanne zu meinem neuen Zuhause in West Virginia, wo ich Caleb wiedertreffen sollte, und als die Umrisse von Idaho hinter mir in die blaue Weite verschwanden, konnte ich mich selbst verschwinden sehen.

Jetzt, sechs Jahre später, stand ich hier und starrte diesen weiten, offenen Himmel über Iowa an, umgeben von nichts als Fast-Food-Restaurants, einem potenziellen Selbstmord und einem Bestattungsinstitut. Ein Flugzeug zog vorüber und hinterließ einen weißen Streifen am Himmel. Ich dachte daran, wie ich mit Emily am Fluss gesessen und sog die Details ein, die ich mir eingeprägt hatte. Ich sah die geprügelte Frau, die ich gewesen war, in diesem kühlen Wasser liegen, wie sie sich immer noch von ihrem Leben mit Caleb erholen musste. Aber jetzt sah ich sie wie eine Erinnerung, und konnte endlich zu ihr sagen: »Auf Wiedersehen, liebes, kleines Mädchen.«

Epilog: Das Haus in der Talsenke

Als wir in Ohio ankamen, bezogen Reed und ich vorerst ein steriles Apartment in einem Studentenwohnheim.

Ich trug meine Einkäufe über die Metalltreppe in den sechsten Stock. Ich trug meinen Hund die Treppe hinunter, wenn die Stufen zu kalt für seine Pfoten waren.

Ich vermisste Reed verzweifelt, wenn er in der Schule war oder seinen Vater besuchte.

Aber in dieser winzigen Wohnung gab es einen hübschen kleinen blauen Tisch, an dem Reed und ich perfekt zu zweit sitzen konnten.

Und langsam aber sicher entdeckte ich auch die Schönheiten dieser Stadt.

Ein Jahr später fand ich ein kleines Haus in der Talsenke. Es ist ein winziges Haus, aber es hat Dachfenster, die Regenbogen aus Licht hereinlassen, und ein kleines Büro im Loft, wo ich schreiben, Reed mich aber jederzeit rufen kann, wenn er mich braucht.

Wir sind umgeben vom Wald – von dicken grünen Bäumen, die im Herbst die Farben wechseln –, und mein Vater, der Förster, schnappte nach Luft, als er den schönen Englischen Ahorn im Garten sah.

Unsere Nachbarn sind nett, und mein Vermieter, der hinter unserem Haus lebt, spielt mit seinem eigenen Sohn und Reed draußen Fußball.

Es ist nicht einfach gewesen, und ich bin müde, aber ich bin müde, weil ich mich langsam erhole. Ich bin müde, weil mein Herz keine harte kleine Faust mehr ist, die es nicht einmal merkt, wenn sie allein ist.

Ich will nicht, dass mein Herz eine harte kleine Faust ist. Ich will, dass mein Herz eine offene Hand ist, die sich anderen entgegenstreckt.

Es gab einen Tag, als ich zu Weihnachten zu Hause war, und Reed, meine Mutter und ich Zuckerplätzchen machten. Ich rollte den Teig aus.

»Ich bin dankbar, dass Reed nicht so ist wie ich, als ich klein war«, sagte ich. »Er ist so ein tolles Kind.«

Meine Mutter blickte überrascht auf. »Du warst auch ein tolles Kind«, sagte sie.

Ich war verdattert. »Aber ich hatte doch ständig Ärger«, sagte ich.

»Natürlich«, sagte sie, »aber nur, wenn du dein Zimmer nicht aufgeräumt hattest und so was. Du hast nie gelogen, und du warst nie gemein. Du warst so nett zu anderen Kindern. Dein Vater und ich haben immer gewusst, dass du ein gutes Kind bist.«

Da stand ich, eine Erwachsene – auf der anderen Seite der Kücheninsel, gegenüber von meiner alternden Mutter –, und der Abstand zwischen uns wurde auf einmal kleiner.

Ich wollte sagen: *Warum hast du so lange gebraucht, bis du mir das sagen konntest?*

Ich wollte sagen: *Danke.*

Aber ich sagte nichts und stach stattdessen ein Plätzchen aus. Ich gab Reed einen gezuckerten Weihnachtsmann.

»Alle sagen, dass ich meiner Mom ganz ähnlich bin«, sagte er, als er den kalten Teig auf die Backunterlage legte.

An einem anderen Tag folgte mir meine Mutter in den Waschkeller. Sie nahm mich in den Arm und sagte: »Wir wissen, wie viel du durchgemacht hast, und wir sind sehr stolz auf dich und was aus dir geworden ist.«

Ich brach in Tränen aus, und diesmal sagte ich es: »Danke, Mama.«

Ich dachte an die Nacht vor meiner Brautparty, als meine Mutter und ich in den dunklen Canyon mit den heulenden Wölfen gingen. Sie hatte gewirkt, als hätte sie überhaupt keine Angst, aber ich war total verängstigt.

Ich hatte Angst vor dieser Nacht, vor meiner Zukunft, vor diesen Wölfen, davor, die Nacht in einem Auto zu verbringen, einen Tag, bevor ich meine zukünftige Schwiegerfamilie zum ersten Mal traf, vor der Ehe, und am allermeisten vor dem Kind in meinem Bauch.

Für nichts von alldem war ich bereit, aber sie nahm mich am Arm und führte mich zurück zum Auto. Meine Mutter war tough. Wenn die Wölfe uns eingekreist hätten, sie hätte sie niedergestarrt, aber ich wäre davongelaufen.

Und jetzt? Jetzt würde ich die Wölfe auch niederstarren. Schreiben ist meine Art, die Wölfe niederzustarren.

Nachdem ich Caleb verlassen hatte, begann ich auf dem Laufband zu laufen. Ich versuchte, genug körperlichen Schmerz zu schaffen, um den emotionalen Schmerz auszulöschen. Ein Popsong kam in Mode mit dem Text: »Was dich nicht umbringt, macht dich nur stärker.«

Ich dachte, ich bin nicht stärker. Ich bin nicht stärker wegen dem, was er mir angetan hat.

Aber ich bin stärker. Und ich war schon stark, bevor ich ihn kennenlernte. Und ich war auch stark, während er mich misshandelte.

Meine Stärke gab mir die Integrität, das zu tun, was ich für das Beste für unser Kind hielt, das seinen Vater liebte, obwohl ich persönlich dabei litt.

Meine Stärke diktierte mir die Forderungen, die ich stellte: Dass Caleb in Therapie ging, dass er mit dem Trinken aufhörte, dass er ein Anti-Aggressionstraining besuchte, dass er sich Medikamente verschreiben ließ.

Meine Stärke machte mich anpassungsfähig genug, um zu überleben, während er diese verschiedenen Strategien durchprobierte. Meine Stärke ließ mich irgendwann erkennen, dass diese Strategien nichts fruchten würden. Und es war meine größte Stärke, als ich aufgab.

Ich renne immer noch auf dem Laufband, aber jetzt genieße ich es. Neulich holte ich Reed bei meinem Vermieter ab. Ich hatte nicht gemerkt, dass Reed barfuß hinübergerannt war. Es war schon spät, der Boden wurde kalt, also nahm ich ihn Huckepack auf dem Weg zurück.

Er sagte: »Nicht mal Dad kann mich noch so auf dem Rücken tragen.«

Er sagte: »Mom, du wirst so stark.«

Ich habe immer noch diesen blauen Tisch in unserem kleinen Haus in der Talsenke, und Reed und ich können immer noch perfekt zu zweit daran sitzen, aber wir teilen diesen Tisch mittlerweile auch mit vielen Freunden.

Frühling in unserem neuen Heim ist schön. Das Summen der Insekten. Das Raunzen der Kröten. Der Regen auf den Dachfenstern. Wir sind im Frühling in dieses Haus gezogen, und an unserem ersten Tag schaukelten Reed und ich zusammen in der Hängematte im Garten.

Reed kuschelte sich an mich und sagte: »Jetzt ist doch alles einfach besser, oder?«

Dank

Danke an meine Lektorin Gail Winston, die mich in jedem Stadium dieses Buches unermüdlich unterstützt hat. Ich bin ihr dankbar für ihr genaues Auge beim Lektorieren, aber auch für ihr freundliches Herz. Es war schwierig, dieses Buch zu schreiben, und ich hätte mir keinen besseren Lektor wünschen können, mich durch diesen Prozess zu lenken.

Danke an meine Agentin, Joy Tutela. Wie Gail hat sie mich freundlich angeleitet, und ich fühle mich privilegiert, dass ich sie nicht nur als meine beste professionelle Verbündete betrachten darf, sondern auch als großzügige und rücksichtsvolle Freundin. Danke auch an Susan Raihoffer.

Danke an alle bei HarperCollins, die mit diesem Buch in irgendeiner Form zu tun hatten – Sofia Groopman, Mary Gauley, Susan Amster, Miranda Otewell, und alle anderen, die ich vielleicht vergessen habe.

Danke an meine Mentoren Dinty W. Moore und Kevin Oderman. Es gibt gute Männer da draußen, und das weiß ich, weil es diese beiden gibt.

Danke an die großzügigen Mitglieder der Fakultät und die Dozenten, die dieses Projekt förderten und mir halfen, schriftstellerisch zu reifen: Mark Brazaitis, Eric LeMay, Ghirmai Negash und Joan Connor.

Danke an Helen Bertram, die mir als schüchternem, verlegenem und unsicherem Teenager sagte, dass ich Schriftstellerin werden könnte.

Danke an Rebecca Solnit, die mir als schüchternem, verlegenem und unsicherem Teenager sagte, dass ich Schriftstellerin werden könnte.

Danke an meine Feenpatinnen, die mich unterstützt oder meine Arbeit in irgendeiner Form geteilt haben: Barbara Jones, Katherine Dykstra, Lisa Lucas, Melanie Bishop, Ariel Levy, Roxane Gay, Ashley Cassandra Ford, Christa Parravani, Megan Stielstra, Amy Butcher, Maggie Smith, Lisa Nikolidakis, Mo Daviau, Rene Denfield, Cheryl Strayed, Lindy West und noch so viele andere. Nichts von dem hier wäre möglich gewesen ohne die Unterstützung anderer Schriftstellerinnen, Lektorinnen und Verlegerinnen, und ich bin ihnen so dankbar.

Danke an Michael Archer, Hillary Brenhouse, Rachel Riederer, und die ganzen tollen Leute beim *Guernica Magazine*. Ihr seid für mich mittlerweile wie eine Familie.

Danke an Celia Blue Johnson und Maria Gagliano beim *Slice Magazine*. Ihr habt meine Karriere lanciert, und ihr seid auch gleich noch meine Freundinnen geworden.

Danke an die vielen Erstleser dieses Manuskripts (oder einzelner Teile), insbesondere Todd Gleason, Jenny Respress, Heather Frese-Sanchez, Rebecca Schwab-Cuthbert, Keema Waterfield, Christian Exoo, Patri Thompson, Shane Stricker und andere.

Danke an die Leute, die mir den Raum und/oder die Mittel zur Verfügung gestellt haben, durch die dieses Buch erst möglich wurde: Dickinson House Writer's Residency, Rebecca Solnit, Karen und Doug Sholes, Vermont Studio Center, The Mineral School, The National Endowment for the Arts, Ohio University, Oddfellows Bakery und die Village Bakery.

Danke an meine Therapeutin, Liz Gilchrist, die ich an dem Tag anrief, als ich Caleb verließ. Ich erzählte ihr, dass ich ihn verlassen hatte, und sie sagte: »Ich werde dich eine Weile kostenlos behandeln. Ich will nicht, dass du aufhörst, zu mir zu kommen, weil du dir Sorgen wegen dem Geld machst.« Liz hat mir danach nie wieder etwas berechnet, aber sie war immer für mich da. Ich bin jeden Tag aufs Neue überwältigt von der Großzügigkeit anderer Menschen, und Liz ist eine Pionierin der Großzügigkeit.

Danke an Christine Schneider von der West Virginia Legal Aid. Ohne ihre Hilfe hätte ich vielleicht nie den Staat verlassen, und vielleicht wäre ich nie entkommen.

Oh Gott, und wie soll ich meinen ganzen Freunden danken? Ich bin mit so vielen guten und treuen Freunden gesegnet, und ich kann sie unmöglich alle aufzählen, also habe ich beschlossen, keinen einzigen Namen zu nennen. Wenn ihr dies lest und meine Freunde seid, dann seid versichert, dass ich euch zu schätzen weiß, und euer Name steht in unsichtbarer Tinte auf diesem Blatt.

Es braucht ein ganzes Dorf, um ein Kind großzuziehen, und das gilt doppelt für Alleinerziehende. Danke an mein Dorf in Athens, insbesondere Erin Perko, Mary Kate Hurley, Alison Stine und Renita Romasco.

Danke an meinen besten Freund, meinen Bruder Glen. Es tut mir leid, dass ich dir Weihnachten ruiniert habe, als ich auf die Welt kam, aber ich hoffe, ich hab dein Leben seitdem schöner gemacht.

Danke an meine Eltern, die im Laufe dieses Prozesses liebevoll mit mir gewachsen sind. Ich weiß, dass die Sache mit diesem Buch nicht leicht für sie war, und ich weiß auch, dass der Prozess meines Schreibens nicht leicht für sie war, aber ihre Freundlichkeit, Fairness und aufrichtige Liebe für Reed und mich hat all dies erst möglich gemacht, und das werde ich ihnen nie vergessen.

Zu guter Letzt – obwohl er dieses Buch erst lesen darf, wenn er älter ist – danke an dich, mein Sohn Reed. Mein Lieblingsmensch. Mein alberner kleiner Teenie, der mich immer zum Lachen bringt. Mein kleiner Sohn, der so stolz ist, dass seine Mutter ein Buch geschrieben hat. Mein kleiner Sohn, der mich an Samstagen und Schneetagen schreiben ließ. Mein kleiner Sohn, der gesagt hat: »Du solltest mich dein Buch einfach lesen lassen, weil ich ja mehr oder weniger sowieso schon alles weiß.« Mein kleiner Sohn, der sich darin zwar getäuscht hat, aber der genug von dem weiß, was auf diesen Seiten steht, dass ich nie mit der Entscheidung gerungen habe, ob ich dieses Buch überhaupt schreiben sollte.

Mein kleiner Sohn, der einmal zu mir gesagt hat: »Ich bin froh, dass du meinen Dad verlassen hast, weil du so nett bist, und ich weiß nicht, ob ich deine Nettigkeit jemals kennengelernt hätte, wenn mein Dad noch da wäre.«

Alleinerziehend zu sein ist hart, aber mit einem Kind wie Reed alleinerziehend zu sein, ist einfach. Er ist das Beste, was mir je passiert ist. Ich werde nicht sagen, dass ich Caleb dankbar bin für das, was er mir angetan hat, aber ich sage, dass ich alles wieder tun würde, wenn es wieder genau hier enden würde – wo ich mit Reed zusammen auf diesem Sofa sitze, lache, zu Abend esse und *Bob's Burgers* anschaue.

Ich bin gesprungen, ich hab ihn mitgenommen, und ich habe diese Entscheidung niemals bereut.

An alle Frauen da draußen, die noch überlegen, ob sie gehen sollen: *Tut es.*

Springt.